Karpathos

Das komplette Reisehandbuch

von Christina Gottschall und Sabine Luzie Heilig

Impressum

Dies ist eine Originalausgabe des
UNTERWEGS VERLAG MANFRED KLEMANN
Postfach 426, D-78204 Singen
Telefon 0 77 31/6 35 44, Fax 0 77 31/6 24 01
E-Mail: mk@unterwegs.com

Internet: www.reisefuehrer.com/www.unterwegs.com

Texte und Recherche: Christina Gottschall/Sabine Heilig
Fotos: Christina Gottschall/Sabine Heilig
Stadtplan Pigadia: Sabine Heilig
Inselkarten und Ortspläne: Kommunikations AG, Uhwiesen
Herstellung/Layout: Julia Wiedenbach
Umschlag: MenAdWork Werbeagentur GmbH

ISBN 3-86112-113-1

Haftungsausschluss

Bibliografische Information Der Deutschen Bibliothek

Die Deutsche Bibliothek verzeichnet diese Publikation in der Deutschen
Nationalbibliografie; detaillierte bibliografische Daten sind im Internet
über http://dnb.ddb.de abrufbar.

Vorwort

Zwischen steilen Felsen drängeln sich ein paar Badebuchten und nur zum Südosten hin rollt die Insel flach aus. Hier kracht der Meltemi so hart rein, dass wir Windsurfer vermuten, die Götter haben ihn gesandt. Ein rührendes Provinzkaff, das sich Hauptstadt nennt und rundherum ein paar verschlafene Dörfchen. Die löchrigen Straßen schlängeln sich an Berggipfeln, tiefen Schluchten und steilen Terrassenfeldern und unzähligen schneeweißen Kapellchen vorbei. Jede Kurve bietet atemberaubende Ausblicke. Nach Karpathos schicken wir guten Gewissens unsere Freunde, unsere Schwiegereltern, die Schwestern und Brüder mit ihren Kindern und würden jederzeit auch gleich selbst die Koffer packen.

Denn diese Insel ist wirklich noch so, wie man sich Griechenland vorstellt: Reine Improvisation. Kleine schattige Kaffeehäuser voll mit alten Männern beim Tavli spielen, glasklares Wasser in verträumten Buchten, unglaublich gastfreundliche Menschen, die sich rührend unprofessionell darum bemühen Tourismusprofis zu sein. Köchinnen, die beleidigt sind, weil der Gast die Spezialität des Hauses nicht aufisst, Menschen, die einen gleich nach Hause einladen wenn man sie auf der Straße nach dem Weg fragt. Niemand stiehlt einem die Kamera, noch nicht mal, wenn man sie aus Versehen im Kafeníon liegen lässt. Die Amischlitten der Emigranten schieben sich in Zentimeterarbeit durch die engen Sträßchen, die bis vor kurzem noch als Eselspfade dienten. Es gibt nur ein Museum, dass der Pope, Papa Georgios, selbst zusammengesammelt hat und in einer Art Wohnzimmer betreibt. Denn in Griechenland gibt es so viele historische Schätze zu bergen, dass die Archäologen auf Karpathos noch fast gar nichts ausgegraben haben. Und das, obwohl hier jeder Quadratzentimeter Boden, mit unzähligen historischen Scherben bedeckt ist. So dass jeder der irgendetwas bauen möchte, zu Gott betet: Die Archäologen mögen nicht gerade schon wieder einen Apollon-Tempel oder eine frühchristliche Basilika auf ihrem Grundstück finden. Odysseus kam hier ja schon vor langer Zeit auf der Durchreise vorbei. Und er blieb gleich 10 Jahre. Die Karpathioten vermuten, dass es ihm gut gefallen hat. So gut wie uns.

Christina Gottschall/Sabine Luzie Heilig

Danksagung:
Wir bedanken uns bei Christiane Lehr, Yiannis Spiropoulos und Costa Lambridis für ihre Informationen, bei Papa Georgios Konstantinidis für seine unermüdlichen Erzählungen über die frühe Geschichte seiner Insel, bei Eleni Geralski für ihre ärchäologischen Führungen.
Bei Jorgos und Harry für ihre praktische Unterstützung bei jeder Reifenpanne, bei Eric Heil und Achim Kraft für ihren sportlichen Einsatz bei der Erstellung der Mountainbike-Touren.und bei Christian Berner für seine tägliche Geduld am Spot. Sowie bei Janowski, genannt Ouzowski, der jederzeit bereit war seine Arbeit stehen und liegen zu lassen um uns einen Ouzo auszugeben.

Griechenland wie man es kennt

Karpathos in Zahlen

Staatsname: .... Ellinikí Dimokratía (Kurzform Elláda oder Hellás)
Griechische Republik. Die Insel Karpathos ist eine der
griechischen Inselgruppe Dodékanes.

Staatsform: .... Parlamentarische Republik

Hauptstadt: .... Die Hauptstadt von Griechenland ist Athen.
Die Hauptstadt der Insel Karpathos ist Pigadia.

Staatspräsident: .... Konstantinos Stephanopoulos seit 10. März 1995,
Wiederwahl 8. Februar 2000) (Mitglied der PASOK,
der Panhellenischen Sozialistischen Bewegung)

**Internationale
Mitgliedschaften:** .... UNO und UN-Sonderorganisationen, EU, Europarat,
OECD, OSZE, Nato; WEU, WTO, BSEC

Bevölkerung: .... Ca. 95 Prozent Griechen, 300 Albaner, 300 slawische Mazedonier,
100 Türken und Pomaken, Roma, Bulgaren, Armenier

**Einwohnerzahl
Griechenland:** .... Etwa 11 Millionen

**Einwohnerzahl
Karpathos:** .... Etwa 8000 (Schätzung 2002)

Religion: .... Fast 97 Prozent sind Gläubige der orthodoxen Kirche
Griechenlands, 1,2 Prozent Muslime, 62.000 Katholiken
sowie jeweils 5.000 Juden und 5.000 Protestanten.

Landessprache: .... Neugriechisch. Handelssprachen: Englisch und Französisch.
Insel Karpathos: Griechisch, Englisch und alle alten Leute können
Italienisch.

Währung: .... Euro

Einreisebestimmungen: ... Bis maximal drei Monate kein Visum nötig

Historisches

Frühe Geschichte

Viele unterschiedliche Funde deuten auf eine lange Siedlungsgeschichte von Karpathos hin. Das erste Mal war Karpathos wohl um 3000 v. Chr. besiedelt. Die Menschen lebten vom Oliven-, Getreide-, und Weinanbau und kamen wahrscheinlich aus Anatolien. Seit etwa 1600 v. Chr. kamen Minoer aus Kreta herüber und besiedelten die Insel. Nur wenige Jahrhunderte später wurden sie von Griechen der Insel Mykonos verdrängt.

Dann erst begann die Blütezeit der Insel. Etwa um 1000 v. Chr. wanderten die Dorer nach Karpathos. Sie gründeten zahlreiche Pólis, also Städte zum Teil durch Weiterbesiedlung alter mykenischer Burgen und brachten der Insel wirtschaftlichen Wohlstand. Vier davon waren so mächtig, das man Karpathos alsbald Tetrápoleis, also die Vierstädte-Insel nannte: **Vourgounda, Poseidon, Arkésia** und **Nisiros.** Bei Afiartis hat es unter Umständen eine weitere, also eine fünfte große Stadt gegeben. Da sie jedoch nie urkundlich erwähnt wurde, kann man das nicht mit Sicherheit sagen. Die Menschen haben während dieser Zeit vom Handwerk, der Landwirtschaft und vom Handel gelebt. Man weiß das deshalb so genau, weil Karpathos ein Teil des Attischen Seebundes war, über deren Bündnispartner noch heute schriftliche Unterlagen vorliegen. Im Attischen Seebund zeigte die Insel wenig Rückgrat, da sie offensichtlich mitten im Krieg die Fronten zum stärkeren Partner wechselte. Die Insel hielt während des peloponnesischen Krieges von 431–404 v. Chr. zunächst zum attischen Athen und dann später zum dorischen Sparta. In der folgenden Zeit geriet die Insel aber immer mehr unter den Einfluss von Rhodos und gehörte ab 336 bis 332 v. Chr. zum Reich von Alexander des Großen. Dadurch verlor sie für lange Zeit an Bedeutung.

In der byzantinischen Zeit (etwa 400 bis 1200 n. Chr.) breitete sich auf Karpathos das Christentum aus. Die vielen Basiliken weisen auf eine schnelle und frühe Christianisierung hin. Diese neun prächtigen Kirchen sind teilweise auf Resten von dorischen Tempeln erbaut. Manche Überreste davon sind noch zu sehen. Zum Beispiel bei Arkássa, Apéri, Apella und auf Saría. Im Mittelalter versetzten Piraten und Araber die Küstenbewohner in Angst und Schrecken. Die Piraten befanden Karpathos sei ein wunderbares Versteck und hielten hier offensichtlich auch Sklavenmärkte ab. Daran änderten auch die Venezianer nichts, die von 1204 bis 1538 bis auf kurze Gastspiele der Genuesen und der Kreuzritter im Besitz der Insel war.

Dann geriet Rhodos und dadurch anschließend Karpathos unter türkische Herrschaft, die fast 400 Jahre dauerte. Es wurde nun Kerpe genannt. Die Türken schränkten die religiösen und persönlichen Rechte der Bewohner stark ein, hinterließen aber selber kaum kulturelle Spuren. Weder Badehäuser, Bauten noch Spuren des Islams sind geblieben. Ab 1912 hatten die Italiener wieder das Sagen auf der Insel und behielten es auch bei Ausbruch des 2. Weltkrieges bis zum

Karpathos – ein Mekka für jeden Archäologen

Jahr 1943. Als die deutsch-italienische Achse brach, gaben die Deutschen ein kurzes Gastspiel und direkt danach wurde Karpathos am 17. Oktober 1944 als einzige Insel der Dodékanes von dem britischen Bündnispartner zur freien Insel erklärt. Natürlich wollten die Karpthiothen zu Griechenland gehören. Die Geschichtsschreibung ignoriert dieses Datum und ordnet die Befreiung von Karpathos dem 7. März 1948 zu. Das war der Tag an dem die gesamte Inselgruppe des Dodékanes offiziell dem griechischen Mutterland übergeben wurden.

Archäologie

Interview:

Eleni G. sitzt unter einem Sonnenschirm und schreibt fein säuberlich alles auf, was an diesem Tag gefunden wird. Sie arbeitet für den griechischen archäologischen Service in der byzantinischen Abteilung. Ich treffe die Archäologin auf einer Ausgrabung in Lefkos. Juan Jannis, Arturo und Manolis, die Arbeiter, buddeln mit feinen Werkzeugen sehr vorsichtig eine alte römische Villa aus. Immer wieder kommt einer der drei mit einer Münze oder einer Tonscherbe an.

Frage: Weshalb grabt ihr gerade hier und nicht unten am Wasser, wo doch offensichtlich Reste einer frühchristlichen Basilika stehen?
Eleni: Archäologie ist hier allgegenwärtig. Unter jedem Stein findet man etwas. Jeder Quadratmeter ist historischer Boden. Deshalb muss jeder, der ein Haus bauen will, eine Genehmigung vom archäologischen Service einholen. Denn mit ziemlicher Wahrscheinlichkeit finden sich im Boden unter dem Baugrundstück Bruchstücke der karpathiotischen Geschichte. Wir graben also immer dort, wo Leute etwas bauen wollen. Nur so können wir das Notwendigste schützen. Das ist unser System. An den bedeutenden historischen Stätten wie Vourgounda und Trístomo haben wir noch gar nicht gegraben, aber wir wissen ja sicher, dass wir dort fündig werden. Da darf jetzt ohnehin niemand bauen.

Frage: Wieso geht alles so langsam voran?
Eleni: Ich bin die einzige Archäologin hier und habe nur ein paar Arbeiter. Wir graben nur im Sommer, im Winter werten wir die Funde aus. Außerdem gibt es kein Geld und kein Personal um in so großen vielversprechenden Orten wie Vourgounda und Arkássa zu graben und wir haben hier auch keine archäologische Infrastruktur. Wenn ich Bücher oder Filme benötige, muss ich in Rhodos anrufen, damit sie hergeschickt werden. So dauert alles ewig.

Frage: Was kann man aus archäologischer Sicht über Karpathos sagen?
Eleni: Wir wissen noch wenig über Karpathos, weil wir ja erst so kurze Zeit hier graben. Das

meiste wird sich erst in den nächsten Jahren rausstellen. Sicher ist: Die Insel war in früheren Zeiten ein wichtiger Handelsplatz und Stützpunkt wegen der optimalen geografischen Lage. Wir wissen, dass hier viele Menschen gewohnt haben, die eigene Münzen als Zahlungsmittel hatten. Münzfunde bedeuten immer, dass die Leute zum Einen Geld hatten und zum Anderen das Material, um sie herzustellen. Aber es kann jederzeit noch passieren, dass wir etwas finden, was wir gar nicht erwarten.

Frage: Was weiß man denn überhaupt?
Eleni: Archäologische Funde haben gezeigt, dass die Insel ab dem 15. Jahrhundert v. Chr. dauerhaft von Dorern besiedelt war. Ab etwa 1000 vor. Chr. hat es vier bedeutende Städte auf Karpathos gegeben: Vourgounda in der Nähe von Ólympos, Poseidon in der Nähe von Pigadia, Arkesia nahe dem heutigen Arkássa und Nisiros an der Ostküste der Insel Saría. Von diesen Städten hat man in Athen noch Rechnungen gefunden, weil sie dort ihre Stadtsteuern bezahlt haben. Sie müssen bis zum 7. Jahrhundert n. Chr. bestanden haben. Aber dann gab es wohl viele Überfälle von den Arabern.

Frage: Wurden die Städte dabei zerstört?
Eleni: Das wissen wir nicht. Es könnte auch ein Erdbeben gewesen sein. Vom 7. bis 9. Jahrhundert n. Chr. weiß man eigentlich noch gar nichts. Wir nennen sie die dunklen Jahrhunderte. Allerdings wurde in dieser Zeit offensichtlich viel gekämpft. Die Inselbewohner zogen sich ins Inselinnere zurück und bauten dort Festungen. Zudem gründeten sie Bergdörfer wie Menetés und Apéri. Ab dem 9. Jahrhundert hörten die Überfälle dann auf.

Die Hellenen im 2. Weltkrieg

Griechenland hat eigentlich vorgehabt sich aus dem 2. Weltkrieg herauszuhalten. Die damals regierende ultrakonservative Metaxa-Diktatur hatte wenig gemeinsam mit dem deutschen Nationalismus oder dem italienischen Faschismus. Zwar wurde in Anlehnung an Hitlers „Drittes Reich", die „Dritte Hellenische Zivilisation" propagiert; aber diese sollte auf irgendeine sonderbare Weise die heidnischen Werte der griechischen Antike mit den christlichen Werten des Byzantinischen Reichs vereinigen. Trotzdem wollte man die traditionell friedliche Linie der Außenpolitik nicht verlassen. Und das bedeutete eine Anbindung an Großbritannien und eine wohlwollende Neutralität. Die Sache hätte gut gehen können, denn Hitler hatte kein weiteres Interesse an Griechenland und war zudem mit der Eroberung der Ostfront beschäftigt.

Allerdings machte Mussolini den Griechen einen Strich durch die Rechnung: Er wollte seinem Achsenpartner Adolf Hitler beweisen, dass er ebenso spektakuläre Siege erringen könnte und suchte sich Griechenland aus, als leichte Beute, wie er glaubte. Zunächst stellte man ein

Ultimatum, das die freiwillige Kapitulation forderte. Die Zurückweisung des faschistischen Ansinnens ging unter dem Namen Ochi (Nein) in die Geschichte Griechenlands ein. Was die Stimmung im Volk betraf, war es ein „Nein" fast aller Griechen und sorgte für eine seltene nationale Eintracht. Der griechisch-italienische Krieg dauerte vom 28. 10. 1940 bis zum 6. 4. 1941. Der italienische Diktator Benito Mussolini erlitt eine gewaltige moralische Niederlage. Er hatte sich den Einmarsch ins griechische Gebiet nämlich als einen „militärischen Spaziergang" vorgestellt und musste dann feststellen, das seine Truppen in Griechenland nichts gebacken bekamen. Die griechische Armee nutzte im Gebirgskrieg erfolgreich ihren Heimvorteil. In den Athener Theatern machte man sich über den „lächerlichen Benito" lustig und der englische Staatsmann Winston Churchill bezeichnet den Widerstand als „finest hour" der Griechen. Mussolinis Griechenlandabenteuer trug natürlich dazu bei, dass sich die griechisch-britischen Beziehungen weiter verbesserten.

So kam Nazideutschland am 6. 4.1941 dann wohl oder übel ihrem Achsenpartner zu Hilfe. Der deutsche Griechenlandfeldzug ging nach wenigen Wochen zu Ende. Man muss leider sagen, dass die deutschen Nazis wesentlich erfolgreicher waren als ihre Kollegen aus dem Süden. Am 27.4. 1941 rückten deutsche Vorausabteilungen in Athen ein. Die Straßen waren wie leergefegt und die Fensterläden fest verschlossen. Auf der Akrópolis wurde die Fahne mit dem Hakenkreuz gehisst. Am nächsten Tag folgte die Besetzung der Peleponnes und der griechischen Inseln.
Einzig und allein Kreta blieb noch in griechischer Hand. Aber entgegen allen Erwartungen konnte auch diese Insel nicht gehalten werden, obwohl sich die griechischen Bauern heldenhaft verteidigten. Gegen heftigen griechischen und britischen Wiederstand wurde auch Kreta dann am 1.6. 1941 von den Deutschen erobert. Diese machten keinen Hehl aus ihrer Verachtung für ihre italienischen Verbündeten und führten ein hartes Besatzungsregime. Eine Folge davon war eine verheerende Hungersnot im Winter 1941/1942, bei der 100.000 Menschen starben. Auch ganze jüdische Gemeinden, die seit dem Mittelalter fester Bestandteil griechischer Städte waren, wurden in Konzentrationslager deportiert.

Auch auf Karpathos waren die Auswirkungen des Krieges zu spüren, aber mehr durch Besatzungen und Hunger. Denn in Kampfhandlungen war die kleine unbedeutende Insel nicht wirklich verwickelt. An die italienische, recht moderate Besatzung hatte man sich ja schon seit 1912 gewöhnt. Hier waren etwa 4.000 Italiener stationiert, und zudem schon verwandt und verschwägert mit der griechischen Bevölkerung. Am 9. November 1943 kamen dann 850 Deutsche mit einem Schiff auf Karpathos an. Die Deutschen waren nicht nur zahlenmäßig unterlegen, die Truppe war, bis auf wenige Ausnahmen, auch nicht kampferprobt, verfügte kaum über Waffen und hatte als einzigen Trumpf eine Radiostation. Da es recht aussichtslos erschien Karpathos im Kampf zu erobern, entschloss man sich zu einem Bluff. Der deutsche Kommandeur Hans Vogeler sagte dem italienischen Kommandeur, dass in Kreta die Sturzkampfbomber schon bereit stünden um jeden Augenblick zum Angriff überzugehen. In

Wirklichkeit gab es keine Bomber und Radiokontakt schon gar nicht. Aber der Trick zog. So ging Karpathos sang und klanglos an die Deutschen über und blieb unter deren Besatzung bis zum 4. Oktober 1944. Der 2. Weltkrieg war endgültig verloren und in Deutschland marschierten schon die Russen ein, als sich Hitlers Truppen aus Karpathos davon machten. Nur die sieben deutschen Deserteure fuhren klugerweise nicht mit, sondern versteckten sich in den Bergen bis die Briten kamen, was auch für sie die Rettung bedeutete. Etwa 450 italienische Soldaten blieben orientierungslos zurück. Der Krieg war auch für Italien verloren, und vermutlich wollten sie nur noch heim.

Spuren des Krieges

„Mamma mia, Junge was bist du ausgehungert", sagte der Küchenchef der italienischen Besatzungsmacht zu dem neuen Küchenjungen als der seinen siebten Teller Spaghetti reinschaufelte. Das war 1941. Der zweite Weltkrieg war in vollem Gange und Karpathos war seit 1912 in italienischer Hand. Der damals 16-Jährige Nikos Spanos war wirklich hungrig, wie die meisten seiner Landsleute, die nicht nur sich selbst, sondern auch noch die 6.000 italienischen Besatzer ernähren mussten. Nikos war kaum mit der Schule fertig, schon wurde er zum Kartoffelschälen eingeteilt. Oben auf dem südlichsten Ende der Insel gleich hinter dem Flugplatz. Dort lag das Lager der Italiener auf dem Berg Akrópolis Kastellou, auf dem früher am westlichen Ende eine mittelalterliche Festung gestanden haben soll. „Mit den italienischen Besatzern lief dass hier alles ganz friedlich. Nur als die Deutschen kamen wurde öfter mal jemand abgeknallt", sagte Nikos. Die meisten Gebäude aus dem zweiten Weltkrieg sind zwar ohne Dach, aber sonst noch gut sichtbar. Die grauen Steinhäuser passten sich optisch der Landschaft so an, dass sie vom Flugzeug aus nicht erkennbar waren. Ganz vorne mit Blick auf die Surferbucht war die Küche mit der Essensausgabe. Daneben der Vorratsraum und weiter in Richtung Afiartis ein paar Soldatenunterkünfte. Nach Osten hin findet man noch zwei Höhlen, die die Italiener als Bunker benutzten. Als 1943 die deutsche Wehrmacht in Karpathos ankam, übernahmen sie die Infrastruktur auf dem Kastellou und den Küchenjungen Nikos aus Afiartis. Der sprach inzwischen italienisch und kannte sich in der Küche aus. „Ich koche euch mal was Tolles", sagte der den überraschten Männern in der braunen Uniform. Doch die Pasta mit Tomatensoße stieß auf wenig Gegenliebe und war wohl damals für deutsche Gaumen noch etwas zu fremd. Auf der gegenüberliegenden Erhebung im Süden liegt ein runder Steinkessel, der mit Stacheldraht abgedeckt war und mit Zweigen und Gestrüpp belegt wurde. Das war die Radarstation, die die Deutschen eilends errichtet hatten. Jeweils zwei Männer hielten dort Wache, während vier Ersatzleute in dem flachen Haus etwas unterhalb auf den Schichtwechsel warteten. Zwischen Höhlen und Radarstation befinden sich noch vier kreisrunde Mauerwerke. Von dort aus sollte auf ankommende Flugzeuge geschossen werden. Doch dazu kam es nie. Karpathos hatte bestenfalls strategisch Bedeutung. Es wurde niemals angegriffen. Die Deutschen blieben nur ein Jahr. Als der 2. Weltkrieg seinem Ende zuging, verschwanden sie sang und klanglos im September 1944. In den Nachkriegsjahren ging Nikos nach Menetés zum Heiraten und viele andere Männer aus der Ebene Afiartis packte ihre Koffer und schifften sich nach Amerika ein.

Die Helden der Insel

Intro:

Am Morgen des 5. Oktober 1944 passierte etwas, was die Bewohner von Karpathos mit großem Stolz erfüllt. Es war quasi das geschichtsträchtigste Ereignis in ihrem Leben, denn es war ein Befreiungsschlag nach 450 Jahren Fremdherrschaft. Wenn die alten Leute von ihrer „Revolution" erzählen, dann lodert in ihren Augen noch heute der revolutionäre Kampfgeist von einst. Doch das ist lange her.

Heutzutage wird hauptsächlich untereinander gestritten. Die Bewohner aus Menetés sind überzeugt, sie hätten den Aufstand angefangen. Sogar ein Denkmal haben sie dafür bekommen. Dabei, so sagen die alten Männer aus Arkássa voller Wut, waren sie es, die zuerst begonnen haben. Denn sie haben eine Stunde vorher die griechische Flagge gehisst und die Revolution

Sofoklís Economidis

beschlossen. Die jedoch nach einer allgemeingültigen Definition gar keine war. Denn es gab weder einen revolutionären Prozess, noch irgend einen Widerstand.

Die Deutschen waren schon weg und die Handvoll Italiener, die noch auf Karpathos geblieben war, wollten vermutlich nichts anderes als nach Hause, sehen ob ihre Familien noch lebten und ihre Häuser noch standen. Sie hatten wenig Lust sich weiterhin mit den Griechen herumzu-streiten, ohne zu wissen für was und für wen. Und so bestand die Revolution im Großen und Ganzen darin, eine griechische Fahne zu hissen und eine italienische Fahne abzuschneiden, was sicher ein sehr mutiger symbolischer Akt war.

Sofoklís Economidis ist 1916 in Menetés geboren und gehörte zum Revolutionsrat.

Frage: Was passierte als die deutschen Militärs abzogen?

Sofoklís Economidis: Damals war es alles schwierig. Wir litten sehr unter der italienischen Besatzung, denn unsere Sprache war verboten und unsere Lieder durften wir auch nicht singen. Als die Deutschen dann am 4. Oktober 1944 weg sind, blieben nur noch 450 Italiener. Dann haben wir einen Revolutionsrat gegründet. Waffen hatten wir noch versteckt. Wir haben die griechische Fahne gehisst und die italienische abgeschnitten. Wir gingen in alle Dörfer, mach-ten ein Kirchfest und verkündeten die Revolution. Alle waren begeistert. Die Italiener saßen derweilen in Apéri und wussten von nix. Ich habe in Apéri eine Handgranate geworfen. Und die Italiener begrüßten die griechische Flagge. Aber dann drohte alles zu entgleisen.

Als ein junger Mann die italienische Lehrerin vergewaltigen wollte, schritten die Nachbarn aus dem Dorf ein. Der Bursche wollte gleich schießen. „Schieß, wenn du Mut hast", sagte mein Bruder, aber der Typ legte Gott sei Dank die Waffe nieder. Wir dachten, jetzt ist „Holland in Not": Wenn es einmal losgeht, dann vergewaltigen und plündern alle und hier bricht der Bürgerkrieg aus. Das einzige, was wir tun konnten, war in Kairo die griechische Exilregierung zu informieren oder die Engländer in Alexandria.

Frage: Wie wollten Sie die erreichen, die Insel war doch von jeder Kommunikation abge-schlossen?

Sofoklís Economidis: Wir wollten mit einem Fischerboot fahren. In Finíki haben wir Michéle Pittá und Kosta Lambridis, die beiden Besitzer der Immacolata getroffen und sind am 10. Oktober 1944 noch mal nach Kassos gefahren, um einen Kompass abzuholen und dann los. Manolís Patsoukáki, Georgio Kristodoulou und Nikola Stamataki waren als Seeleute dabei. Und der Sekretär des Bischofs von Apéri hat uns noch ein offizielles Schreiben für die Briten mitgegeben.

Frage: Wie war die Überfahrt?

Sofoklís Economidis: Schrecklich, der Wind war stark, das Boot hatte nur einen mickrigen Motor und ein Segel. Dann kamen riesige Wellen, wir dachten wir würden es nicht überleben. Aber mit Hilfe der barmherzigen Mutter Maria sind wir gerettet worden und am Abend des 12. Oktober 1944 in Alexandria gelandet. Zuerst haben alle gedacht wir spinnen, als wir sagten, wir kommen mit einem Fischerboot aus Karpathos. Der englische Gouverneur hat uns nicht geglaubt. Die Briten haben zur Überprüfung zwei Flugzeuge flach über Karpathos fliegen lassen. Die Leute von Menetés haben sofort die weiße Fahne gehisst und dann hat man uns auch geglaubt.

Frage: Und dann? Zurückgesegelt?

Sofoklís Economidis: Um Himmels willen. Das Boot haben wir zurück gelassen. Wir fuhren auf den britischen Kriegsschiffen „Cleveland" und „Terpsichore" zurück. Als wir mit 60 Säcken Mehl in Alexandria ausliefen, salutierten die Matrosen und schossen Kanonenkugeln ab. Für uns war das ein Moment der Glückseeligkeit.

Frage: Was sagten die Leute als das Schiff in Pigadia ankam?

Sofoklís Economidis: Zuerst sagte der Kapitän Dennis: „Wir besetzen heute Karpathos nach Anordnung des großen Britischen Königreichs um es nach Kriegsende unserem befreundeten Griechenland zu übergeben". Das war am 17. Oktober 1944. Dann hat er über Funk durchgegeben, dass die Operation gelungen und um 23.00 Uhr hat der Siegervertreter Winston Churchill in der BBC gesagt: „Die Befreiung der Insel Karpathos ist mit den Waffen des Feindes gelungen". Es ist am 16. Oktober 1944 eine freie Insel geworden". Die anderen Dodékanes Inseln sind erst sieben Monate später am 7. März 1945 befreit worden. In der Geschichtsschreibung wird das ignoriert. Das müssen Sie aufschreiben: Die Befreiung von Karpathos ist einzigartig für die Dodékanes. So etwas passiert nur alle 1000 Jahre einmal. Haben Sie das aufgeschrieben?

Frage: Wie ging es weiter bis zum Kriegsende?

Sofoklís Economidis: Zuerst kamen noch mehr Proviantschiffe, dann kamen fast 7.000 Flüchtlinge aus Rhodos rüber um ihre Haut zu retten. Die 450 Italiener, die noch da waren, wurden von den Engländern nach Alexandria gebracht. Das Boot, die Immacolata, ist niemals bezahlt worden. Weder von der Regierung noch von den Männern aus Karpathos, wie es damals besprochen wurde. Das Nachsehen hatten die beiden Besitzer. Wir haben nur später mal eine Urkunde bekommen. Das war alles.

Nachkriegsgeschichte: Karpathos hängt am Tropf der Exilanten

Nach dem Ende des 2. Weltkrieges war Karpathos völlig verarmt. Es gab kaum mehr Schafe und Ziegen, die Felder waren völlig heruntergewirtschaftet und die Ernte reichte einfach nicht für alle. Nun setzte eine zweite große Auswanderungswelle ein. Schon vorher hatten eigentlich nur die erstgeborenen Töchter und Söhne einer Familie eine realistische Chance auf ein normales Leben gehabt, da sie nach dem karpathiotischen Erbrecht den Besitz der Eltern übernahmen. Die jüngeren Kinder gingen fast leer aus. Deshalb hatte es zwischen 1910 und 1925 eine erste Auswanderungswelle gegeben. Als Folge gingen die Einwohnerzahlen auf Karpathos z.B. zwischen 1912 und 1914 um 27 Prozent zurück. Das Überleben war auf dem Eiland nicht zu sichern, deswegen wanderten viele Karpathioten in den USA aus.

Nun machte sich die nächste Generation auf den Weg, die Heimat aus purer Not zu verlassen. Auch das restliche Griechenland wurde nach dem 2. Weltkrieg zum europäischen Entwicklungsland. Aber während die arbeitsfähige Bevölkerung von hier aus eher nach Westeuropa emigrierte, schifften sich die Karpathioten zu ihren Vätern und Brüdern nach Übersee ein. Man ging nach New York, Chicago, New Jersey, nach Rhodesien (heute Simbabwe) oder nach Australien. Jedes Dorf hatte bevorzugte Auswanderungsorte. Von Voláda aus ging man nach New Jersey, von Messochori aus ging man nach Baltimore und die Leute aus Menetés gingen nach Kanada oder Athen. Es war die Zeit des Weltwirtschaftwunders und die Karpathioten waren harte Arbeit gewohnt. So schafften die meisten den Sprung in die andere Welt und konnten regelmäßig Schecks nach Hause schicken. Von den 60igern bis in die späten 80iger Jahre wurde die Insel Karpathos von amerikanischen Dollars finanziert. 1968 eröffnete die griechische Nationalbank eine Filiale auf der Insel. Ihre Aufgabe war es, den zu Hause gebliebenen Karpathioten die Geldüberweisungen und Schecks aus dem Ausland auszubezahlen. Bis dahin war der Dollar ein durchaus übliches Zahlungsmittel. Im ersten Jahr musste ein Sondertransport von Drachmen aus Athen angefordert werden, um die sich damals im Umlauf befindlichen drei Millionen Dollar in Drachmen zu tauschen. 1978 beispielsweise bekam die Nationale Bank von Pigadia Geldanweisungen aus Übersee in Höhe von vier Millionen Dollar. Das war im Verhältnis zur Bevölkerungszahl die größte Rate von ganz Griechenland.

Natur

Geografie

Karpathos ist eine kleine längliche Insel zwischen Rhodos und Kreta. Die Italiener nannten die Insel Scarpanto, weil die Form sie offenbar an eine ausgelatschte Schuhsohle erinnerte. Am oberen Ende liegt noch eine kleine unbewohnte Insel, namens Saría. Diese wird zur Hauptinsel gezählt.

Adriatisches Meer

Sizilien

Schwarzes Meer

Mazedonien

Bulgarien

Türkei

Albanien

Kavala

Thessaloniki

Olympos
(2911)

Ioannina

Larisa

Ägäisches Meer

Korfu

Igoumenitsa

Pindos

Volos

Lesvos

Lefkada

Lamia

Türkei

Kefallonia

Hilos

Patra

Pireas ● ATHEN

Zakinthos

Pirgos

Dodekanisos

Kykladen

Kalamata

Ionisches Meer

Kithira

Kretisches Meer

Rhodos

Kreta

Karpathos

Kasos

Abdruck mit freundlicher Genehmigung von Kostas
Lambindis II, Neffe von Kostas Lambindis I

Karpathos ist die zweitgrößte Insel des Regierungsbezirks, der Dodékanes, der sogenannten zwölf-Insel-Gruppe in der südlichen Ägäis. Die größte Insel der Dodékanes ist Rhodos, mit einer Fläche von 1398 km². Karpathos dagegen ist 324 km² groß wenn man Saría mit einberechnet.

Die Nordspitze von Karpathos ist 26 Seemeilen von Rhodos entfernt, und in südöstlicher Richtung liegt die kleine Schwesterinsel Kassos, nur 3,6 Seemeilen entfernt. An ihrer schmalsten Stelle ist die Insel nur 3,4 km an der breitesten Stelle ist sie 12 km breit. In der Länge misst sie 48,5 km. Bis nach Piräus, dem bekannten Hafenort bei Athen, sind es 227 Seemeilen. Die Insel liegt also näher an der Türkei, als am griechischen Festland. Karpathos ist in seiner ganzen Länge ein Gebirgsrücken, der von Norden nach Süden verläuft.

Der höchste Berg Lastos mit seinem Gipfel Kalí Limní (1215 m) trennt die Insel in den wenig ertragreichen Norden (épano-meriá – die Obergegenden) und dem dichter besiedelten Süden, der viel fruchtbarer ist (kató-meriá – die Untergegenden). Die Landschaft ist schroff und gebirgig mit Steilküsten die bis zu 1000 Meter ins Meer abfallen.

Im Südosten der Insel liegt die Hauptstadt Pigadia, die kürzlich in Karpathos-Stadt umgetauft wurde, damit man es sich leichter merken kann.

Dodekanés: Die Inselgruppe am unteren Rand von Europa

Der Dodékanés ist eine Inselgruppe, die nahe der türkischen Küste am Südstrand des Ägäischen Meeres liegt. Der Name kommt von Dodekànissa, was soviel wie zwölf Inseln heißt. Das entspricht aber nicht ganz der Realität, denn es existieren etwa 200 Eilande, die zu diesem Präfekturbezirk gehören. Allerdings sind nur 27 davon bewohnt. Die meisten dieser Inseln sind relativ flach und haben lange Strände. Große Inseln wie Rhodos und Kos waren längst touristisch erschlossen, während Kàrpathos erst wesentlich später entdeckt wurde. Kàlilimnos, Pàtos, Léros, Astipàläa, Nissiros, Tilos, Chàki, Simi, Kàssos, Lipsí und Kastellòrriso sind noch heute fast unbekannte Namen. Die kleinen, wenig überlaufenen Inseln bieten Touristen Griechenland pur: Kirchen und Kastelle, kleine Dörfer, schmale Gässchen und eine buchtenreiche Küste mit knallblauem Wasser. Trotzdem: Massentourismus hat sich hier nie eingestellt. Heute zählen die ehemals bedeutenden Inseln allerdings zu den strukturschwachen Gebieten Griechenlands. Landwirtschaft ist nur begrenzt möglich, so dass der Fremdenverkehr die einzige Einnahmequelle ist.

Um der Abwanderung vorzubeugen gibt's für die gesamten Dodekanés eine Sonderbehandlung vom Fiskus. Wer auf dem Dodekanés arbeitet, zahlt weniger Steuern. Denn in den sogenannten strukturschwachen Gebieten bekommt jeder einen Standortzuschlag. Es wird nur 13 % Mehrwertsteuer bezahlt, anstatt normale 18 Prozent. Man hofft durch solche Anreize, mehr Menschen auf den Inseln halten zu können. Dadurch bleiben wenigstens ein paar junge Leute. Dabei waren diese Inseln, mitten zwischen Orient und Okzident – wie man aus den prähistorischen Funden schließen kann – schon in sehr früher Zeit besiedelt. Minoer, Achäer und Mykener haben sich dort niedergelassen und um 1100 v. Chr. folgten die Dorer.

Im 8. Jahrhundert v. Chr. erlebten sie eine wirtschaftliche Blüte, wurden während der Perserkriege erobert und schlossen sich später dem Attischen Seebund an.

Geologie

Das griechische Festland und seine Inseln sind durch eine Art Dammbruch entstanden. Die Straße von Gibraltar war durch vorzeitliche Trümmer von Landmassen fest geschlossen. Dahinter lag ein großes Becken mit vielen kleine Gebirgszügen. Irgendwann gab es einen Bruch und der Atlantik schwappte ins Mittelmeerbecken. Nun schauten nur noch die Bergspitzen aus dem Wasser und wurden zur griechischen Inselwelt. Würde man die Straße von Gibraltar wieder verschließen und das Wasser aus dem überdimensionalen Becken ablassen, dann könnte man auf den Gipfeln des Gebirgszuges vom Peleponnes über Kreta, Karpathos und Rhodos bis in die südwestliche Türkei wandern. Diese Faltengebirgskette liegt heute unter Wasser, gehört aber erdgeschichtlich zusammen. Man nennt sie die südägäische Inselbrücke. Sie muss vor mehr als 30 Millionen Jahren aus dem Meer gehoben worden sein. sein. Die Hauptbestandteile der Insel sind verschiedene Kalke und Flysch. Die Kalke sind aus Ablagerungen von Algen, Korallen, Muscheln und Krebsen vor etwa 230 bis 100 Millionen Jahren, noch unter Wasser, also im Meer entstanden. Flysch dagegen ist Abtragungsschutt. Als sich die Gebirge erhoben haben, ist er durch Verwitterungsvorgänge entstanden. Das ging natürlich nicht von heute auf morgen. Wissenschaftler schätzen, dass seine Entstehung vor 67 Millionen Jahren begonnen hat. Die kalkigen Ablagerungen sind sehr erosionsanfällig und rutschen schnell. Der von Norden nach Süden verlaufenden Gebirgsrücken von Karpathos hat schroffe Formen und bis zu 1.000 Meter steil abfallende Seiten. Deshalb fließt ein Großteil des ohnehin dürftigen Regenwassers ungenutzt ins Meer. Zwischen Menetés und Arkássa haben Gebirgsflüsse Täler in die Bergmassen gegraben. Ganz zur Ruhe gekommen ist die Erde bei Griechenland und seiner Inselwelt noch nicht. Kleinere Erdbeben gehören hier zum Alltag und lassen niemanden vorzeitig vom Tisch aufstehen. Außer Touristen natürlich.

Klima und Reisezeit

Nach Karpathos fährt man natürlich im Sommerhalbjahr. Die Tagestemperaturen schwanken zwischen 20 °C Grad im April und 32 °C im Juli. Das Klima ist mediterran, mit heißen trockenen Sommern und feuchten milden Winter. Der Sommer kündigt sich oft mit dem Schirokko an. Der trockene heiße Wind aus der Sahara wirbelt rote Sandmassen durch die Luft. Zwischen Mai und Oktober wehen dann vorwiegend Nordwinde über die Insel, die die Vegetation stark austrocknen. Sie werden in Griechenland „meltemia" genannt. Diese Winde machen auch die heißesten Monate noch gut erträglich.

Im Winter gibts hauptsächlich Nordwind und manchmal Niederschläge. In manchen Jahren kann man im November noch Baden gehen, denn der meiste Regen fällt im Dezember und Januar. Die Insel ist im Vergleich zu anderen ägäischen Inseln sehr niederschlagsreich. Aber häufig fällt der Regen auch als Platzregen auf den ausgetrockneten Boden. Das bringt dann für die Vegetation relativ wenig, da das Wasser zum Großteil auf der Erdoberfläche bleibt und dann ins Meer läuft. Zudem gibt es auch immer wieder Jahre wie 1999 und 2000 in denen die Sache mit dem Regen ganz ins Wasser fällt. Das ist dann für die Vegetation und die Wasserressourcen sehr problematisch. Die durchschnittliche Monatstemperatur liegt im Winter bei 13 ° Celsius. Nur sehr selten liegt auf dem der höchsten Bergspitzen, dem Kalí Limní auch mal Schnee. Allerdings bildet sich dort fast täglich eine sehr hohe Luftfeuchtigkeit.

Die Reisezeit sollte je nach Freizeitvorlieben ausgesucht werden: Die Chartermaschinen fliegen von April bis Oktober. Die beste Reisezeit ist für Badehungrige von Mai bis September. Im Juli und August ist der Höhepunkt des touristischen Lebens. Auf den Straßen in den Bars und Discotheken wird nur noch amerikanischer Slang gesprochen. Dann nämlich fallen die sogenannten Frisbees, die Auslandskarpathioten quasi geschlossen ein, um auf ihrer Heimatinsel Ferien zu machen. Sie werden so genannt, weil sie immer wieder wie eine Frisbeescheibe hin- und herfliegen und punktgenau landen. Wenn sie kommen, tobt das sonst verhaltene Nachtleben und die eigens eingeführten Amischlitten kriechen durch die kurvenreichen Serpentinenstraßen.

Wer zum Windsurfen kommt, sollte zwischen Ende Juni und Anfang September buchen, weil dann der Meltémi sicher bläst. Für Wanderer bietet sich die Vor- und Nachsaison an. Dann ist es einfach frischer und angenehmer zu klettern. Im April ist das Wasser mit etwa 18°Celsius noch recht kalt. Ende der Saison ist ein kurzes Bad im aufgewärmten Mittelmeer aber noch gut möglich. Der Wind ist nicht mehr so stark und die See insgesamt ruhiger.

Windverhältnisse

Der griechische Dichter Homer nannte Karpathos schon seinerzeit die „windige Insel". Denn auf der Insel bläst es verdammt oft. Das war offensichtlich schon immer so. Durch die Windverhältnisse teilt sich Karpathos in eine windgeschütztere Süd-Ost-Seite und eine etwas kühlere windige Nord-West-Seite. Aber insbesondere im Südwesten der Insel, bei Afiartis, wird der Wind noch durch einen besonderen Düseneffekt verstärkt. Er bläst von Mitte Mai bis Mitte September mit ungewöhnlicher Stärke und Richtungskonstanz.

Das liegt am Relief der Insel. Im Sommer bläst der Melémi aus nordwestlicher Richtung und kann das Gebirgsmassiv, das ja von Norden nach Süden verläuft, nicht direkt überwinden. So werden die Luftmassen um einige Grad in den Südwesten der Insel abgelenkt. Dort treffen sie bei Arkássa auf eine 100 bis 150 Meter hohe Steilküste. Von dort steigt normalerweise Bodenluft auf, die dann von den schnelleren höheren Luftschichten nach Afiartis und die Gegend des Flughafens und seinem Umkreis mitgerissen wird. Durch dieses Phänomen sind die Windverhältnisse in Afiartis konstant, auch wenn auf dem Rest der Insel oft nur ein laues Lüftchen weht. Deshalb ist hier das Mekka für Windsurfer entstanden. Denn auch in den windstilleren Monaten kann es hier noch gelegentlich zu Fallwinden kommen. Für Strandurlauber eignen sich die windgeschützteren Buchten, wie Lefkos, Amoopi, Acháta, Apella und Kyra Panagiá.

Vegetation

Auf den Hochebenen und hügeligen Wiesen riecht's im Sommer überall wie in einem Kräutergarten: Nach Thymian, Salbei und Wachholder. Die Vegetation hat sich den Klimabedingungen auf unterschiedliche Weise angepasst. Im Frühjahr blühen auf den Wiesen und Feldern hunderte von Wildblumenarten, unter anderem Pfingströschen, Krokusse, Anemonen, Mohn, Margeriten und wilde Orchideen. In den windgeschützteren Bereichen wie nördlich von Pilés und Diafáni ziehen sich große Pinienwälder bis zur Küste herab. Ursprünglich muss die ganze Insel bewaldet gewesen sein. In der Neuzeit hat sich der Wald jedoch nach mehreren Bränden sehr reduziert. Da das Umweltbewusstsein der Inselbewohner noch nicht sehr stark ausgeprägt ist, hat man direkt nach den Bränden Ziegenherden in die niedergebrannten Waldstücke geschickt. Dadurch kann sich der Wald nicht erholen, was dann große Erosionsprobleme, Erdrutsche und Sturzbäche nach Regenfällen mit sich bringt. An ungeschützteren Stellen können sich nur wenige widerstandsfähige Aleppokiefern halten. Sie wachsen schräg mit der Windrichtung, was man Windschur nennt.

Überall dort wo kein Wald mehr wachsen kann, befindet sich ein dichtes hohes Gestrüpp mit größeren Büschen. Dort wachsen Hartlaubgewächse. Des Weiteren findet man eine Kleinstrauchschicht mit Wachholder, Pistazienbüschen, Johannisbrotbäumen, Ginster, Lavendel, Myrthe und Orchideen. Obwohl die Voraussetzungen für Landwirtschaft denkbar schlecht sind, haben die Menschen hier schon immer die Hänge terrassiert. So konnte der wenige fruchtbare Boden nicht abrutschen. Die Terrassenfelder auf denen Getreide, Wein und Oliven angebaut wurden, lagen oft weit von den Ortschaften entfernt. So entstanden die Außenbzw. Sommerdörfer, in denen die Familien während der Saison lebten. Die Felder wurden von Hand bearbeitet, größere Flächen mit Maultier und Ochsen. Anfang Juni wurde in der größten Hitze das Getreide gesichelt. In den gemauerten kreisrunden Dreschplätzen zogen Esel eine Holzwalze über das Dreschgut. Stundenlang. Anschließend wurde das leere Stroh mit Holzgabeln entfernt und die Frauen warfen das Getreide in die Luft. Der Meltemi trug die Spelzen davon und das schwerere Korn fiel nach unten. Gedroschen wird also immer an einem heißen windigen Sommertag. Heute werden die meisten Terrassenfelder nur noch pro forma bewirtschaftet, denn jeder Ackerbau wird staatlich subventioniert. Doch die Erträge sind klein, das Sozialprestige eines Bauern ist mies und die Schufterei ist groß. Deshalb werden Sie das Säen und Ernten mit Maultier nur noch selten beobachten können. Neben Getreide- und Olivenanbau gibt es einige bewässerte Intensivkulturen, die auch heute noch aktiv betrieben werden. In den Bergdörfern werden Oliven, Zitronen, Orangen, Mandarinen, Granatäpfel, Melonen, Kaktusfrüchte und Feigen geerntet. Auch Getreide, Kichererbsen, Bohnen und Zucchini und vieles andere Gemüse gedeiht in den Gärten. Die Trauben werden noch mit den Füßen gekeltert. Damit der Inselbedarf überhaupt gedeckt werden kann, gibt es in Afiartis ein Gewächshaus indem jährlich 30 Tonnen Gurken und Tomaten pro Jahr geerntet werden. Außerdem werden Hühner und Schweine in großen Stil gezüchtet.

Tierwelt

Die häufigsten Patienten beim Inseltierarzt Nicos Spanos sind Ziegen. Davon gibt es etwa 8000 auf der Insel. Zudem gibt es eine Schweinefarm mit 1500 Schweinen und Ferkeln sowie zwei Hühnerhöfe. Ziegen werden Ihnen überall begegnen, auch in den letzten Winkeln der Berge. Trotzdem leben sie nicht wirklich wild, sondern halb-wild. Zum Melken werden sie eingefangen oder kommen ohnehin zur Tränke. Von der ehemals intensiven Landwirtschaft ist nicht viel übrig. Geblieben sind noch etwa 50 Kühe und ebenso viele Esel. Das Einzige was ein bisschen zugenommen hat, ist die Honigproduktion. Die Schlangen sind nicht giftig und im Herbst machen viele Zugvögel auf der Durchreise nach Afrika hier Zwischenstation.

Gesellschaftliches

Eine Gesellschaft zwischen Amischlitten und Tradition

Keine griechische Insel ist amerikanischer als Karpathos und keine ist traditioneller als Karpathos. Nirgendwo in den Dodékanes rennen so viele Leute mit Handys rum, surfen im world wide web und nirgendwo wird man so oft mit „How are you, guys?" begrüßt. In jeder Taverne gibt es mindestens eine Fastfood Variante zum Essen. Trotzdem gilt hier noch beinhart das alte Erbrecht der Kanakaren (siehe Kasten/Ólympos, S. 190), die alten Frauen tragen Tracht und die Familien versuchen die karpathische Tradition zu wahren, auch wenn sie schon in der dritten Generation in Übersee sind um dort ihr Geld zu verdienen. Immer noch werden Schecks nach Hause geschickt, damit die Alten es besser haben und damit sie den Söhnen und Töchtern Häuser in der Heimat bauen. In Baltimore oder Elisabeth wird die Inselkultur in Heimatvereinen weitergetragen. Man schätzt die heute im Ausland lebenden Personen karpathischer Abstammung auf etwa 45.000, davon leben über 30.000 in den Vereinigten Staaten. Schon 1928 wurde in den USA die K.E.P.A. gegründet, deren Ziel es war Brauchtum und Volkskunst an die Jugend weiter zu geben. 1969 nahm dann die „Federation of Karpathian Societies" die Rolle des führenden Dachverbandes ein. Dort erscheint auch das Karpathos-Magazin. Was die Auslandskarpathioten aber nicht davon abhält, trotzdem noch die beiden in der Heimat erscheinenden Klatschblättchen zu abonnieren. Schließlich ist es für sie besonders wichtig, zu wissen wer mit wem was laufen hat.

Aber das Wichtigste auf dieser Insel ist, dass der Sohn oder die Tochter einen Insulaner heiratet. Die Kinder der Emigranten werden denen der Einheimischen schon früh versprochen. Der Sommer, wenn alle nach Karpathos kommen, gilt als Heiratsmarkt. Dabei ist nicht nur jedes Kirchweihfest eine Möglichkeit auf Brautschau zu gehen, sondern anschließend geht's bis zum Morgengrauen in die Disco. Die Discotheken sind im Juli und August mit den Griechen überfüllt, die breitesten amerikanischen Slang sprechen. Weil sie immer zwischen ihrer Heimatinsel und den Staaten hin und her fliegen, werden sie liebevoll und spöttisch zugleich „Frisbees" genannt. Viele Frisbees bringen ihre Amischlitten aus New Jersey und Baltimore mit, nur um zu zeigen, dass man es sich leisten kann. Den Winter über stehen die dann im Zoll, denn die Sache mit dem Ausführen der Autos ist nicht so einfach.

Überhaupt haben sowohl die Frisbees als auch die Daheimgebliebenen ein paar Eigenschaften, die man nur verstehen kann, wenn man weiß, dass diese Menschen noch vor einer Generation dem kargen Heimatfelsen das Überleben abgetrotzt haben. Dann kam der Tourismus und mit ihm plötzlich auch Wohlstand. Neid und Missgunst haben Einzug gehalten und man gönnt sich oft nicht die Butter auf dem Brot.

Es gibt keine Nachtclubs, kein Kasino und keinen Puff. Das Auto kann man getrost mit offenem Verdeck in der Innenstadt abstellen. Wenn man vom Essen zurückkommt, liegt mit an Sicherheit grenzender Wahrscheinlichkeit die Kamera immer noch auf dem Sitz. Man hat den Eindruck, als sei die Welt noch in Ordnung. Karpathos ist Europas letzter Außenposten.
Selbst ein Grieche vom Festland ist hier ein „Xenos", ein Fremder. In öffentlichen Gebäuden darf selbstverständlich geraucht werden und Motorrad fährt man ohne Helm.
Im Winter langweilen sich alle. Man fährt in Urlaub, geht ins Rocks, der einzigen Disco, die dann noch auf hat und macht gar nichts, außer Tavli spielen und auf den Sommer warten. Dann wenn Seitensprünge im Chaos nicht weiter auffallen und jeder machen kann, was er will.

Das Erbrecht der Kanakaren

Weil der karge Heimatfelsen nicht genügend Brot für alle bot, hat sich ein besonderes Erbrecht bis in die heutige Zeit erhalten. Im Grunde bekamen der erstgeborene Sohn und die erstgeborene Tochter allen Besitz. Die älteste Tochter wird die Kanakara genannt, was soviel heißt, wie die „geliebte Verhätschelte". Sie erbt alles, was die Mutter in die Ehe eingebracht hat. Am Tag ihrer Hochzeit bekommen die Kinder das Vermögen. Das wäre zum Beispiel bestes Ackerland, Weiden, das mütterliche Wohnhaus samt Möbeln, eine Windmühle, ein paar Rinder, Bienenstöcke und unter Umständen ein Boot. Der älteste Sohn, der Kanakaris, erbt alles, was der Vater mit in die Ehe brachte. Normalerweise ist sein Besitz ähnlich, außer dass er kein Haus bekommt.

Wichtig war es natürlich auch, dass die Kanakara einen Kanakaris heiratete, damit sich der Besitz vergrößern konnte. Alle anderen Kinder schauten in die Röhre. Sie waren Opfer des Erbrechts und konnten entweder als quasi Leibeigene auf den Höfen ihrer älteren Geschwister dienen oder auswandern: Eine Chance auf eine Heirat oder ein leichtes Leben hatten sie ohnehin nicht. Dann gibt es noch eine Zusatzregel: Die erste Tochter und der zweite Sohn gehören zur Familie der Mutter. Sie bekommen die Namen der Großeltern, der erste Sohn und die zweite Tochter gehören zur Familie des Vaters. Alle jüngeren Kinder erhalten das, was Vater und Mutter im Laufe der Ehe dazubekommen haben. Im schlechtesten Fall also gar nichts. Deshalb wanderten die jüngeren Söhne auf jeden Fall aus. Heutzutage versucht man allen Töchtern zumindest ein Haus zu bauen, weil das die Voraussetzung für eine Heirat ist. Bis heute hat sich die Vorstellung erhalten, dass man eine Frau heiraten müsse, die einen Olivenhain und ein Haus besitzt. Alle anderen Kriterien, die sich in der modernen Gesellschaft als absolut relevant für eine Partnerwahl durchgesetzt haben, sind hier noch nicht einschlägig durchgedrungen.

Yannis, der nach über dreißig Jahren in Amerika zurück in die Heimat kam, berichtet, dass man ihm schnell eine Frau vermitteln wollte. Frisch geschieden und durchaus amüsiert über das Engagement seiner rührigen Familie fragte er: „Und, ist sie hübsch?" „Sie besitzt einen Berg voller Olivenbäume", antwortete seine Großmutter. „Und ist sie intelligent?", versuchte Yannis es weiter. „Sie hat ein Haus in Rhodos", warf Tante Eleni ein. „Und hat sie ein gutes Herz?", fragte Jannis schon etwas verzweifelt. „Sie hat bestes Land in Strandnähe", sagte seine Mutter Sofia. Dass sie strohdumm war und zwei Zentner wog, erfuhr er nur durch einen alten Schulkameraden, der aber auch gleich hinzufügte: „Aber sie hat ein Haus, einen Olivenhain und einen Strand".

Tourismus

Der Tourismus wurde in Griechenland der 60er Jahre zu einer der größten Einnahmequellen. Jeder zweite Deutsche schwärmte bereits begeistert von Manolis Taverne „Mykonos" und

Mit dem Unikum „Ouzowski" gibt es immer etwas zu lachen

kannte den Unterschied zwischen Ouzo und Raki. Aber: Auf Karpathos passierte in Sachen Tourismus fast nichts. Im Gegensatz zu den großen Nachbarinseln Rhodos und Kreta, wo die Tourismusplanung in der Nachkriegszeit mit Fünfjahresplänen in die Wirtschaft integriert wurde, war es auf Karpathos zu dieser Zeit noch üblich im Kafeníon nachzufragen, ob jemand eine Unterkunft wisse. Hotels gab es schlichtweg noch keine. Das war 1963. Aber so langsam machten sich die Hippies auf nach Griechenland. Sie waren wegen ihres chronischen Geldmangels nicht sonderlich beliebt. Um 1970 herum stieg die Nachfrage nach Unterkünften von ausländischen und griechischen Reisenden. In Pigadia wurden das Hotel Anesis und das Zephyros eröffnet. 1971 gab es in Pigadia 39 Hotelzimmer und eine Handvoll Privatunterkünfte. Die Anreise per Fähre von Rhodos oder Kreta war beschwerlich und kam eigentlich nur für Leute mit viel Zeit in Frage.

Erst in den achtziger Jahren, als es Mode wurde, dass jeder Professor seinen Rücksack schnürte und nach Griechenland fuhr, ging auf Karpathos der Individualtourismus los. Doch schon wenig später, nämlich 1987, landete die erste Chartermaschine aus Norwegen an einem Flughafen, der aussah wie eine Bushaltestelle in der Dritten Welt. In diesem Jahr stiegen insgesamt 1659 Menschen aus dem Flieger. Inlandsflüge und Geschäftsreisende mit eingerechnet. Im Jahr 2000 waren es 45.000 Touristen aus Deutschland, Österreich, Skandinavien und England. Die griechische Zentrale zur Entwicklung des Fremdenverkehrs E.O.T. brachte 1987 ein Gesetz heraus, das für Investitionen in strukturschwachen Gebieten bis zu 40-prozentige Zuschüsse gewährte. Da man insbesondere an die Devisen der Auslandsgriechen heranwollte, bekamen die Investoren mit inländischer Währung 20 Prozent Zuschüsse und die mit ausländischer Währung 40 Prozent. Die Folge war, dass jeder Grieche seine Drachmen bei den Verwandten in den Staaten in US-Dollar eintauschte, um die höheren Zuschüsse zu kassieren. Zudem brachten sie ihr Land als Kapital mit ein. Wer seinem Land eigenmächtig eine ordentliche Aufwertung verpasste, konnte so fast ohne Kapital ein Hotel oder eine Pension bauen. Viele sahen im aufkeimenden Tourismus eine Chance, noch vor ihrer Pensionierung in die Heimat zurückzukehren. Oder aber sich einen guten Lebensabend auf ihrer Insel zu sichern. So sind seit 1987 ohne jede Planung viele kleine Hotels und Pensionen entstanden. Jeder hat dort gebaut, wo er ohnehin Land besaß. Oft war das zufällig in der Nähe eines schönen Strandes. Manchmal aber auch nicht.

Um den Boom beim Bau größerer touristischer Anlagen zu stoppen, werden in jüngerer Zeit nur kleine Anlagen mit bis zu sechs Apartments subventioniert. Richtige Großinvestoren für riesige Hotelketten oder Clubs gab es ohnehin nicht. Dafür ist Karpathos zu unbedeutend. Praktisch jeder Hotelbesitzer oder Wirt, den Sie hier treffen, kommt von der Insel. Aus Schäfern, Olivenbauern und Bäuerinnen wurden über Nacht Hotelbesitzer, die natürlich nicht wissen, dass der Tourismus ein Geschäft ist, das nach bestimmten Spielregeln funktioniert. Ein Problem, weil man ja das Geschäft mit den Fremden erheblich ausbauen möchte. Aus den zur Zeit bestehenden 6000 Betten sollen 20.000 Betten werden. Das bedarf dann schon einer gewissen Planung und eines einheitlichen Tourismuskonzeptes. Aber wie seit Menschengedenken wurstelt einfach jeder Bauer vor sich hin. Nur dass die Ziegen jetzt Touristen sind. So gibt es beispielsweise bis heute keine öffentlichen Verkehrsmittel zum Flughafen und viele Straßen sind einfache Schotterpisten. Um dem abzuhelfen, wurde eigens eine Kommission in Pigadia eingerichtet. Zwar ist jeder der sieben Mitglieder davon ein geachteter Mann der Insel, aber leider versteht keiner von ihnen etwas von Tourismus.

Interview:

„In Amerika bin ich Grieche, hier bin ich Amerikaner"

Jorgos Papadakis, ist in Manhattan geboren und lebt seit seinem 14. Lebensjahr wieder auf Karpathos. Heute ist er 29 Jahre alt und Bereichsleiter der örtlichen Autovermietung Europcar. Er ist kein klassischer „Frisbee", sondern ein Rückkehrer. Seine Eltern haben mit dem in Amerika verdienten Geld die kleine Familienpension Leforama in Lefkos aufgemacht.

Frage: Seit wann bist du zurück aus den Staaten?
Jorgos Papadakis: Als ich 12 war gingen meine Eltern mit meiner Schwester und mir zurück. Ich bin hier aufs Gymnasium gegangen und habe dann Buchhaltung gelernt. Dann wollte ich nach Amerika abhauen, weil das Militär drohte. Ich bin aber am Flughafen abgefangen worden, obwohl ich natürlich einen amerikanischen Pass hatte. Danach 18 Monate Armee. Und dann bin ich hier geblieben.

Frage: Fühlst du dich als Grieche oder als Amerikaner?
Jorgos Papadakis: In Amerika bin ich Grieche, hier bin ich Amerikaner. Aber meine Wurzeln sind auf jeden Fall auf Karpathos. Wenn du von hier bist, wirst du so erzogen, dass du dich nur als Grieche fühlen kannst. Ich habe in z. B. Amerika auch Lyra und Lauto gelernt.

Frage: Die Tradition wird hier ja sehr gepflegt, wie finden das die jüngeren Leute?
Jorgos Papadakis: Ich bin für die Traditionen, weil man dadurch seine Wurzeln besser fühlt. Ich finde nur, dass der Tourismus sie langsam zerstört. Am 15. August ist zum Beispiel der

*Leben in verschiedenen Kulturen
– nicht immer unproblematisch*

Zwischenstopp beim Inselhopping

Todestag der Maria. Wir machen da ein großes Fest und die Touristen kommen an und dürfen in der Kirche einfach den Priester fotografieren. So etwas widert mich an. Das ist respektlos unserer Kultur gegenüber.

Frage: Du bist also eher gegen den Tourismus?
Jorgos Papadakis: Nein, das stimmt so nicht. Ich bin nicht gegen den Tourismus, ich lebe ja davon und meine Eltern auch. Und natürlich gibt der Tourismus der Insel Leben, weil viele von uns die Chance haben zu bleiben, anstatt immer wieder zurück in die Staaten zu gehen. Aber der Tourismus hat sich völlig verändert und das nicht zum Guten. Früher haben wir mit Björn Engholm (ehemaliger Ministerpräsident von Schleswig Holstein) in Lefkos in der Kneipe Karten gekloppt. Heute schließen wir keine Freundschaften mehr mit Touristen. Wir leben zurückgezogen in den Bergdörfern und arbeiten am Strand. Individualtouristen gibt es kaum noch. Ein Tourist erwartet heute, dass du deutsch kannst und dass er einen Mietwagen und ein Hotelzimmer mit dem gleichen Service wie zu Hause bekommt.

Frage: Hast du Angst, dass der Tourismus euch über den Kopf wächst?
Jorgos Papadakis: Nein, denn zum Glück ist das Geschäft bislang nur in der Hand von Karpathioten. Großinvestoren werden hier nicht so schnell fündig, denn die meisten Leute haben nicht so viel Land, dass man darauf eine Clubanlage bauen könnte. Und wenn sie es hätten, dann würden sie es für kein Geld der Welt verkaufen. Karpathioten sind in solchen Dingen sehr emotional.

Politik

Die beiden wichtigsten Parteien Griechenlands, die sozialdemokratische Panhellenische Sozialistische Bewegung (PASOK) und die konservative Neue Demokratie (ND), sind auch auf Karpathos vertreten. In Ólympos und Messochori wird mehrheitlich sozialistisch gewählt. In Apéri und Arkássa bekommen die Rechten mehr Stimmen. Nur spielt hier die Parteizugehörigkeit des Einzelnen eine unbedeutende Rolle. Denn das Spiel läuft anders: Wer eine große Familie hat, wird gewählt. Man macht das Kreuzchen immer bei seinem Schwager oder bei seinem besten Kumpel. Frauen sind in der Politik gar nicht vertreten. Noch nie, so berichtet man, habe sich eine Frau für Politik engagiert. Um zu kandidieren, muss man auch nicht das Zeug zum Politiker haben. Wer in die Politik geht, liebt meist die Macht im Mikrokosmos. Aber niemand ist fanatisch. Was in Athen bei der großen Politik so passiert, interessiert eigentlich fast niemand. Athen ist weit weg. Europa ist noch weiter weg. „Ich fahre nach Europa", sagen die Karpathiothen, wenn sie sich vom untersten Ende der Balkaninsel wegbewegen. Sie fühlen sich nicht so recht als Europäer, trotzdem sie bereits 1979 den Beitritt in die EG unterzeichnet haben. Obwohl dieser Beitritt umstritten war, wurden die Subventionen aus Brüssel sehr begrüßt. 20 Jahre später feierten die Griechen den Beitritt zur Europäischen Währungsunion.

Frauen: Geheiratet wird einer aus Karpathos

Interview

Kalliope ist 38 und Vasilia 33 Jahre alt. Beide sind in New Jersey aufgewachsen und kommen nur im Sommer zurück nach Voláda, ins Dorf ihrer Eltern. Ihre Muttersprache Griechisch sprechen sie nur dann, wenn keiner Englisch kann. Die beiden Frauen zählen zu den sogenannten Frisbees. Zu denen, die hier zu Hause sind und dort leben.

Frage: Ihr habe beide Griechen geheiratet, obwohl ihr in Amerika aufgewachsen seid? Zufall oder Schicksal?

Kalliope: Meine Eltern sind aus Karpathos. Da ist es keine Frage, wen man heiratet. Schon wenn du dir das erste Mal alleine die Zähne putzen kannst, sagen sie dir, dass du einen Griechen aus Karpathos heiraten wirst. Mein Bruder hat seit fünf Jahren eine amerikanische Freundin und meine Mutter heult fast jeden Tag deswegen. „Wer soll den Kindern unsere Tradition beibringen?", fragt sie ihn immer. „Sie ist lieb, aber sie weiß nicht, wie man hier backt und kocht und sie geht nicht zur Kirche. Bitte verlasse sie jetzt. Es ist nicht nett, wenn du sie erst verlässt, wenn es ums Heiraten geht". Ich weiß nicht, was mein Bruder tun wird.

Vasilia: Ich habe mit 17 geheiratet, weil mein Vater sehr streng war. Heute ist das ja alles lockerer, aber vor 15 Jahren durfte ich nicht einmal mit einem Jungen am Telefon sprechen. Und hier in Voláda konnte ein Mädchen nicht mal am Kafeníon vorbeigehen, ohne dass die Männer sagten: „Die will wohl was …" Die Mädchen gingen außen ums Dorf herum. Die Dorfstraße war tabu.

Frage: Dann war Heiraten die bessere Lösung?

Vasilia: Zweifellos. Nach der Hochzeitsnacht wurde dann das Bettlaken mit dem roten Fleck rausgehängt, damit die Nachbarn sehen konnten, dass ich noch Jungfrau war. Mein Mann hat das übrigens auch von mir erwartet.

Kalliope: Meiner nicht. Aber ich war auch schon 25 und er war aus Athen. Ich bin ohnehin das schwarze Schaf in der Familie gewesen. Wenn ich im Sommer aus Amerika kam, erwarteten mich meine Cousinen von hier schon sehnsüchtig. Ich bin dann nachts mit dem Auto vorgefahren und wir sind heimlich in die Disco. Ihre Eltern dachten natürlich, ihre Töchter liegen längst im Bett. So was war damals ein Skandal.

Frage: Und dann hast du doch brav geheiratet?

Kalliope: Ja, aber als ich mit meinem Mann hierher kam, sagten alle entsetzt: „Er ist ein „Xenos", also ein Fremder. Er sagte: „Nein, ich bin Grieche." Aber er ist aus Athen, und das ist ein Fremder hier. Die Leute haben nichts gegen Ausländer, aber sie wollen niemals dass du einen heiratest.

Frage: Kamt ihr in New Jersey nicht in amerikanisch-griechische Kulturkonflikte?

Vasilia: Klar. Für meine Eltern war alles schlecht. Wenn ich einen Mini-Rock anzog, hieß es: „Wohin willst Du? In die 42nd Street?" (Auf den Strich) Wenn ich ins Kino wollte, sagten sie: „Ich kaufe dir einen großen Fernseher". Man konnte nicht richtig amerikanisch werden, weil man ja nicht wirklich mitmachen konnte.

Frage: Und Eure Kinder?
Kalliope:. Die spielen draußen Basketball. Wir bringen sie im Sommer her, damit sie griechisch sprechen. Aber sie reden englisch, denn fast alle Kinder wachsen ja in Amerika auf. Ich weiß nicht, was aus der nächsten Generation werden wird. Ich hoffe Griechen.

Kulturelles

Die griechisch-orthodoxe Kirche: Nichts geht ohne Gottes Segen

Ohne Weihwasser und Popen geht auf Karpathos fast gar nichts. Die meisten Inselbewohner sind griechisch-orthodoxe Christen. Sie glauben an Gott, lassen ihre Kinder taufen, heiraten kirchlich und kommen auch mit Gottes Segen unter die Erde. Die Griechen sind mit ihrer Kirche noch viel enger verbunden als die Christen der Westkirche. 98 Prozent der Bevölkerung sind in der östlich orthodoxen Kirche. Während der 400-jährigen Besatzung der Osmanen konnte durch Unterstützung der Kirchen die Kultur und vor allem die griechische Sprache erhalten bleiben. In geheimen Schulen und in Klöstern wurde sie unterrichtet. Seit dieser Zeit sind Kirche und Staat eng miteinander verflochten. Nachdem man sich im Jahr 1054 mit großem Streit von der Westkirche getrennt hat, befindet sich der Erzbischofssitz der 80 Diözesen in Athen. Der Kirche gehört sieben Prozent der Gesamtoberfläche Griechenlands. Kirchensteuern werden nicht bezahlt. Aber die Griechen spenden eifrig und als Gegenleistung zahlt die Kirche seit 1932 den Priestern ein kleines Gehalt. Da sie davon nicht leben können, gehen alle einfachen Popen auch noch einem bürgerlichen Beruf nach: Papas Minàs ist Imker und Anstreicher, Papas Yannis ist Maurer, Papas Géorgios ist Bauer. So sind sie viel enger in die Bevölkerung integriert als in der Westkirche üblich. Zum Priester kann auch man geweiht werden, wenn man schon verheiratet ist. Sonst würden sich für die kleinen Bergdörfer nämlich wahrlich keine Popen finden lassen. Wer allerdings ein höheres Kirchenamt anstrebt, wie Bischof oder Patriarch, muss ledig bleiben. Priester tragen auch heute noch die traditionelle knöchellange Soutane und eine Kopfbedeckung. Kopf- und Barthaare werden nicht geschnitten.

Seit frühster Zeit haben die orthodoxen Priester und Gläubigen die traditionellen Zeremonien beibehalten. Bei Betreten der Kirche bekreuzigt man sich, gibt etwas Geld in die Kollekte und zündet vor einer Ikone eine Kerze an. Den Altarraum hinter der Ikonostase, der heiligen Wand, darf nur der Priester betreten, sonst würde er entweiht. Da die Menschen sehr gläubig sind, haben religiöse Feste, wie das Kirchweihfest der Schutzheiligen, große Bedeutung. Es findet immer am Namenstag des Schutzpatrons statt und während der Liturgie wird die betreffende Heiligenikone verehrt. Mit Seidentüchern, Basilikum, Nelken und Geranien geschmückt, küssen sie alle Menschen, die am Gottesdienst teilnehmen und stecken ihr eine Spende zu. Durch diese Spenden werden die anschließenden Festmahlzeiten finanziert.

Unter allen Heiligen wird die Muttergottes, also die Maria, am meisten verehrt. Orthodoxe Gottesdienste dauern – vor allem an Festtagen – mehrere Stunden. Das wichtigste Fest ist natürlich das Osterfest. Es fällt nach dem orthodoxen religiösen Kalender meistens in die letzten zwei April- oder die erste Maiwoche. Die Zeremonie beginnt mit der Auferstehungsmesse am Karsamstag und zieht sich bis zum folgenden Dienstag. Als nächstes wichtiges Fest kommt Christi Himmelfahrt und dann Pfingsten. Weihnachten wird in Griechenland nur wenig Beachtung geschenkt. Dagegen passiert auf Hochzeiten einiges. Diese werden nicht selten tagelang gefeiert. Egal, an was oder wen man glaubt, an einem Kirchweihfest oder einer Hochzeit sollten Sie auf jeden Fall teilnehmen, wenn Sie eingeladen werden.

Kapellen

Neben den wirklich historisch bedeutenden Kapellen, wie z.B. Agias Mama und Agias Kiriakí gibt es angeblich noch etwa 1.000 kleine private Kapellen auf der Insel. Sobald sie geweiht sind, werden sie der Kirche vermacht. Deshalb besitzt die Kirche auch relativ viel Land. Um den Erhalt dieser Kapellen kümmern sich die Familien selbst. Sie haben immer einen Altar und eine Holztür über der ein besonderes Zeichen angebracht ist. Meistens entstehen die Kapellen, wenn jemand dem Tod gerade von der Schippe gesprungen ist. Agios Efraim, das neue kleine Bethaus oberhalb von Arkássa, gibt es deshalb, weil der Erbauer betrunken Auto gefahren ist. Sein Wagen kam ins Schleudern und während er aus der Kurve flog, versprach er Gott noch die Kapelle. Andere Gründe eine Kapelle zu bauen, sind Krankheiten von Familienmitgliedern oder langersehnter Kindersegen, der endlich eintrifft.

Agia Paraskeri/Arkássa

Diese neue Kapelle steht in prächtiger Lage am Hang, direkt über dem Dörfchen Arkássa. Die Familie, die diese Kapelle bauen ließ, hat eine sehr schöne und intelligente Tochter. Nachdem diese das Gymnasium abgeschlossen hatte, bekam sie plötzlich eine schwere Augenkrankheit. In Anlehnung an ähnliche Heilungsgeschichten im Christentum wurde diese Kapelle mit der Bitte um Heilung gebaut.

Kapelle in Afiartis

*Bei Ag. Zachárias auf Saría wird
beim Kirchenfest am 5. September
gefeiert bis der Arzt kommt.*

Profiti Ilias bei Apéri/Menetés

Die kleine weiße Kapelle steht hoch erhaben über den Dörfern. Man erreicht sie über einen mehrstündigen Fußmarsch von Apéri aus. Sie ist vor etwa 200 Jahren von den Bewohnern von Menetés erbaut worden. Jeden Tag kommt jemand aus Apéri zu Fuß hochgeklettert, um die Glocke zu läuten. In ihrem Gipfelbuch tauchen einige Namen fast täglich auf. Das sind dann Leute, die das Versprechen abgelegt haben, täglich zu kommen um irgendetwas in ihrem Leben oder Umfeld zu verbessern (siehe auch Kapitel „Aktiv und Sportlich/Wandertour 11a und b", S. 213).

Agia Kiriakí/Pigadia

Die weiß-rote Gipfelkapelle steht oberhalb von Pigadia auf einem Felsen. Von dort aus hat man einen grandiosen Blick auf die Bucht. Etwas unterhalb steht ein kleines Gemeindehaus, das für Feste (Kirchfest am 7. Juli) und andere Verschnaufpausen gut geeignet ist. Von dort aus führt eine weiße Treppe nach oben. Rund herum stehen schattige Kiefernwälder. In Kriegszeiten wurde Agia Kiraki von den Italienern als Munitionslager benutzt. Damit sie nicht bombardiert werden würde, bekam sie als Tarnfarbe einen orangebraunen Anstrich. Am nächsten Morgen war sie jedoch wieder blau-weiß. Nachdem das einige Male passiert war, glaubten die Italiener an ein Wunder und ließen die Kapelle im Originalton: den Farben der griechische Fahne.
Um mit dem Auto hierher zu kommen, biegt man auf der Straße von Pigadia Richtung Afiartis/Menetés nach etwa eineinhalb Kilometern bei einem Betonsilo nach links ab (noch vor den Tankstellen) Eine geteerte Straße führt steil nach oben. An dieser und auch an der nächsten Gabelung ist Agia Kiriakí ausgeschildert. Wer dorthin wandern will, findet in der Tour 10 eine detaillierte Wegbeschreibung (siehe auch Kapitel „Aktiv und Sportlich/Wandertour 10", S. 212).

Musik und Tanz

Karpathos wird zurecht als „Insel der Traditionen" bezeichnet. Ein Aspekt ist die Musik. Auf Karpathos findet man eine intakte, sehr traditionelle Volksmusik, die in den Bergdöfern noch mit Passion praktiziert wird. Obwohl die Volksmusik des Balkans im 20. Jahrhundert einem starken Wandel unterworfen war und die Dodékanes als Randgebiet des Balkans besonders davon betroffen waren, hat sich auf Karpathos fast nichts verändert. Musik ist hier Lebensausdruck. Dieses Lebensgefühl kann man alltäglich in anschaulicher Weise in fast jedem Kafeníon beobachten: Musik, Tanz, Spiel in allen Variationen. Aber auch die vielen traditionellen Anlässe wie kirchliche Feste, Hochzeiten und sogar Totenfeiern sind ohne Musik und Tanz nicht denkbar.

Das wichtigste Instrument der karpathiotischen Musik ist die Lýra, die ursprünglich aus Kreta stammt. Sie ähnelt einer Geige, ist allerdings an ihrem Hals mit zahlreichen Schellen besetzt, die die quirligen Klänge der Saiten begleiten. Sie ist jedoch selten solo zu hören, denn wie das Rauschen zum Meer gehört das Laúto zur Lýra, das zweite wichtige Instrument der Karpathioten. Dieses lautenartige bauchige Instrument sorgt für den „Background-Sound", während die Lýra die Anführerrolle übernimmt. Zugegeben, der Klang dieser Instrumente klingt anfangs seltsam, aber beobachtet man die fingerfertigen Meister der Lýra, erkennt man schnell die unglaubliche Kunst, die dahinter steckt.

Die Dritte im Bunde ist die Tsamboúna, eine Art Dudelsack aus Ziegenhaut. Das Instrument funktioniert im Prinzip wie das schottische Vorbild: Man bläst in den Sack und benützt den Aufsatz wie eine Flöte. Das klingt einfach, ist aber in Wirklichkeit Schwerstarbeit, denn bei Festen gibt es bei diesem Instrument meist Doppelbesetzungen.

Begleitet werden die Instrumente vom typischen Gesang, den sogenannten Mantinaden. Das sind zweiversige Lieder, bei denen es meist um Liebe und Erotik geht. Oft werden diese gesungenen Geschichten spontan erfunden, während die Instrumente ein monotones, beinahe hypnotisches Grundthema variieren.

Hier eine Kostprobe, die der berühmte Meister der Lýra, Kostas Vassilarákis, für seine Liebste geschrieben hat:

Meine süß-saure Zitrone, wie soll ich dich süß machen?
Wo ich doch im unteren Viertel wohne und du im oberen?

Als dich meine Augen zum ersten Mal sahen,
da war meine Brust offen, und du bist in mein Herz eingegangen.

Man beschimpft mich als Schurken, worin besteht meine Schurkerei?
Dass ich die schönen Mädchen liebe, dessen klagt man mich an.

Deine diebischen Augen, wie hast du ihnen das beigebracht,
und du tust so, als blicktest du woanders hin, aber (in Wirklichkeit) blickst du mich an?

Nimm ein Messer, stich zu, nimm eine Pistole, schieß auf mich.
Gib Acht auf mein armes Herz, da du drinnen bist mein Licht.

Interview

Intro:

Kostas Vassiláráskis spielt die Lyra seit er 14 Jahre alt ist. Er lernte es von seinem Vater und dieser wieder von seinem Vater. Der 76-Jährige Kostas, der hauptberuflich als Maurer gearbeitet hatte, ist heute in Rente. Er ist ein wahrer Meister seines Fachs und wer eine Kostprobe seines Könnens bewundern möchte, kann ihn besuchen: Täglich live in Óthos in der Taverne Zefiros. Seine Instrumente, die er übrigens alle selbst baut, dekorieren die ansonsten kahlen Wände und wenn dem sympathischen Musiker danach ist, nimmt er sie von der Wand und legt los. Trotz seines Ruhmes, den er auch international erlangt hat, ist er bescheiden geblieben. Aber auch stolz auf seine alte Kunst, die er selbstverständlich schon an seinen Enkel weitergegeben hat. Wenn er auf der Lýra spielt und dazu die alten Lieder singt, strahlt die Freude aus allen Winkeln seines zufriedenen Gesichtes und man erkennt sofort: Die Lýra ist sein Lebenselexier.

Frage: Wann haben Sie angefangen mit dem Lyraspielen?
Kostas Vasilarakes: Mein Vater Jorgos und mein Großvater spielten schon und als ich zwölf war, habe ich dann auch begonnen. Lyra spielen wird hier nicht groß unterrichtet, man hört den guten Spielern zu und lernt von Ihnen.

Frage: Wann wird denn Lyra und Lauto überhaupt gespielt?
Kostas Vasilarakes: Natürlich bei Hochzeiten. Heute gibt es ja nicht mehr viele. Aber früher, da wurde hier noch geheiratet. Das gab es noch ein bis zweimal im Monat ein Hochzeitsfest. Und wir wurden immer gefragt, ob wir kommen. Ich bin eigentlich in alle Dörfer eingeladen worden. Man feierte früher ja tagelang. Als z. B. das Panagiá-Fest in Messochori war, sind wir vier Stunden hingelaufen und haben dann drei Tage gespielt. Straßen gab es ja noch nicht. Wenn das Spiel gut ankommt, stecken die Leute den Spielern Geld in die Tasche. Wenn der Abend vorbei ist, setzen sich Lyra und Lautospieler zusammen, zählen die Kohle und machen dann Halbe-Halbe. Bei Hochzeiten gibt es oft 500.000 oder eine Million Drachmen.

Frage: Wovon handeln die Texte?
Kostas Vasilarakes: Es geht um Liebe, Geburtstage und Hochzeiten. Auch Verstorbene werden bedacht. Als Papandreou (Andreas Papadroeu, bis 1996 Premierminister von Griechenland) einmal auf Stippvisite hier war, haben wir gesungen: „Andreas, du musst uns öfter besuchen. Die Höflichkeitsform in der dritten Person gibt es in den Liedern nicht.

Frage: Haben Sie nie einen Text selbst geschrieben?
Kostas Vasilarakes: Doch zwei. Ein Lied habe ich meiner Frau gewidmet bevor ich sie geheiratet habe. Das war so: Jeder in Óthos wusste, wer in wen verliebt war, obwohl man zu dieser Zeit ja noch alles per Augenkontakt klar machte. Aber keiner wusste in wen ich verliebt war.

Auf seiner Lyra ist Kosta Vasilarákes nicht nur auf Karpathos zur Legende geworden.

Da schrieb ich einen Song: „Alle Mädchen sind schön, doch eine sticht heraus, und das ist die mit dem Mittelscheitel." Ich sang das vor ihrem Fenster. So war das Geheimnis gelüftet.

Frage: Und was sagten die Eltern?
Kostas Vasilarakes: Die waren froh, dass ihre Tochter geheiratet wurde. Denn dann schrieb ich noch einen zweiten einen Song: „Jetzt weiss es jeder und ich werde dich heiraten. Denn ich bin ein Mann und ich bin bereit für das was jetzt kommt."

Frage: Was ist das Besondere an so einer Lyra?
Kostas Vasilarakes: Die Lyra ist sehr speziell. Die Saiten sind nicht aus Metall, sondern aus Tiermagen. Außerdem sind sie größer als im Rest von Griechenland. Die meisten werden hier gebaut.
Frage: Warum haben diese Instrumente hier so eine große Bedeutung?
Kostas Vasilarakes: Früher waren die Lyra und Lauto die einzige Unterhaltung und somit war diese Musik eine große Sache. Die beiden Instrumente müssen immer zusammen gespielt werden. Die Lyra gibt den Ton an und die Lauto macht die Begleitung. Der Lautospieler kann meistens auch die Texte singen, falls das Publikum die Texte nicht ohnehin kennt. Ich spielte 20 Jahre lang mit Michalis. Wir waren ein Team. Wo der eine von uns eingeladen war, ging der andere auch hin. Heute gibt es Bars und Stereoanlangen und Popmusik. Ein paar junge Leute spielen noch, aber die meisten sind nicht mehr interessiert.

Frage: Gibt es keine modernen Mix-Versionen z.B. mit Rap, wie in anderen Kulturen?
Kostas Vasilarakes: Nein, es gibt keine Modernisierung. Wir spielen wie vor 150 Jahren. Alle Songs sind sehr alt und werden in gleicher Form weitergetragen. Es gibt auch keine Noten. Karpathioten kennen keine Noten. Nur ein paar Musikforscher aus aller Welt kommen ab und zu vorbei, nehmen unsere Musik auf Band auf und betreiben ihre Studien. Sie finde unsere Musik sehr interessant.

Karpathiotische Tänze:

Wer kennt ihn nicht, den typischen griechischen Reigentanz, den Alexis Sorbas im gleichnamigen, legendären Spielfilm mit Leib und Seele tanzte. Aber außer dem bekannten Sirtaki gibt es noch jede Menge anderer Versionen, denn jede Region in Griechenland hat ihre besonderen Tänze und Eigentümlichkeiten. So auch Karpathos. Die Besonderheit der karpathiotischen Tänze: Die anführende Person des Reigens ist immer ein Mann. Und das wird besonders in Ólympos sehr streng gehandhabt.
Mit den kurzen Beschreibungen geben wir Ihnen einen Einblick in die Hitliste der karpathiotischen Volkstänze. Wenn Sie also vor Ort auftrumpfen möchten, wissen Sie schon im Vorfeld, in welchen Volkstanzkurs Sie sich zu Hause anmelden sollten.

Kalamatianó:

Die Tanzschritte des Kalamatianos sind im gesamten griechischen Raum bekannt. Oftmals sind leichte Schrittänderungen möglich, der Grundschritt bleibt jedoch gleich.

Zervós:

Dieser Tanz ist eine Ausnahme in zweierlei Hinsicht: Zum einen wird er an Hochzeiten niemals getanzt, denn man sagt, das bringt Unglück. Die zweite Besonderheit ist die Tanzrichtung. Normalerweise werden alle Tänze von links nach rechts getanzt. Dieser nicht. Hier bewegt sich der Reigen von rechts nach links. Falls Sie sich für diesen Kurs entscheiden, sollten Sie gewisse koordinative und rhythmische Begabung mitbringen, denn die Schritte folgen sehr schnell aufeinander und sind zudem noch recht kompliziert.

Páno Chorós:

Die Hauptrolle unter den karpathiotischen Tänzen übernimmt der Páno Chorós. Aber auch hier ist Ihr tänzerisches Geschick gefragt, denn die 6 aufeinanderfolgenden Schritte sind sehr komplex und zumindest auf den ersten Blick äußerst verworren. Der Anfang und das Ende der Schlange bildet hier ein Mann.

Antipátiti:

Dieser Tanz wird gerne bei Auftritten von Tanzgruppen vorgeführt, auf normalen Feierlichkeiten wird er nur noch selten getanzt. Die Aufstellung der Beteiligten ist hier genau geregelt. Man fasst sich bei diesem Tanz nicht an den Händen, sondern an der Schulter.

Kefalonítika:

Auch diesen Reigen können Sie bei Tanzvorführungen oft bewundern. Meist werden dazu bestimmte Lieder gesungen, die vom Auszug und der Rückkehr der karpathiotischen Handwerker von Kefaloniá erzählen.

Tipp: Wer sich für Volkstänze interessiert, sollte die Feste der Kulturorganisationen Omonia und Likio Elinides nicht verpassen. Dort gibt es interessante Auftritte von karpathiotischen Tanzgruppen, die im Sommer oft durch die Dörfer touren.

Architektur

Erwarten Sie auf Karpathos nicht die übliche griechische Postkartenszenerie: Strahlend weiße Kubushäuschen, hellblaue Fensterläden, das alles vor stahlblauem Hintergrund. Die typische karpathiotische Architektur ist anders, aber nicht weniger traditionell. Noch heute kann man die seit Jahrhunderten gepflegte Bauweise der Wohnhäuser noch in vielen Dörfern der Insel finden:

Häuser in hellen Pastelltönen an den Berg „gelehnt", Fassaden mit liebevoll dekorierten Stuckornamenten, windabgewandt nach Osten oder Süden gerichtet. Der Grundriss hat einen l-förmigen Umriss und besteht aus einem langgestreckten Hauptraum, einem kleinen angebauten Nebenraum und einem Stall für die zahlreichen Haustiere.

Vor allem wird die alte Wohntradition noch im Inneren der Häuser gelebt. Und das traditionelle Hochbett, das „Soufá" spielt dabei die Hauptrolle. Es befindet sich im großen Hauptraum und besteht aus einem etwa 2 Meter breiten Podest aus Holz. Sein Auftrag ist multifunktionell: Kinderbett, Elternschlafraum, Babywiege und Vorratschrank für die Kostbarkeiten des Hauses. Hier spiegelt sich erneut das praktische Denken der karpathiotischen Baumeister wieder, denn sie haben sich den sogenannten „Stylós" einfallen lassen. Dies ist ein mächtiger Holzbalken, der das Dach trägt und gleichzeitig die Schätze des Hauses über und unter dem „Soufá" sichert. Diese Holzkonstruktion ist ein Symbol für das Oberhaupt der Familie. Bei der Dekoration des Ganzen kommt die Dame des Hauses zum Einsatz. Sie stellt ihre gesamte Aussteuer zur Schau, indem sie sowohl die kunstvoll geschnitzte Balustrade des Hochbettes als auch den „Stylós" mit kostbarsten Häkelarbeiten und bestickten Seidentüchern schmückt. Tagsüber wird das Bettzeug an der Seite verstaut und statt dessen zieren gestickte Kissen und Decken das Gemeinschaftsbett. Je wohlhabender, bunter der Stylós geschmückt ist, desto bunter und zahlreicher die Teller, Platten und Schüsseln auf den Holzregalen, desto feierlicher die Familienfotos an der Wand und desto prunkvoller die Hausikone.

Wie jeder weiß spielt sich in südlichen Gefilden das Leben oft in der Küche ab. Auf Karpathos ist das anders. Gekocht wird meist in einem kleinen Nebenraum, der oft nicht einmal einen eigenen Backofen enthält. Die Gründe dafür sind einleuchtend: Holz und Zeit sind Mangelware. Deswegen hat sich die Tradition entwickelt, in einem Gemeinschaftsbackofen einmal in der Woche zusammen mit mehreren Familien des Dorfes Brot zu backen. Unter anderem ist das Bergdorf Ólympos für diesem Brauch berühmt geworden.

Traditionelle Häuser kann man nicht nur in Ólympos, sondern auch in vielen anderen Dörfern wie Ólympos, Menetés, Apéri oder Voláda finden. Und das typische Hochbett gibt es nicht nur im Museum oder in privaten Häusern. Pfiffige Hoteleigentümer haben den Trend erkannt und betten ihre Gästen heutzutage wie selbstverständlich in traditionelle „Soúfas".

Kulinarisches

Obwohl Griechenland nicht gerade als kulinarisches Wunderland bezeichnet wird, wie das beispielsweise für Frankreich der Fall ist, wissen Küchenexperten heute: Auch die griechische Küche hat ihre besonderen Reize. Das zeigt sich nicht zuletzt an den vielen griechischen Restaurants, die sich heutzutage überall in Mitteleuropa großer Beliebtheit erfreuen. Zur landestypischen Küche zählen vor allem zahlreiche Variationen südländischer Gemüsesorten, Kräutern, Lamm, Fisch, Fleisch, Geflügel und Meerestiere. Und bei all dem darf natürlich eines nicht fehlen: Viel Knoblauch und noch mehr Olivenöl.

Frühstücksfans werden im Lande Hellas nicht glücklich, denn die erste Mahlzeit fällt hier so gut wie unter den Tisch. Wenn es hoch kommt, gibt es einen Kaffee und ein süßes Sesamstückchen. Deftiger und umfangreicher wird es erst gegen 15 Uhr beim Mittagessen. Wie diese Mahlzeit wird auch das Abendessen sehr viel später als bei uns in Mitteleuropa serviert. Griechen treffen sich nie vor 21 Uhr zum Souper und im Sommer kann es auch schon mal 22 Uhr werden, bis etwas Essbares auf den Tisch kommt. Der Grund ist einleuchtend. Es ist einfach zu heiß. Deshalb haben die Restaurants in Griechenland in der warmen Jahreszeit oft bis nach Mitternacht geöffnet.

Tipp: Beschimpfen Sie nicht sofort den Kellner, wenn Sie lauwarme Speisen serviert bekommen, anstatt der gewohnten heiß-dampfenden Gerichte. In Griechenland werden vor allem die Aufläufe wie Moússakas und Pastítio bereits mittags zubereitet und bis zum Abend nur noch warm gehalten. Dies ist vielleicht der Grund, warum im Griechischen kein Wort für heiß existiert, das maximale, was in dieser Richtung möglich ist, nennt sich „sestos" und bedeutet warm.

Ouzo

Ouzo – ein Synonym für griechischen Schnaps und geschützte Bezeichnung für einen ausschließlich in Griechenland hergestellten zweifach destillierten Branntwein, dem beim Destillationsvorgang Anis beigemischt wird. Pur ist der Ouzo klar, fügt man Wasser (oder Eiswürfel) hinzu, verfärbt er sich milchig weiß. Der Grund: Das Anisöl löst sich in weiße Kristalle auf. Ob als Apéritif, als Begleitung zu den mezédes oder zur Verdauung nach einem reichhaltigen Mahl, das griechische Nationalgetränk hat seinen Ruf längst vermarktet. Und das bis weit über die Grenzen Griechenlands hinaus. Während der Ouzo-Verbrauch in Griechenland selbst spürbar zurückging, erhöhte sich der Exportanteil. Besonders Frankreich hat im 19. Jahrhundert Gefallen am hochprozentigen Branntwein gefunden. Die Ausfuhr nach Marseille erfolgte in Holzkisten mit der italienischen Aufschrift „Uso di Massillia (Marseille)"/(Uso = Gebrauch). So entstand der Markenname. Heute importiert allein Deutschland etwa 10 Millionen Flaschen pro Jahr. Die bekannteste Marke ist der „Ouzo 12".

Hier ein kleiner „Spickzettel" zum Thema griechische Spezialitäten, der Ihnen Hilfestellung bei Ihrer Bestellung im Restaurant leisten wird:

Vorspeisen (orektiká)

Mezédes	Griechische „tapas". Kleine Appetithäppchen in Form von Käsewürfeln, Oliven, Muscheln oder Tomaten, die als Begleitung zum Ouzo nicht fehlen dürfen.
Pikilía	Vorspeisenplatte
Dolmadákia	Zwiebeln, verschiedene Gewürze und Reis in einem Mantel aus Weinblättern gerollt.
Taramosaláta	Fischrogensalat, gewürzt mit viel Zwiebeln und Zitronensaft.
Garídes	Garnelen
Tzaziki	Joghurt mit Knoblauch, Gurken und Zwiebeln. Jede griechische Familie hat ihr „Geheimrezept".
Salingkaría	Kleine Schnecken
Gígantes	Dicke Bohnen in scharfer Sauce.
Melitsanosaláta	Eine Art Püree aus Auberginen mit viel Knoblauch und Schafskäse.
Awgá a la rús	Russische Eier
Tirosaláta	Pikant angemachter Schafskäse.

Suppen

Fassoláda	Suppe mit weißen Bohnen, Sellerie und Karotten.
Chortóssoupa	Gemüsesuppe
Psaróssoupa	Fischsuppe
Patsás	Kutteln. Spezialität, die man meist morgens(!) zu sich nimmt.

Gemüse und Salate

Fáwa	Hülsenfrüchte, meist mit Tomaten und Zwiebeln gekocht.
Okrá	Eine der Bohne ähnliche Frucht, sehr lecker und aufwendig zubereitet.
Kologíthia	Zucchini
Patátes	Kartoffeln
Piperjá	Paprika
Choriátiki	Der berühmte griechische Bauernsalat.
Láchano saláta	Krautsalat
Angoúro saláta	Gurkensalat

Aus dem Backofen

Arnáki	Lamm
Lagós	Hase
Kotópoulo	Gebratenes Hähnchen

Kolokithákia gemistá	Gefüllte Zucchini
Moussaká	Die klassische griechische Spezialität – ein Auflauf aus Auberginen, Kartoffeln und Hackfleisch. Oben drauf kommt Bechamelsauce und das Ganze wird im Ofen mit Käse überbacken.
Jemistá	Gefüllte Tomaten oder Paprika
Papoutsákia	Gefüllte Auberginen, auch „Schühchen" genannt.
Stifádo	Rindergulasch nach Art des Landes. Die Sauce ist mit viel Zwiebeln, Salz, Pfeffer und Zimt! gewürzt und wird anschließend mit Schafskäse gebunden.
Spanakópita	Spinatauflauf in Blätterteig
Pastítio	Eine Spezialität aus Ólympos! Eine Art Gratin, deren Basis nicht Kartoffeln, sondern Makkaroni sind. Dazu kommen Hackfleisch, Tomaten, Zwiebel und oben drauf Käse.

Aus der Pfanne

Keftedés	Hackfleischbällchen
Biftéki	Mit Oregano gewürzte Frikadelle, manchmal mit Schafskäse gefüllt.
Paidákia	Lammkoteletts

Vom Grill

Souvláki	Leckere Spießchen mit Schweinefleisch, Shrimps oder auch Hühnchen. Das Ganze gegart auf dem Holzgrill.
Kotosoúvli	Hähnchenspieße

Fisch

Garídes	Garnelen
Barboúni	Rotbarbe
Menoúlles	Spezialität aus Karpathos! In Öl und Salz eingelegte Sardellen.
Okatapódi	Oktopus
Midia jemenistá	Gefüllte Muscheln

Käse

Féta	Weicher Käse aus Ziegen- oder Schafsmilch
Saganáki	Frittierter Schafskäse
Kopanaísti	Scharfer Käse aus Ziegen- oder Schafsmilch

Nachspeisen

Chalvas	Leckere Süßigkeit aus Gries, Mandeln und Zimt.
Baklava	In Öl gebackene Süßspeise
Galaktoboúreko	Hefetasche gefüllt mit Creme

| Katáifi | Süßes Gebäck |
| Loukumádes | Spezialität aus Ólympos! In Öl gebackene Kugeln übergossen mit Honig. |

Wein

Es stimmt: Karpathos besitzt seinen eigenen Wein. Und dieser stammt aus Óthos. Hauptsächlich kommt er in der Kirche bei der Messe zum Einsatz, aber auch in den Tavernen des Ortes wird der leckere Traubensaft angeboten. Geschmacklich erinnert der süße Rotwein an portugiesischen Portwein.

Retsina

Keine Frage: Retsina schmeckt merkwürdig und viele geben nach dem ersten Schluck auf. Wer aber eine mehr oder weniger kurze Gewöhnungszeit hinter sich gebracht hat, wird ihn immer mögen. Das ungewöhnliche harzige Aroma rührt vom Harz der Aleppokiefer, die dem Wein zugeführt wird, um ihn haltbarer zu machen. Das zumindest gilt als eine Erklärung. Es gibt noch eine andere Version: Wein wurde früher in Ziegenfellen transportiert, die zur besseren Haltbarkeit mit Harz der Seekiefer behandelt wurden. Dieses eigenartige Aroma ging dann in den Geschmack der Flüssigkeit und bestimmte so das Aroma des Weines mit. Als Holzfässer zur Weinlagerung eingeführt wurden, vermissten die Weinliebhaber den harzigen Geschmack und man begann nun Harz bei der Gärung einzusetzen. Ob in weiß als klassischer Retsína oder in rot als „kokkino retsína", der ungewöhnliche magenfreundliche und durstlöschende Wein ist ein perfekter Begleiter der griechischen Küche. Neben Flaschenweinen wird Ihnen in den Tavernen auch oft ein hauseigener, offener Wein vom Fass angeboten (retsina apó to varéli).

Kalí Órexi!

Wissenswertes von A bis Z

Apotheken

Die zahlreichen Apotheken sind recht gut sortiert. Falls Sie Schwierigkeiten haben, das griechische Wort für Apotheke „FAPMAKEIO" zu entziffern, hier unser **Tipp:** Beim grünen Kreuz neben der Aufschrift sind Sie richtig. Normalerweise sind Apotheken an Wochentagen von 9.00–13.00 Uhr und von 17.00–21.00 Uhr geöffnet. Lassen Sie sich für Ihre Medikamente eine Quittung geben. Sie können sie im Anschluss an Ihren Urlaub bei Ihrer Versicherung einreichen.

Ärztliche Versorgung

Tipp: Schließen Sie zuhause eine Auslandskrankenversicherung ab. Diese bekommen Sie preisgünstig bei privaten Krankenkassen oder auch beim ADAC. Damit sind Sie bei gesundheitlichen Problemen finanziell gut abgesichert. Und das nicht nur für Behandlungen, und Medikamente, sondern auch für eventuell benötigte Transportkosten.

Bei gesundheitlichen Problemen können Sie sich in Pigadia an zwei Stellen wenden (siehe Stadtplan):
1. Medical Center, Tel. 029 200 oder 0800/166 166
Dies ist eine neue private Einrichtung, alle Kosten müssen dementsprechend vom Patienten selbst übernommen werden. Die apparative Ausstattung ist im Vergleich zum öffentlichen Krankenhaus sehr gut, es gibt z.B. ein Röntgengerät und ein Ultraschallgerät. Außerdem wird man schnell behandelt, was im Krankenhaus wegen Überlastung oft nicht der Fall ist.
2. Öffentliches Krankenhaus: Tel. 0 22 228
Die Behandlung im Krankenhaus ist kostenlos. Für Ihr gesundheitliches Wohl sorgen hier Ärzte für Allgemeinmedizin, ein Kinderarzt und ein Herzspezialist.
3. Spezial-Notruf für TUI-Gäste: 0946/463 593/24-Stunden-Service
4. Zahnarzt (siehe Stadtplan):
Tel. 022 378/mobil: 0977/771 299. Sprechstunden: Mo.–Fr.: 9.00–13.00/18.00–21.00 Uhr/Mittwochnachmittag geschlossen (siehe Kapitel „Wissenswertes von A bis Z/Ärztliche Versorgung" S. 47).
Kinderarzt: Dr. Mános Níssyros, Tel. 023 110
Tierarzt: Nikos Spanos, in Pigadia, Nähe des Taxistandes. Sprechstunden: Mo bis Fr.: 8.00 bis 14.00 Uhr. Die Behandlung ist kostenlos.

Außer in Pigadia gibt es sonst nirgendwo auf der Insel ein Krankenhaus oder einen ortsansässigen Arzt. Dieser kommt nur mehrmals wöchentlich in den einzelnen Dörfern vorbei, um nach dem Rechten zu sehen. Bei ernsten Problemen sollten Sie sich am besten gleich an die entsprechenden Einrichtungen in Pigadia wenden.

Auskunft

In Deutschland:
EOT – Griechische Zentrale für Fremdenverkehr,
- Neue Mainzer Str. 22, 60311 Frankfurt, Tel. 069/23 65 61, Fax: 069/23 65 76
  Öffnungszeiten: Mo.–Fr. 9–18 Uhr
- Abteistr. 33, 20149 Hamburg, Tel. 040/45 44 98, Fax: 040/44 96 48
  Öffnungszeiten: Mo.–Fr. 9–13 Uhr
- Wittenbergplatz 3a, 10789 Berlin, Tel. 030/217 62 62, Fax: 030/217 79 65
  Öffnungszeiten: Mo.–Fr. 9–18 Uhr
- Pacellistr.5, 80333 München, Tel. 089/22 20 35, Fax: 089/29 70 58
  Öffnungszeiten: Mo.–Fr. 9–18 Uhr

In Österreich:
Griechische Zentrale für Fremdenverkehr
- Opernring 8, 1015 Wien, Tel. 0222/512 53 17, Fax. 513 9189
  Öffnungszeiten: Mo.–Fr. 9–17 Uhr

In der Schweiz:
Griechische Zentrale für Fremdenverkehr
- Löwenstr. 25, 8001 Zürich, Tel. 01/221 0105, Fax: 01/212 0516
  Öffnungszeiten: Mo.–Fr. 9–17 Uhr

Auf Karpathos:
Auf der Insel direkt gibt es keine offizielle Touristeninformation. Bei Fragen helfen Ihnen aber folgende Agenturen vor Ort weiter:

TUI Service: Tel. 023 153 oder 023 733, Fax: 022 840, E-Mail: aokvm@tui.gr
Öffnungszeiten: Mo., Mi., Fr.: 12.00–14.00 und 18.00–20.00 Uhr/Do.: 9.00–14.00 Uhr und 18.00–20.00 Uhr/So.: 9.00–14.00 Uhr

TUI Spezialservice: 24-Stunden Service Telefon: 0946/46 35 93
Sehr zu empfehlenswert ist hier das breitgefächerte Ausflugsprogramm. Die Touren werden von engagierten Reiseleitern durchgeführt, die allesamt deutschsprachig sind. Angeboten werden Inselrundfahrten, Kaiki Touren (Bootstouren mit traditionellen Schiffen), Ortsbesichtigungen, Besuch von Nachbarinseln und Wanderungen.
(Siehe auch Kapitel „Pigadia/Was kann man unternehmen", S. 92)

Possi Travel: Tel. 22 148
Öffnungszeiten: Mo–Sa.: 8.30–12.00 Uhr/17.30–20.30 Uhr/So.: 8.30–12.00 Uhr
Dies ist ein Informationszentrum, in dem Sie Ihren Urlaub komplett organisieren können: Flüge und Fähren buchen, Autos mieten (Hertz), telefonieren oder sonstige Informationen einholen. Im Obergeschoss desselben Gebäudes befinden sich die Büros einiger namhaften Veranstalter (Neckermann/Kreuzer/Reiseladen).

Banken
Geldinstitute gibt es nur in Pigadia (siehe Stadtplan). Die Öffnungszeiten sind Mo – Fr. von 8.00-12.00/13.00 Uhr. Alle 3 Banken sind mit einem Geldautomat ausgestattet. Außerdem gibt es einen Geldautomaten in Diafáni (siehe auch A bis Z Geld).

Behinderte
Spezielle Einrichtungen für Behinderte haben wir auf Karpathos wenig gefunden. Da ist im Allgemeinen viel Improvisation gefordert. Dennoch: In Bezug auf die Unterkunft hatten wir Glück: In Amoopi gibt es eine behindertengerechte Anlage, die einige hübsche Studios vermietet. Kontakt: Skarpanthos Studios (siehe Kapitel „Amoopi/Unterkunft", S. 112).

Busverbindungen
Die öffentlichen Busverbindungen sind auf Karpathos nicht an die Bedürfnisse der Touristen angepasst, sondern an die der Einheimischen. Das heißt, die Busse verkehren verstärkt früh am Morgen und wieder zum Feierabend gegen 17 Uhr. In der Sommerzeit ist der Busverkehr im Vergleich zum Winter sowieso sehr eingeschränkt. Das liegt daran, dass die Schulkinder, die auch zu den Hauptnutzern der Busse gehören, im Sommer keinen Unterricht haben.
Insgesamt sind die Verbindungen auf Karpathos auf unerklärliche Weise sehr unregelmäßig und wechselhaft. Deshalb ist es ratsam, sich vor Ort nach dem momentanen Fahrplan zu erkundigen! Diese sind am Taxistand/Busbahnhof in Pigadia in ihrer aktuellen Version ausgehängt oder Sie erfahren die genauen Zeiten in Ihrem Hotel.
Achtung: Vom und zum Flughafen gibt es kein öffentliches Busverkehrsnetz!

Hier der aktuelle Fahrplan zur Zeit unserer Recherche (Stand Sommer 2001). Die angeführten Abfahrtszeiten gelten für Mo.–Sa.

Route 1:

Pigadia	Menetés	Arkássa	Finíki	Lefkos
10.45 Uhr	11.00 Uhr	11.20 Uhr	11.30 Uhr	–
14.00 Uhr	14.15 Uhr	14.35 Uhr	14.45 Uhr	–

Lefkos	Finíki	Arkássa	Menetés	Pigadia
–	7.00 Uhr	7.10 Uhr	7.30 Uhr	7.45 Uhr
–	11.30 Uhr	11.40 Uhr	12.00 Uhr	12.15 Uhr
17.00 Uhr	17.15 Uhr	17.25 Uhr	17.35 Uhr	17.45 Uhr

Route 2:

Pigadia	Amoopi
10.10 Uhr	10.25 Uhr
14.30 Uhr	14.45 Uhr
Amoopi	Pigadia
10.30 Uhr	10.45 Uhr
16.30 Uhr	16.45 Uhr

Route 3:

Pigadia	Apéri	Voláda	Óthos	Pilés
6.50 Uhr	7.00 Uhr	7.10 Uhr	7.20 Uhr	7.30 Uhr
11.00 Uhr	11.10 Uhr	11.20 Uhr	11.30 Uhr	11.40 Uhr
13.00 Uhr	13.10 Uhr	13.20 Uhr	13.30 Uhr	13.40 Uhr
Pilés	Óthos	Voláda	Apéri	Pigadia
7.30 Uhr	7.40 Uhr	7.50 Uhr	8.00 Uhr	8.10 Uhr
11.40 Uhr	11.50 Uhr	12.00 Uhr	12.10 Uhr	12.20 Uhr
13.45 Uhr	13.55 Uhr	14.05 Uhr	14.15 Uhr	14.25 Uhr

Route 4:

Pigadia	Mesochóri	Spóa
13.00 Uhr	14.00 Uhr	14.30 Uhr
Spóa	Mesochóri	Pigadia
7.00 Uhr	7.30 Uhr	8.30 Uhr

Route 5:

Ólympos	Diafáni
8.00 Uhr	8.15 Uhr
9.00 Uhr (nur Sa./So.)	9.15 Uhr
13.30 Uhr	13.45 Uhr

Camping

Auf Karpathos gibt es keine offiziellen Campingplätze und die behördliche Regelung in Bezug auf „freies Campen" lautet für ganz Griechenland: Verboten! Gehandhabt wird es jedoch momentan auf Karpathos so, dass freies Campen geduldet wird, solange es nicht überhand

nimmt. Auf folgenden Plätzen kann man campen:
Adia: Beim Pine Tree Restaurant nach Absprache mit Nikos Papanikolaou, dem Besitzer der Taverne.
Arkássa: Am Strand von Ag. Nicoláos. Dort gibt es auch öffentliche Duschen.
Afiartis: An der „Chicken Bay" (Windsurfspot).
Im Norden: An den einsamen Stränden zwischen Spóa und Ólympos und an der Bucht von Vanánda.

Diplomatische Vertretungen
Vertretungen in Griechenland:

Bundesrepublik Deutschland:
Botschaft: Athen, Tel. 01/0728 511, Fax: 01/0725 12 05
Konsulat: Rhodos: Tel. 0241/063 730, Fax. 0241/0 821 98 23
Öffnungszeiten: Mo.–Fr.: 9.00–12.00 Uhr.

Österreich:
Botschaft: Athen, Tel. 01/0821 10 36/Fax. 01/0821 10 36
Konsulat: Rhodos: Tel. 0241/0223 93 oder 024 757/Athen: Tel. 01/0821 10 36/Fax: 0724 92 09

Schweiz:
Botschaft: Athen, Tel. 01/0723 03 64/65/66, Fax: 01/0724 92 09

Einreisebestimmungen
Für Urlaubsreisen nach Karpathos ist ein gültiger Personalausweis oder Pass ausreichend. Kinder unter 10 Jahren müssen im Familienpass eingetragen sein oder einen Kinderausweis mit Lichtbild besitzen. Die maximale Aufenthaltsdauer in Griechenland beträgt 3 Monate. Wer länger bleiben will, muss bei der Polizei einen Antrag auf Verlängerung stellen. Dies sollte er zeitig tun (ca. 1 Monat vor Ablauf dieser Frist), denn die Beamtenmühlen laufen auf Karpathos unter Umständen noch langsamer als gewohnt.

Für die Mitnahme von Haustieren wird ein internationaler Impfpass und ein amtstierärztliches Gesundheitszeugnis in englischer oder französischer Sprache verlangt.

Einkaufen

Die Geschäfte sind im Allgemeinen Mo.–Sa. von 9.00 bis 14.00 Uhr/17.00–21.00 Uhr geöffnet. Am Kiosk bekommen Sie bis in die späte Nacht hinein Kleinigkeiten wie Zigaretten, Telefonkarten, Getränke usw.

Fähren

Da sich die Schiffsfahrpläne ständig ändern, ist es ratsam, sich zur Reisevorbereitung den jährlich wechselnden Fährplan von EOT (siehe Auskunft S. 48) zuschicken zu lassen. Dann sind Sie auf dem neuesten Stand der Dinge. Allerdings sollten Sie dennoch in Betracht ziehen, dass sich kurzfristig etwas ändert, denn Fahrplanwechsel, Verspätungen wegen schlechtem Wetter oder ähnliches sind an der Tagesordnung. Planen Sie deshalb Ihre Reise nicht zu eng, denn das könnte noch mehr Probleme mit sich bringen.

Fähren nach Griechenland

Das Wichtigste zuerst: Buchen Sie ihre Fähre nach Griechenland rechtzeitig, denn im Sommer, besonders zur Ferienzeit, sind die Plätze oft schon Monate im voraus ausgebucht! Es gibt zahlreiche Reedereien, die die Strecke Italien-Griechenland übernehmen (Anek Lines, Ventouris Ferries, Minoan Lines, Strinzis Lines, Superfast Ferries). Informationen über Fährverbindungen, Preise, Abfahrtszeiten, Kosten, Camping an Bord, Reedereien, Ermäßigungen bei gleichzeitiger Buchung von Hin- und Rückfahrt usw. bekommen Sie unter folgenden Adressen:

1. EOT (siehe Auskunft, S. 48)
2. Im Internet unter www.griechenland.net/www.griechenland.de
3. Bei folgender Buchungsagenturen:
   – Euronautic Tours, Fürtherstr. 46, 90 429 Nürnberg
     Tel. 0911/9266 915, Fax. 0911/268983
     E-Mail:info @ euronautic.de/Internet: www. griechenland.de (Fähren)
   – Reiseagentur GmbH, Tel. 089/5501041, Fax: 089/598425
   – Seetours International, Tel. 069/1333210, Fax: 069/1333218
   – DER Reisebüro, Tel. 069/958800/Fax: 069/958817
   – Agentur Reinecke, Tel. 04532/6517/Fax: 04532/21143
   – Reiseagentur GmbH, Tel. 089/5501041/Fax: 089/598425

Fährhäfen in Italien sind: Venedig, Triest, Ancona, Brindisi, Bari und Otranto.

Der beste Zielhafen für die Weiterreise nach Karpathos ist Patras. Allerdings starten die innergriechischen Fähren meist von Piräus/Athen. Das heißt, Sie müssen erst ca. 1,5 Stunden per Landweg hinter sich bringen, bevor es per Schiff ab Piräus weiter gehen kann (siehe auch „innergriechische Fähren", S. 53)

Tipp:
Für Camper/Wohnmobile bieten einige Gesellschaften „Camping an Bord" an. So können Sie sich die gesamte Reisedauer an Bord Ihres Wohnmobil oder Camper aufhalten.

Innergriechische Fähren:
Achtung: Innergriechische Fähren sind von Deutschland, Österreich oder der Schweiz nicht buchbar. Sie können jedoch bei den griechischen Fremdenverkehrsämtern (siehe Auskunft S. 48) einen aktuellen Fahrplan anfordern, um Ihre Anreise im Vorfeld zu planen.

Buchung in Griechenland:

Karpathos/Pigadia:
Possi Travel: Tel. 022 148
Öffnungszeiten: Mo.–Sa.: 8.30–12.00 Uhr/17.30–20.30 Uhr/So.: 8.30–12.00 Uhr

Piräus:
Sie kaufen Ihr Ticket direkt am Hafen bei den jeweiligen Schiffsgesellschaften:
L.A.N.E.: Tel. 01/0427 4011, Fax: 0427 4013
G.A. Ferries: Tel. 01/0 419 9100, Fax: 0419 9106
Superfast Ferries: Tel. 01/0331 3252
Minoan: Tel. 01/0751 2356
Anek Lines: Tel. 01/0323 3481

– Routing der Schiffe:
Mehrmals pro Woche laufen die Fähren nacheinander folgende Häfen an, das heißt je nach Reiseziel fahren Sie auf entsprechenden Teilstecken mit:
Ausgangshafen ist Piräus, über Milos, Kreta (Ag. Nicoláos/Sitia), Kassos nach Karpathos. Danach weiter nach Halki und Rhodos. Der Rückweg verläuft in die umgekehrte Richtung.

Die angeführte Tabelle zeigt den Fahrplan vom Sommer 2001.

Strecke	Person	Auto/ab	Fahrtdauer	Hinfahrt (Stand: Sommer 2001)	Rückfahrt (Stand: Sommer2001)
Karpathos–Diafáni–Karpathos	€ 3	ca. € 15	ca. 1,5 Std.	Täglich	Täglich
Karpathos–Halki–Karpathos	€ 9	ca. € 35	ca. 2,5 Std.	Fr./14.00 Uhr	So./4.30 Uhr
				Mo./14.00 Uhr	Di./4.30 Uhr
				Di./14.00 Uhr	Mi./4.30 Uhr
Karpathos–Rhodos–Karpathos	€ 14	ca. € 60	ca. 5 Std.	Fr./14.00 Uhr	So./4.30 Uhr
				Mo./14.00 Uh	Di./4.30 Uhrr
				Di./14.00 Uhr	Mi./4.30 Uhr
Karpathos–Kreta–Karpathos	€ 12	ca. € 60	ca. 4,5 Std.	So./4.30 Uhr	So./7.30 Uhr
				Di./10.10 Uhr	Di./7.30 Uhr
				Mi./10.10 Uhr	Do./7.00 Uhr
				Do./14.00 Uhr	Fr./7.30 Uhr
Karpathos–Kassos–Karpathos	€ 6	ca. € 20	ca. 1,5 Std.	So./4.30 Uhr	So./4.30 Uhr
				Di./10.10 Uhr	Di./10.10 Uhr
				Mi./10.10 Uhr	Mi./10.10 Uhr
Karpathos Santorini-Karpathos	€ 15	ca. € 63	ca. 16 Std.	Auf Anfrage vor Ort	Auf Anfrage vor Ort
Karpathos–Piräus–Karpathos	€ 26	ca. € 70	ca. 18 Std	So./4.30 Uhr	So./19.00 Uhr
				Di./10.10 Uhr	Mo./19.00 Uhr
				Mi./10.10 Uhr	Mi./19.00 Uhr
				Do./14.00 Uhr	Do./19.00 Uhr
Karpathos–Milos–Karpathos	€ 24	ca. € 82	ca. 13 Std.	So./4.30 Uhr	So./19.00 Uhr
				Di./10.10 Uhr	Mo./19.00 Uhr
				M./10.10 Uhr	Mi./19.00 Uhr

Achtung: Die Winterfährpläne sind mit denen im Sommer nicht zu vergleichen. Dann wird Karpathos weit weniger angefahren!

Fahrräder/Mountainbikes

Bikefans können sich auf Karpathos glücklich schätzen. Im Kapitel „Aktiv und Sportlich/ Mountainbike", S. 219 gibt es einige Vorschläge, wie man sich auf der Insel austoben kann. Allerdings werden nur sportlichere Fahrer froh, denn die Pisten und Straßen sind oft sehr schwierig zu befahren und zudem gespickt mit vielen steilen und langen Anstiegen. Wer gemütlich in flachem Gelände radeln möchte, sollte dies besser in Holland tun. Allerdings: Wie in Holland kann es auch auf Karpathos sehr windig sein, vor allem auf den Touren im Süden der Insel.

Ohne einen Jeep ist man bei den
Ausflügen aufgeschmissen

Hang loose!

55

Es gibt einige Verleihstationen (siehe unten), wo man Fahrräder mieten kann. Wer sein gutes Stück von zuhause mitbringen möchte, muss das Rad vor Abflug bei den Fluggesellschaften als Sportgepäck anmelden. Kosten: Je nach Gesellschaft zwischen 25 € und 40 €/hin und zurück.

Verleihstationen:
Pigadia:
Auto Motor Center, Tel. 022 048
Gatoulis, Tel. 022 747; Fax:0 22 958 oder 022 814
Arkássa:
Hotel Alpha: Tel./Fax: 061 352
Lefkos:
Le Grand Bleu: Tel. 071 400-1-2, Fax:0 71 402/E-Mail: grandbleu@ rho.forthnet.gr
Afiartis:
Bei allen Surfstationen am Strand
Preise: je nach Modell 4–12 €/pro Tag

Feste

Ein kirchlicher Feiertag oder ein Namenstag ohne ein entsprechendes Fest – auf Karpathos unmöglich. Fast jedes Dorf feiert sein eigenes Kirchweihfest, und zwar nicht nur in den Pfarrkirchen, sondern auch in den außerhalb der Gemeinden liegenden Kapellen. Der Gottesdienst ist immer mit der Verehrung der betreffenden Heiligenikone verbunden. Die Gläubigen ziehen an ihr vorbei, bekreuzigen sich und küssen sie. Und eine Gabe in Form von einem Geldschein darf auch nicht fehlen. Einmal wird in kleinerem Rahmen gefeiert, ein anderes Mal dauert das Fest über mehrere Tage. Dann geht es bereits am Vorabend los. Bepackt mit Schlafsack und jeder Menge Wein, Käse und sonstigen Leckereien wandert das gesamte Dorf zum Fest. Und dann wird gefeiert bis tief in die Nacht bei Musik und Tanz. Falls eines dieser sehenswerten Feste in die Zeit Ihres Urlaubs fallen sollte, dürfen Sie einen Besuch dort unter keinen Umständen verpassen!

1. Januar:	Neujahrsfest	In Griechenland beschenkt man sich nicht zu Weihnachten, sondern zu Neujahr.
2. Februar:	Arkássa	Ipapandí/Kirchweihfest
10. Februar:	Apéri	Ag. Charálambos
25. März:	Pigadia	Evangelísta/Pigadias größtes Kirchweihfest in der Kirche Evangelista

April:	Ostern	Das griechische Osterfest ist das wichtigste und größte Fest des Jahres. Als besonders traditionelle und außergewöhnliche Festlichkeit wird Ostern in Ólympos zelebriert.
29. Juni:	Pigadia/Amoopi	Agii Apóstoli
7. Juli:	Pigadia	Ag. Kiriakí
20. Juli:	Apéri/Menetés/ Ólympos	In den Bergkapellen wird zu Ehren des Profiitis Ilías gefeiert.
27.–29. Juli:	Óthos/Stes/Saría	Großes Kirchweihfest vor allem in Saría.
6. August:	Feiertag	in fast allen Orten auf Karpathos: Metamórphosis
15. August:	Menetés/Apéri/ Pilés/Óthos/ Ólympos	Maria Himmelfahrt wird besonders groß in Ólympos und Menetés gefeiert.
22. August:	Kyra Panagiá	Panagía
29./30. August:	Apéri/Ólympos/ Vourgounda:	Ag. Ioánnis – Großes mehrtägiges Fest vor alles in Vourgounda (Avlona)
1. September:	Menetés:	Feiertag der Kapelle Ag. Mamas
7./8. September:	Pigadia/Mesochóri/ Voláda:	Larniótissa
14. September:	Pilés	Ag. Stávros
28. Oktober:	Nationalfeiertag	Er soll an die Anlehnung des italienischen Ultimatums Griechenlands. und die Invasion von 1940 erinnern.
3. November:	Spóa	Namenstag des Ag. Georgios
6. November:	Finíki	Namenstag des Ag. Nikólaos
25./26. Dezember:	Weihnachten	besitzt in Griechenland weniger Bedeutung und wird nur im engsten Familienkreis mit einem Essen gefeiert.

Flüge

Anreise von Deutschland/Österreich/Schweiz per Charter:
Der schnellste und günstigste Weg nach Karpathos ist der direkte Charterflug. Die Insel wird von mehreren Gesellschaften von Deutschland aus angeflogen (München, Frankfurt, Düsseldorf). Von Österreich erreichen Sie Karpathos direkt von Linz, Salzburg, Graz und Wien. Für Reisende aus der Schweiz besteht keine direkt Verbindung. Hier bleibt nur der alternative Umweg über Rhodos, der jedoch unter Umständen auch für Nicht-Schweizer die bessere Variante darstellen kann:
Sie fliegen zunächst per Charter nach Rhodos und dann entweder mit der Fähre (siehe inner-griechische Schiffsverbindungen) oder einem Inlandsflug weiter nach Karpathos.

Das hat zwei Vorteile:
1. Sie sind nicht auf die festen Abflugtage der Chartergesellschaften angewiesen.
2. Es stehen Ihnen zusätzlich zahlreiche andere Abflughäfen zur Verfügung.
Aber: Sie müssen durch diesen Umweg eine erheblich längere und anstrengendere Anreise in Kauf nehmen.

Folgende Charterfirmen bieten in der Sommersaison Direktflüge an:

	Fluglinie	Abflughafen	Abflugtag (Stand Sommer 2001)
Ab Deutschland	LTU	Düsseldorf	Dienstag
	Aero Lloyd	Frankfurt/München	Dienstag
	Berlin Air	Hannover (über Samos)	Dienstag
	Euro Wings	Stuttgart (über Santorini)	Samstag
Ab Österreich	Aero Lloyd	Graz/Salzburg	Dienstag
	Austrian Airlines	Wien/Graz/Linz	Donnerstag

Tipp:
Fragen Sie auch bei den Reiseveranstaltern nach Flugtickets ohne Unterkunft. Oft sind diese Flüge preisgünstiger als die der Chartergesellschaften. Auch „Last-Minute-Flüge" können Sie auf diesem Wege buchen.

Traditionelle Trachten aus Olympos

Inneneinrichtung ist Geschmackssache

Anreise per Linienflug aus Deutschland/Österreich/Schweiz:

Umständlicher und teurer ist dieser Weg nach Karpathos allemal. Aber auch hier gibt es nicht nur Nachteile, sondern auch Vorteile:
1. Sie können kurzfristig buchen.
2. Sie können außerhalb der Saison reisen.
3. Ihnen stehen wesentlich mehr Möglichkeiten zur Reiseplanung zur Verfügung (verschiedene Abflughäfen/Fluggesellschaften).

In Deutschland, Österreich und der Schweiz nehmen Sie einen Linienflug nach Athen, der von zahlreichen Gesellschaften angeboten wird (z.B. Olympic Airways, Lufthansa, usw.). Von dort aus geht es entweder mit einem Flieger der griechischen Olympic Airways (siehe innergriechische Flüge) oder mit der Fähre (siehe innergriechische Fähren S. 53) weiter nach Karpathos.

Achtung: Der Flughafen liegt etwa 25 km außerhalb von Athen. Wer mit der Fähre weiter reisen möchte, muss von dort aus den Bus, ein Taxi oder die neu erbaute U-Bahn nehmen.

Griechische Inlandsflüge nach/ab Karpathos:

Strecke	Kosten	Hinflug (Stand: Sommer 2001)	Rückflug (Stand: Sommer 2001)
Karpathos–Kassos–Karpathos	€ 24	Montag, Donnerstag Sonntag	Mittwoch, Freitag
Karpathos–Athen–Karpathos	€ 88	Montag, Mittwoch Donnerstag, Samstag Sonntag	Montag, Mittwoch Donnerstag, Samstag Sonntag
Karpathos–Rhodos–Karpathos	€ 44	2 x täglich	2 x täglich

Alle anderen Inseln und Orte in Griechenland können nur über „Umwege" erreicht werden. Das heißt, Sie müssen einen Zwischenstopp in Rhodos oder Athen in Kauf nehmen.

Buchung auf Karpathos:
Olympic Airways:
Büro Pigadia (siehe Stadtplan), Tel. 0 22 150
Büro Flughafen, Tel. 022 058
Öffnungszeiten: Mo.–Fr. 8.00–15.30 Uhr
Possi Travel: Tel. 022 148

Achtung: Vom Flughafen in Karpathos gibt es keine Busverbindungen in die Ortschaften! Es stehen allerdings genügend Taxen zur Verfügung (Preise: siehe „Taxi" S. 75).

Fotografieren

Filmmaterial ist in Griechenland in der Regel teurer als bei uns. Bringen Sie deshalb nach Möglichkeit ihre Filme von zu Hause mit. Falls Sie noch Nachschub brauchen, sollten Sie auf das Verfalldatum achten. Empfehlenswert ist der gut sortierte Fotoshop von Paris Christodoulou in der Fußgängerzone von Pigadia in der Nähe des Hafens (siehe Stadtplan). Hier wird Ihnen bei Problemen jeglicher Art kompetent und schnell geholfen.

Achtung: Das Fotografieren von militärischen Anlagen und Flughäfen ist untersagt. Bitte beachten Sie das entsprechende Zeichen.

Geld

Seit dem 1. Januar 2001 ist Griechenland das zwölfte Mitglied der Euro-Zone. Und damit fällt zumindest für Deutsche und Österreicher das Umrechnen weg und Griechen können sich nicht mehr so schnell wie Millionäre fühlen. Eigentlich wollte Griechenland schon ab dem Start der Europäischen Wirtschafts- und Währungsunion am 1. Januar 1999 dabei sein. In den letzten Jahren hatte man versucht die gigantische Staatsverschuldung zu drücken. Langsam aber sicher gelang das auch. Doch beim ersten Test 1998 erfüllte das Land die Kriterien des Maastrichter Vertrages in Bezug auf Inflation, Zinsen, Wechselkurs und Staatsverschuldung nicht.

Im zweiten Anlauf hat es dann doch geklappt. Im entscheidenden Monat März 2000 hatte die Inflationsrate mit einem Jahresdurchschnitt von 2,0 Prozent unter dem Euro-Schwellenwert von 2,4 Prozent gelegen. Auch Wechselkurs und Zinsen standen im Einklang mit den Vorgaben. Bei der Defizitquote lag das Land mit 1,6 Prozent unter der Grenze von drei Prozent. Nur die Gesamtverschuldung lag mit knapp über 100 Prozent des Bruttoinlandsprodukts (BIP) noch über dem Schwellenwert von 60 Prozent. Das Kriterium der Gesamtverschuldung wurde jedoch schon in anderen Fällen recht großzügig ausgelegt. Unter anderem profitierten Deutschland, Italien und Belgien von einer gewissen Nachsicht.

Nachdem die Eingangsvoraussetzungen weitestgehend erfüllt waren, gaben im Mai 2000 zunächst die Europäische Kommission und dann die Europäische Zentralbank ihre Zustimmung. Und damit war die Sache im Kasten: Von Seiten der Staats- und Regierungschefs der Europäischen Union wurde auf dem Gipfel in Porto im Juni 2000 der Beitritt Griechenlands beschlossen.

Entgegen dem Stimmungsbild in vielen anderen Ländern, war die Mehrheit in Griechenland für die Einheitswährung. Drei von vier Griechen befürworteten den Euro. Ein Euro sind 340,75 Drachmen.

Aber der Drachme trauert in Griechenland kaum einer nach. Umfragen zeigen, dass rund 60 Prozent der Befragten eine bessere Zukunft nach der Einführung des Euro erwarten. Nur rund

14 Prozent glauben, dass die Griechen Nachteile haben werden. Sie befürchten, dass die niedrige Produktivität Griechenland zu einer Randregion des europäischen Raumes machen werde. Aber die angesehene Athener Zeitung „To Wima" schrieb in ihrer ersten Ausgabe des neuen Jahres: „Es ist das Ende unserer nationalen (wirtschaftlichen) Einsamkeit".

Um dieses Ziel zu erreichen, mussten die Griechen in den letzten zehn Jahren den Gürtel immer enger schnallen. Viele staatliche Betriebe wurden privatisiert oder geschlossen. Dabei verloren viele ihre Beschäftigung. Die Arbeitslosigkeit erreichte elf Prozent, Löhne und Gehälter wurden praktisch eingefroren. Doch diese Einschränkungen haben sich nach Ansicht vieler Griechen gelohnt. Das Wirtschaftsministerium rechnet mit einem Wachstum zwischen drei und fünf Prozent jährlich bis zum Jahre 2004.

Dies jedoch erfordert nach Ansicht von Wirtschaftsexperten weitere Privatisierungen und die Beschleunigung der Modernisierung des staatlichen Sektors. In Griechenland wirkt dieser Bereich wie eine Bremse für jede Tätigkeit. Investoren und Bürger quälen sich immer noch in langen Warteschlangen und bürokratischen Labyrinthen des griechischen Staates.

Ohne Damenbart geht nichts

Berglandschaft auf Karpathos

Internetadressen

www.griechenland.de
Zunächst gibt es hier allgemeine Infos über Griechenland. Ein Link führt Sie nach Karpathos. Dort gibt es Beschreibungen von Ortschaften, inklusive Fotos, Hinweise zum Thema Fähren, Literaturlisten, Reiseberichte und mehr.

www.karpathos.com
Englische Seite mit Informationen über Land und Leute. Außerdem gibt es Photos von Stränden und Ortschaften.

www.dichtwerk.de/karpathos/map.htm
Unfangreiche Seiten mit vielen interessanten Themen: Wandern, Dörfer und Strände, Reiseliteratur, usw. Viele Links zu weiterführenden Seiten.

www.wetter.com
Wind und Wetterprognosen. Lohnend für Windsurfer und Segler und wer sich sonst noch für das Wetter vor Ort interessiert.

www.griechenland-hellas.de
Interessant um einen Überblick über die Reiseveranstalter zu bekommen. Ansonsten gibt es Infos über Botschaften und Auskunftsstellen.

www. griechenland.net
Informative Internetadresse zum Thema Fähren. Wichtiger Link: Euronautic Tours!

www.windsurfen-karpathos.com oder www.club-mistral.com
Hier gibt es Infos zum folgenden Themen: Surfen, Material, Preise für Surfausrüstung, Unterkünfte im Surfgebiet Afiartis, Buchung von Surfreisen, Windstatistiken.

www.ratgeber-griechenland.de
Hier gibt es Auskunft über Bücher, Wetter, Reiseanbieter, Verkehrsverbindungen, Kultur und Geschichte.

Kinder

In Griechenland und dementsprechend auch auf Karpathos sind Sie mit Kindern richtig. Grundsätzlich sind die Karpathioten sehr kinderfreundlich und finden es selbstverständlich, dass Kinder mitreisen. Wer Bescheid weiß, findet auf Karpathos alles, was einen Familienurlaub mit Kindern perfekt macht: Feinen Sandstrand zum Buddeln, genügend Platz zum gefahrlosen Toben, seichtes Wasser zum Plantschen, keine Strömungen und Swimmingpools in unmittelbarer Nähe der Unterkunft. Hier unsere Familien-Tipps:

Kinderfreundliche Orte	Kinderfreundliche Unterkünfte	Kinderfreundliche Strände (siehe auch „Die ultimativen Strände von Karpathos", S. 252–253)
Amoopi:	Amoopi Bay Hotel Maria Apartments Hotel Albatros Skarpanthos Studios Amoopi Bay Hotel Kastella Bay Hotel	Rund um Amoopi
Pigadia:	Paradise Studios Hotel Miramare Hotel Elektra Hotel Astron	Stadtstrand von Pigadia
Arkássa:	Popi's Apartments Blue Sea Studios Glaros Studios Apartments Ag. Nikólaos Montemar Studios	Ag. Nikólaos
Lefkos	Balcony on the Aegaen Studios Aegean View Studios Akrogiali Studios	Rund um Lefkos
Kyra Panagiá	Hotel Kyra Panagiá	Rund um Kyra Panagiá
Afiartis	Hotel Poseidon	Kleiner Strand vor dem Hotel
Adia	Pine Tree Studios	–
Finíki	Hotel Finik View	–

Kreditkarten

Leider ist diese nützliche Erfindung noch nicht nach Karpathos gedrungen. Weder in den Restaurants, noch in den Hotels (außer wenigen Ausnahmen), werden Kreditkarten akzeptiert.

Landkarten

Empfehlenswert ist das Kartenmaterial von Freytag & Berndt:
Karpathos/Kassos, Auto- und Freizeitkarte, 1:75000, € 6,95
Vor Ort gibt es zusätzlich noch die Tourist Map Karpathos: 1:100 000 € 3,82

Mietfahrzeuge

Wie fast überall in Griechenland sind Mietautos verhältnismäßig teuer, aber motorisiert lernt man die Insel am besten kennen. Die Wahl des Autovermieters fällt auf Karpathos mit Sicherheit nicht leicht, denn es gibt jede Menge davon. Aber leider betreiben nicht alle ihr Geschäft seriös. Davor sei im Vorfeld schon einmal gewarnt. Wir empfehlen einen der großen Anbieter, die auch in Deutschland oder Österreich Büros besitzen. Sie können dann davon ausgehen, dass die Verträge normiert, juristisch einwandfrei sind und keine Unklarheiten oder Fallen beinhalten. Die kleineren lokalen Vermieter sind zwar oft günstiger, aber man läuft unter Umständen Gefahr, bei Schadensfällen Probleme zu bekommen.

Üblich sind folgende Mietbedingungen:

– Unbegrenzte Kilometerzahl (mit Ausnahmen)
– Haftpflicht: Ist im Mietpreis inbegriffen, allerdings oft nur begrenzte Haftung (bei Personenschäden bis € 50.000/bei Sachschäden bis € 10.000). Sie kann nach Wunsch aufgestockt werden.
– Vollkasko: Bei vielen Verträgen ist eine Vollkasko-Versicherung inbegriffen, bei anderen kann sie gegen Aufpreis zusätzlich abgeschlossen werden. Die 100-prozentige Absicherung ist jedoch oft nur ein Versprechen, die im Schadensfall nicht unbedingt eingehalten wird. Für Schäden am Unterboden oder einen aufgeschlitzten Reifen bezahlen Sie immer selbst, auch wenn 100 Prozent etwas anderes bedeutet. Solche Beschädigungen sind relativ häufig, da die Straßen nicht überall in Ordnung sind. So erlauben es die Autovermieter beispielsweise nicht, mit einem normalen Fahrzeug nach Apella oder Ólympos zu fahren. Wer dorthin möchte, muss für diese Fahrt einen Jeep mieten. Fahren Sie trotzdem, müssen Sie für auftretende Schäden voll aufkommen. Versuchen Sie es also nicht, denn die Straßen sind wirklich für einen normalen PKW nicht geeignet. Auf diese Weise sind Schäden am Fahrzeug vorprogrammiert.
– Vorausetzung für das Mieten eines Wagens ist ein Mindestalter von 21 Jahren und ein gültiger Führerschein. Meist reicht die nationale Version, sicherer ist jedoch eine interna-

tionaler Fahrausweis. Konkrete Informationen zu den Verleihstationen finden Sie in den Kapiteln der jeweiligen Ortschaften.
– **Achtung:** Bei einem Plattfuß lernen Sie Reserverad und Wagenheber zu schätzen. Also unbedingt vor Abfahrt kontrollieren!

Preisbeispiele in € (buchbar bei TUI Cars oder Europcar/Stand: Sommer 2001):

	1 Tag		3–6 Tage		7–13 Tage		14 Tage und mehr	
	NS	HS	NS	HS	NS	HS	NS	HS
Renault Twingo	ca. 35	ca. 40	28	33	25	29	24	28
Opel Corsa	ca. 40	ca. 45	31	36	28	32	27	31
Renault Clio	ca. 45	ca. 50	35	41	32	36	31	36
Suzuki Samurai	ca. 60	ca. 65	52	63	45	51	43	50

Eine Jeeptour über die Insel ist ein Muss

Wer sich vor Ort um nichts mehr kümmern möchte, hat auch die Möglichkeit bei einem Reiseveranstalter ein Auto zu buchen („Fly&Drive"). Unter Umständen ist dies preisgünstiger als direkt am Urlaubsort zu buchen.

Achtung: Für alle Reisenden, die keinen Transfer vom Flughafen an ihren Urlaubsort gebucht haben: Die meisten Verleihfirmen bieten ihren Service auch ab Flughafen an.

Tipp für Motorradfahrer:

Auf Karpathos schlägt das Herz jedes Motorradfahrers höher. Besonders Endurofreaks kommen auf ihre Kosten, denn die vielen Kurven und die rauen Pisten sind ein wahrer Leckerbissen. Allerdings vergeht keine Saison, in der nicht zahlreiche Touristen mit Schürfwunden, Brüchen oder gar Kopfverletzungen den vorzeitigen Heimflug antreten müssen. Man sollte sich nicht zuletzt deshalb an die Helmpflicht halten. Außerdem ist es zu empfehlen, eine zusätzliche Vollversicherung abzuschließen (zwischen € 3 und € 6/pro Tag).

Preisbeispiele für Motorräder:

	NS	HS
50 ccm	.... ca. € 10/Tag	...............ca. € 15/Tag
125 ccm	..... ca. € 17/Tag	...............ca. € 19/Tag
250 ccm	..... ca. € 18/Tag	...............ca. € 20/Tag

Post

Das Hauptpostamt befindet sich in Pigadia schräg gegenüber der Polizeistation (siehe Stadtplan). Öffnungszeiten: Mo–Sa.: 7.30–14 Uhr

Briefe und Karten in europäische Länder kosten € 0,59 Porto und dauern ca. 1 Woche bis sie ihr Ziel erreichen. Für einen Anruf nach Deutschland bezahlen Sie € 0,25/min.

Sie können auf dem Postamt auch Faxe abschicken, aber leider keine empfangen. Wenden Sie sich diesbezüglich an Ihr Hotel.

Reiseveranstalter

In Deutschland, der Schweiz und Österreich gibt es zahlreiche Reiseveranstalter, die ihren Kunden Pauschalreisen nach Karpathos anbieten. Dabei handelt es sich einerseits um klassische Veranstalter, aber auch um Spezialreiseveranstalter (Surfen, Wandern, Kultur). Damit Sie sich schon im Vorfeld über Unterkünfte und das Programm der Veranstalter informieren können, sind bei den Beschreibungen der Hotels und Studios die entsprechenden Reiseveranstalter angegeben. Falls es am Urlaubsort zu Problemen kommt oder Sie Informationen irgendwelcher

Art benötigen, können Sie sich an folgende Adressen in Pigadia/Deutschland/Österreich wenden:

Veranstalter in Deutschland:

	Kontakt in Deutschland	Kontakt auf Karpathos
TUI	Karl-Wiechert-Alle 23, 30625 Hannover Tel. 0511/5670, Fax: 0511/5671 301 E-Mail: tui @tui.de Internet: www. tui.de	TUI Hellas Tel. 0245/023 733 Fax: 0245/022 840, E-Mail: aokvm @ tui.gr Öffnungszeiten: Mo./Mi./Fr.: 12–14/18–20 Uhr
Thomas Cook/ Neckermann	Im Zimmersmühlenweg 55 61440 Oberursel Tel. 06171/65 1111	Possi Travel (1. Etage) Tel. 0245/022 680 Öffnungszeiten: Mo.–Sa. 9–13 Uhr/ 17–20 Uhr So.: geschlossen
Attika	Sonnenstr. 3 80331 München Tel. 089/545 55 100 Fax: 089/545 55 280 www.attika.de	Bei TUI Hellas 28 Oktovriou St. 85700 Pigadia Tel. 0245/0 23 993 Fax: 0245/022 552 Öffnungszeiten: Mo.–Sa. 9–13/ 17–20 Uhr
LTU-Service: Jahn Reisen THR Reisen Tjaereborg Smile&Fly	LTU-Touristik GmbH Humboldstr.140–144 51149 Köln	Panorama Hotel Tel./Fax: 023 514 Öffnungszeiten:Mo.–Sa.: 9.00–14.00 Uhr/ 17.00–20.00 Uhr
Kreutzer	Kreutzer Touristik GmbH Herzog-Heinrich-Str. 10 80 336 München Tel. 089/544 94-0	Possi Travel (1. Etage) Tel. 0245/022 680 Öffnungszeiten: Mo–Sa.: 9–13 Uhr/17–20 Uhr

Veranstalter für Österreich:

	Kontakt in Österreich	Kontakt auf Karpathos
Reiseladen	Maria-Hilf-Str.120 1070 Wien Tel. 01/525 58 71, Fax: 01/525 56 19 Internet: www.reiseladen.at	Possi Travel (siehe Stadtplan) Tel. 0245/022 680 Öffnungszeiten: Mo.–Fr: 8.30–12.00 Uhr/17.30–20.30 Uhr Sa./So: 8.30–12.00 Uhr
Gulet/Touropa **Austria**	Kuefsteingasse 17–19 1140 Wien Tel: 01/98142-0 Fax. 01/98 142-900	TUI Service (Stadtplan) 28 Oktovriou St. St.85700 Pigadia Tel. 0245/023993
Alpinschule **Innsbruck** **(Wanderveranstalter)**	In der Stille1 6161 Natters Tel. 0512 54 6000 Fax: 0512 54 6001 E-Mail: marisa.kaestner @asi.at Internet: www.asi.at	–

Veranstalter für die Schweiz

	Kontakt in der Schweiz
Parikos Reisen	Dufourstrasse 9 CH – 4010 Basel Tel. 061/277 27 71, Fax: 061/272 25 76 E-Mail: parikos@esco.ch

Surfreiseveranstalter:
Siehe Kapitel „Aktiv und Sportlich/Windsurfen", S. 228

Reisezeit

Die Hotels und Restaurants sind meist nur in der Sommersaison, d.h. von Mai bis Oktober geöffnet. Wanderer reisen am besten in Mai/Juni oder September/Oktober, wenn es noch nicht bzw. nicht mehr so heiß ist. Die Preise, insbesondere für die Unterkünfte, sind in der Nebensaison (NS) zum Teil wesentlich niedriger als in der Hauptsaison (HS).

Hauptsaison (HS): Juli/August

Nebensaison (NS): Mai/Juni/September/Oktober

Temperaturen

	April	Mai	Juni	Juli	August	September	Oktober
Temperatur/Tag	20	24	28	32	31	29	25
Temperatur/Nacht	11	15	19	22	22	19	15
Sonnenstunden/Tag	9	11	12	13	12	11	9
Regentage	8	4	2	1	1	5	9
Wassertemperatur	17	18	20	24	25	24	21

Quelle: www.wetter.com

Das Kafenion „Parthenon" – perfekt für den nachmittäglichen Müßiggang

Restaurants

Tavernen:
Das griechische Restaurant schlechthin ist die Taverne. Nicht nur Touristen lieben sie, auch bei Einheimischen erfreut sich eine Mahlzeit auswärts großer Beliebtheit. Auf Karpathos und vor allem in Pigadia gibt es unzählige dieser Restaurants. Die Preise sind nach wie vor erschwinglich. Richtig günstig essen können Sie aber in den kleinen Tavernen, die Sie versteckt in den Ortschaften im Inselinnern finden. Da bekommt man ein komplettes Abendessen mit diversen Vorspeisen, einem Hauptgericht und einigen Ouzos zum Nachspülen für ca. € 7–8. An touristisch frequentierteren Orten wird es entsprechend teurer.

Estiatório:
In dieser Variante einer Taverne erwartet Sie gehobener Standard. Auf den Tischen gibt es Tischdecken, der Service ist professioneller und die Gerichte sind exquisiter. Dementsprechend sind auch die Preise höher.

Psarótaverne:
Hier sind die Wirtsleute auf Fisch spezialisiert. Übrigens: Trotz der Nähe zum Meer sind Fischgerichte verhältnismäßig teuer.

Psistaría:
Spezialitäten vom Grill stehen auf der Speisekarte einer Psistaría. Wer Lust auf Lamm, Schwein oder Huhn am Spieß hat, sollte mal hier reinschauen.

Ouzerí:
Das griechische Pendant zu unserer Trinkhalle. Aber hier gibt es zusätzlich Kleinigkeiten zu essen, da der Grieche nie Alkohol trinkt, ohne ein paar Häppchen zu sich zu nehmen.

Kantina:
Das sind Strandlokale, die kleine Speisen zum Mittagessen servieren. Wenn Bedarf besteht, serviert der Wirt auch abends.

Kafeníon:
Man sagt, die Gelassenheit liegt in den Genen der Griechen und Hektik gilt im Lande Hellas als Krankheit. Es stimmt und wer den Beweis dafür haben möchte, muss sich nur in ein griechisches Dorf begeben und ein Kafeníon besuchen. Eine Ortschaft – sei sie auch noch so klein – ohne das typische Kaffeehaus werden Sie auf Karpathos nicht finden. Meist in der Nähe der Kirche gelegen, ist das Kafeníon der Ort, an dem sowohl Neuigkeiten aus dem Dorf zu erfahren sind, als auch weltpolitische Probleme gewälzt werden. Sozusagen

Kommunikationszentrum und Nachrichtenbörse zugleich. Großer Beliebtheit erfreut sich hier auch das Nationalspiel der Griechen, das „Tavli", bei uns besser bekannt als „Backgammon". Lange Zeit war das Kafeníon nur den Männern vorbehalten. Daran war eine alte Gewohnheit aus der 300-jährigen Türkenherrschaft schuld. Heutzutage ist das anders. Immer mehr gesellen sich griechische Frauen auf ein Schwätzchen unter die Männerwirtschaft. Allerdings bleiben sie meist nicht lange, da das Heim immer noch das eigentliche Reich der griechischen Frau ist.

Seelöwen

Das Wasser rund um Karpathos ist noch so sauber, dass es hier noch einige Seelöwen gibt. Man schätzt ihre Zahl im Moment auf acht. Leider finden die Dickhäuter fast nichts mehr zu fressen, weil rund um die Insel alles leergefischt wird. Außerdem landen sie oft versehentlich in Fischernetzen und werden dann natürlich umgebracht. Die griechische Naturschutzorganisation MOm versucht die Seelöwen in den mediterranen Gewässern zu schützen und insbesondere Einheimische und Touristen zu informieren. Sollten Sie Seelöwen treffen, fahren oder schwimmen Sie bitte niemals hin. Seelöwen haben gerne ihre Ruhe.
Mehr Infos unter: www.mom.gr

Straßenverhältnisse

Karpathos' Straßenverhältnisse bessern sich von Jahr zu Jahr, sie lassen aber vielerorts immer noch sehr zu wünschen übrig. Die frequentierten Strecken sind geteert (Flughafen–Pigadia–Apéri–Voláda–Pilés–Arkássa–Menetés–Pigadia/Arkássa–Finíki–Mesochóri–Spóa) und von Diafáni nach Ólympos liegt ebenfalls eine feste Straßendecke, der man im Frühjahr die heftigen Regenfälle des Winters manchmal deutlich ansieht.
Immer wieder wird versprochen, die restlichen Schotterpisten zu asphaltieren, aber Griechenlands Mühlen mahlen eben langsam. Auf der Strecke zwischen Spóa und Ólympos gibt es inzwischen eine Piste, die an einigen Stelle gewisse Tücken aufweist (Schlaglöcher, enge Kurven etc.). Lassen Sie sich davon jedoch nicht abschrecken. Die Fahrt in den Norden ist atemberaubend und mit einem Jeep kann nichts schief gehen (siehe auch „Mietfahrzeuge" S. 66). Die wildromantische, zerklüftete Felslandschaft, von der man auf einsame Sandstrände hinab sieht, entschädigt für das holprige Fortkommen. Wer von der geteerten Ringstraße (außer die Strecke zwischen Spóa und Apéri) hinunter zu den Stränden fahren möchte, muss sich auf Schotter und enge Fahrbahnen einstellen. Nur die Straße hinunter nach Kyra Panagiá ist asphaltiert.

Strom

Im Allgemeinen beträgt die Stromspannung übliche 220 Volt.

Souvenirs

Mitbringsel für zuhause kauft man vor allem in Pigadia oder Ólympos. In der Hauptstadt Pigadia gibt es an jeder Ecke einen Shop, der unter anderem das typisch griechische Souvenir anbietet: Gipsfiguren nach antiken Vorbildern. Meist tendieren diese Plastiken und Statuen jedoch zum Kitsch und auch der sonstige Zierrat wie bedruckte Messing- und Kupferarbeiten sind nicht Jedermanns Sache.

Wirklich schöne Handarbeiten werden in Ólympos verkauft: Handgewebte Teppiche, feine, handgestickte und gehäkelte Tischtücher, selbstgenähte Baumwolltrachtenhemden und vieles mehr. Alle Erzeugnisse werden im langen (und langweiligen!) Winter per Hand in Einzelarbeit hergestellt. Und die Preise sind für die feinen Arbeiten sehr günstig.

Ein anderes außergewöhnliches Souvenir, das Sie nur in Ólympos bekommen: Handgefertigte Stiefel aus Ziegenleder, seit Hunderten von Jahren der modische Trend der Frauen von Ólympos. Solch robuste Schuhe werden Sie so schnell nicht wieder zu Gesicht bekommen. Allerdings haben sie auch ihren (verdienten) Preis, denn zur Herstellung braucht der Schuhmacher etwa eine Woche. Pro Paar bezahlt man ungefähr € 200.

Im kulinarischen Bereich empfehlen wir als Mitbringsel Honig, frische Kräuter und natürlich Ouzo (obwohl dieser zuhause meist nicht mehr so lecker schmeckt wie auf Karpathos).

Tankstellen

Bei Ausflügen über die Insel sollten Sie eines wissen: Zapfsäulen gibt es nur in Piagida. Also immer die Tankanzeige im Auge behalten, bevor es los geht. Zwei Tankstellen befinden sich am Ortsausgang in Richtung Apéri, zwei weitere ca. 3 km außerhalb von Pigadia in Richtung Amoopi. Öffnungszeiten. Mo.–Sa.: 7.00–19.00 Uhr/So: 10.00–14.00 Uhr

Taxi

Auf Karpathos haben Sie das Glück, nicht mühsam über Taxipreise verhandeln zu müssen. Am Taxistand (siehe Stadtplan) sowie am Hafen finden Sie eine große Tafel mit den Festpreisen für die einzelnen Zielorte. Hier die Preise zur Zeit unserer Recherche (Stand: Sommer 2001).

	Von/nach Pigadia (Hafen/Taxistand)	Vom/zum Flughafen
Pigadia	–	9 €
Flughafen	9 €	–
Apéri	5 €	13 €
Voláda	6 €	15 €
Óthos	8 €	16 €
Pilés	9 €	18 €
Amoopi	5 €	9 €
Menetés	5 €	11 €
Arkássa	9 €	12 €
Finíki	11 €	13 €
Adia	16 €	19 €
Lefkos	22 €	24 €
Mesochóri	22 €	24 €
Spóa	22 €	30 €
Kyra Panaria	12 €	24 €
Acháta	13 €	22 €
Ólympos	59 €	62 €
Diafáni	62 €	68 €

Reservierungen sind unter der Nummer 022 705 möglich.

Achtung 30 % Nachtzuschlag. Die Taxifahrer verlangen einen Nachtzuschlag ab 24 Uhr bis 5 Uhr morgens. Nach dem Discobesuch kann es unter Umständen schwierig sein, ein Taxi zu organisieren.
Unser **Tipp:** Versuchen Sie es unter der Spezialnummer: 0 81 115 (möglichst vorbestellen!)

Telefonieren

Festnetz:

Telefonzellen gibt es auf Karpathos jede Menge. Münzen funktionieren jedoch beim griechischen Telefonsystem nicht, sondern nur Telefonkarten, die an den zahlreichen Kiosken, in Schreibwarengeschäften oder direkt bei der OTE (Post) erhältlich sind. Mit dieser Karte ins Ausland telefonieren? Kein Problem!

Ländercodes:

Deutschland: 0049/Österreich: 0043/Schweiz: 0041/Griechenland: 0030

Pro Minute bezahlen Sie vom öffentlichen Fernsprecher in diese Länder ca. 0,30 Euro Achtung: Vom Hotel aus sind Gespräche bekanntlich recht teuer, (10 Min. ca. 6 Euro) deshalb bieten sich die Kartentelefone der Telefongesellschaft OTE an, die überall zu finden sind. Von dort aus sind auch Interkontinentalgespräche kein Problem. Die Karten (tilekarta) ersteht man in Tabakgeschäften und an Kiosken. Billiger wird es ab 22.00 Uhr. Außerdem kann man eine cronocarta kaufen. Das ist eine Zeitkarte, mit der man zwar das Telefon des jeweiligen Ortes benutzt, aber dann mit seinem eigenen Konto bezahlt. Hierzu muss man erst 0808 wählen, dann die eigene Codenummer eingeben und wird dann freigeschaltet.

Ortsvorwahlen innerhalb Griechenlands:

Athen: 01/Rhodos: 0241/Karpathos: 0245

Achtung Neuregelung:
Seit November 2001 haben sich die Nummern der Teilnehmer geändert. Vor jede Teilnehmernummer des Festnetzes müssen Sie eine 0 hinzufügen, falls Sie die Nummer nicht aus diesem Reiseführer entnehmen. Die Handynummern sich unverändert.

Mobil: Mit einem Deutschen Handy mit Vertrag (kein Simlock) bekommen Sie auf Karpathos das griechische Netz und bleiben unter Ihrer Nummer erreichbar. Da man auf dem Handy das Netz frei wählen kann, sollten Sie Cosmote einstellen (Extras, dann Einstellungen, dann GMS-Dienste). Denn die anderen beiden Netzbetreiber Panafon und Telestet haben oft nur in der Hauptstadt Pigadia Empfang.

Das kostet Sie allerdings Einiges: Jedes ankommende Gespräch aus Deutschland kostet z.B. bei Cosmote pauschal etwa 0,65 Euro und dann ca. 0,40 Euro die Minute. Die beiden anderen Anbieter sind geringfügig günstiger.

Wer erreichbar sein möchte und oft angerufen wird, kauft sich am besten bei einem Telefonshop eine griechische Nummer, und legt den Chip in sein Handy. Das ist die preisgünstigste Variante. Der Preis schwankt je nach Telefongesellschaft und aktuellem Angebot zwischen 20 bis 30 Euro für die Erstanschaffung. Die Hälfte davon werden Ihnen als Einheiten gutgeschrieben. Der Teleshop in Pigadia hat täglich von 9.00 bis 14.00 und von 17.30 bis 21.00 geöffnet. Samstags von 9.00 bis 14.00. Mittwoch Nachmittag geschlossen.

Toiletten

Andere Länder – andere Sitten. Auf Karpathos spiegeln sich diese unter anderem in den Toiletten wieder. Da die Abwassersysteme nicht so ausgeklügelt sind wie bei uns, verkraften sie kein Toilettenpapier. Werfen Sie Papier oder sonstige Hygieneartikel in den dafür vorgesehenen Eimer, den Sie in jedem WC vorfinden.

Trinkgeld

In Hotels und Restaurants ist der Service inbegriffen. In der Regel gibt man jedoch etwa 5–10% Trinkgeld. Taxichauffeuren gibt man nach Belieben etwa 10 % Trinkgeld.

Unterkunft

Viele Urlauber auf Karpathos haben eine Pauschalreise zuhause im Reisebüro gebucht. Das bedeutet: Der Flug, die Unterkunft und eventuell auch die Mahlzeiten sind schon fest reserviert. Jene Unterkünfte, die pauschal buchbar sind, haben wir für Sie mit dem entsprechenden Veranstalter gekennzeichnet. So haben Sie schon vor Reisebeginn einen Eindruck über ihre Unterkunft. Und wer auf eigene Faust los zieht, hat mit Hilfe unserer Einschätzungen die Möglichkeit, vor Ort das Beste für sich zu finden.

Hier ein kleiner Einschub zum Thema „Bewertung": Objektiv können solche Bewertungen nie sein. Wir versuchen jedoch, unsere persönliche Einschätzungen differenziert und informativ zu schildern, um Sie damit bei der Wahl Ihrer Unterkunft zu unterstützen.

Im Allgemeinen gibt es auf Karpathos kaum Schwierigkeiten eine geeignete Unterkunft zu finden. Jedoch im betriebsamen August sollten Sie ihre Bleibe möglichst frühzeitig buchen. Besonders dann, wenn Sie sich für ein empfohlenes Haus interessieren.

Achtung: Im Winter zwischen November und März sind die meisten Hotels geschlossen. Nur vereinzelte familiäre Pensionen bieten auch zur kalten Jahreszeit ihre Dienste an (telefonisch erfragen!). Auf Karpathos gibt es verschiedene Kategorien von Unterkünften. Viele der in den 90er Jahren erbauten Hotels zählen zur Mittelklasse, einige besitzen einen Pool und andere erhalten Pluspunkte aufgrund der guten Lage zum Strand. Wer allerdings auf der Suche nach einer Luxusherberge ist, hat schlechte Karten. Der Standard und die Ausstattung der Pensionen sind meist ähnlich – einfach und praktisch.

Die Kategorien im Überblick:

1. Studios:

Das sind 1-Zimmer-Apartments, die bis zu 4 Personen belegt werden können. Meist gibt es zwei normale Betten und ein Sofa, das bei Bedarf für die Nacht zu einem weiteren Doppelbett umfunktioniert werden kann. Im gleichen Raum befindet sich eine kleine Küchenzeile und ein Kühlschrank. Das Bad ist natürlich separat.

2. Apartments:

Wenn die Unterkunft „Apartment" genannt wird, gibt es meist zwei bzw. drei abgeschlossene Zimmer. Ein bzw. zwei abgeschlossene Schlafzimmer mit Bad und einen Aufenthaltsraum. Ansonsten ist die Ausstattung mit den Studios vergleichbar.

3. Zimmer:

Günstige Zimmer im „Guesthouse-Stil" findet man auf Karpathos häufig. Sie sind zwar meist einfach ausgestattet, aber im allgemeinen sehr sauber und funktionell. Der größte Teil dieser Unterkünfte besitzt ein privates Bad, nur wenige ein Gemeinschaftsbad.

4. Hotels:

Hotels, die meist über die verschiedenen Veranstalter gebucht werden, gibt es in vor allem in den größeren Orten wie Arkássa, Amoopi, Kyra Panagiá und Pigadia. Meist besitzen sie zwei bis drei Sterne, Vier-Sterne-Unterkünfte gibt es auf Karpathos bisher noch nicht.

Bei den Preisangaben unterscheiden wir in Bezug auf die Saison. Nebensaisonpreise (NS) bezahlen Sie von Mai bis Juni und von September bis November. Teurer wird es in der Hochsaison im Juli und August (HS). Dann gibt es in Deutschland, Österreich und der Schweiz Ferien und die Emigranten aus Amerika besuchen ihre daheimgebliebenen Familien.

Zeit

In Griechenland gilt die osteuropäische Zeit, die unserer Zeit um 1 Stunde vorausgeht. In der Zeit zwischen April und Oktober wird die Uhr um eine weitere Stunde vorgestellt.

Fielmann lässt grüßen!

Praktisches zum Reisen:

Pigadia – die *Metropole*

Pigadia, die Hafenstadt ist der Hauptort von Karpathos an der Südostseite des Eilandes. Auch für die Inselbewohner ist Pigadia das Zentrum: Hier gondelt jeder her, der etwas erledigen muss – oder etwas anderes braucht als Brot oder Olivenöl: Fotos entwickeln, Haare schneiden oder Telefonkarten nachladen. Falls die Sache überhaupt auf der Insel machbar ist, dann hier.

Anfang des 20. Jahrhunderts war Pigadia nur ein Fischerdorf. Allerdings wurde es wegen der strategisch günstigen Lage 1894 bereits zur Inselhauptstadt ernannt. Denn das Städtchen liegt in einem quasi perfekten natürlichen Hafen. Die kleinen Häuser drängeln sich in der großen halbrunden Bucht an den leicht ansteigenden Hängen, die nach oben hin immer senkrechter werden. Vor 40 Jahren gab es nur etwa 50 Gebäude. Aber seit der Tourismus Einzug gehalten hat, hat sich alles verändert. Mit den zunehmenden Sommergästen hat man eine Fußgängerzone eingerichtet, die abends zum flanieren dient. Tag und Nacht pulsiert hier in der Saison das touristische Leben. Man kann deutschsprachige Zeitungen, Luftmatratzen und Bademode erstehen. In Pigadia befindet sich das Gebäude der staatlichen Telefongesellschaft OTE, die Post, drei Banken und das Rathaus, indem die Verwaltung für alle Dörfer außer für Ólympos abgewickelt wird. Außerdem gibt es einige Apotheken, die recht gut sortiert sind, ein Gericht, eine Polizeistation, Reisebüros, ein Krankenhaus und mehrere KFZ-Werkstätten und Verleihstationen für Autos und Motorräder. Internet-Cafés sind gleich mehrere vorhanden. Es existiert ein Segelclub, ein Wanderverein, eine Fußballmannschaft und ein Fitnessclub. Außerdem gibt es natürlich auch Cafés, Eisdielen und Cocktailbars. Im oberen Bereich der Hafenstraße steht die neue große Verkündigungskirche: Evangelistira. Ihre Vorgängerin war zu klein geworden. Außerdem ist in Pigadia – im Gegensatz zu allen anderen Orten der Insel – abends was los. Man kann nicht gerade sagen, dass hier der Bär steppen würde, aber wer gerne die Nacht zum Tag macht, kann das nur hier tun. Die besten Touristen sind jedoch die Karpathioten selber. Sie gehen am meisten aus und bestimmen das Nachtleben. Man will schließlich etwas erleben. Man hat ja nur den Sommer. Im Winter ist hier nichts weiter los. Man sitzt in Bars rum, spielt Tavli und redet über den Sommer und über Frauen. Seitensprünge werden ohne Namen diskutiert *(Für Ehrlichkeit ist die Insel zu klein)*. Trotzdem ist alles familiär. Nach drei Tagen fühlt man sich schon zu Hause.
Der Hafen ist Abfahrts- und Ankunftspunkt der Fähren von Rhodos, Kreta, Kassos und aller Ausflugsdampfer. Offiziell heißt Pigadia Karpathos-Stadt, denn alle griechischen Inseln sollen ihre Hauptstadt nach dem Inselnamen benennen. Der Einfachheit halber. Aber auf Karpathos ist Pigadia Pigadia geblieben. Höchstens ein paar Touristen reden von Karpathos-Stadt und werden irritiert angesehen.

Rechts vom Hafen erstreckt sich der langer Stadtstrand namens Vronti, der auch von Einheimischen gerne besucht wird. Am dessen Ende, in Richtung Aperí, steht das Elektrizitätswerk, das Kassos und Karpathos mit Strom versorgt. Es wird aber sinnigerweise Wasserwerk genannt. Denn einmal hat der herbstliche Sturzregen das Werk für 14 Tage unter Wasser gesetzt und eine nahegelegne Autovermietung samt aller Wagen ins Meer gespült.

Das Städtchen mit seinen 1800 Einwohner lebt vom Tourismus. Am Hafen konzentrieren sich Tavernen und Restaurants. Viele neue mehrstöckige Hotels, von Auswanderern finanziert, haben das ursprüngliche Stadtbild zerschossen und dem kleinen Hafenort etwas von seinem Charme genommen. Trotzdem ist alles beschaulich, gemütlich und überschaubar. Es gibt weder Kasinos, noch Prostitution, Nachtclubs oder Diebstahl.

Die Bewohner stammen nicht mehr nur aus Karpathos, sondern auch aus Rhodos, Holland und Deutschland. Es gibt zwei Kindergärten, zwei Grundschulen, eine Mittelschule und ein technisches Gymnasium. Nur wer höher hinaus will, muss die Insel verlassen.

Historisches:

Die Lage des Örtchens ist wahrscheinlich die des antiken Posseidon, eine der historischen Städte aus der Zeit um 1000 v. Chr. Pigadia hieß damals Possi, ein Name der von Poseidon, dem Gott des Meeres, kam. Insgesamt wissen die Archäologen sehr wenig über die alte Stadt: Sie soll von dorischen Einwanderern gegründet worden sein.

Ab dem 3. Jahrhundert vor Christus war Possi die Hafenstadt. Auf dem Hügel Kàvos, rechts der Bucht, hat man Überreste einer antiken Akrópolis gefunden. Die Akrópolis war das Haus des Bürgermeisters und stand üblicherweise in der Mitte der Stadt. Man sieht heute noch Teile der riesigen Zyklopenmauern, denn die Akrópolis diente für die Bevölkerung auch als Zuflucht bei Überfällen. Nun stehen auf dem historischen Boden zwei kleine Kirchen und ein, zwei Wohnhäuser. Das eine ist sehr alt, das andere hat auf sonderbare Weise eine Baugenehmigung auf dem heiligen Boden erhalten. Der Blick von dort oben ist perfekt. Die ganze Bucht ist völlig überschaubar. Unten am Strand, quasi am anderen Ende der Bucht, haben die Archäologen Reste einer frühchristlichen Basilika gefunden und wieder so zusammengesetzt, dass man sich vorstellen kann, wie sie zu früheren Zeiten ausgesehen hat. Sie heißt Agia Fontini und stammt aus dem 5. oder 6. Jahrhundert. Vermutlich wurde sie auf den Resten des antiken Tempels der Zeussöhne Kastor und Pollux errichtet. Dort wo die Mauern zu sehen sind, war früher ein Altar. Einige Säulen stehen wieder am gleichen Platz wie damals. Im Hafen von Pigadia befand sich eine andere Basilika. Leider ist von ihr nichts mehr zu sehen. Nur ein paar Marmorsteine dieser Kirche liegen in Pigadia unbeachtet auf dem Spielplatz gegenüber des Verwaltungsgebäudes herum. 554 n. Chr. gab es ein schweres Erdbeben, bei dem viele Basiliken und Häuser zerstört wurden.

Als im Mittelalter Piratenüberfälle begannen, zogen sich die Leute nach Apéri zurück, wo man heute noch Ruinen von Burgen findet. In Pigadia passierte fast gar nichts mehr. Hier lebten nur eine Handvoll Fischer mit ihren

Familien. Zwischen Pigadia und Apéri entwickelte sich ein Kleinkrieg. Die Fischer aus Pigadia behaupteten, die Leute aus Apéri hielten sich für etwas Besseres – stinkreiche Angeber sozusagen. Und die Bewohner von Apéri rümpften die Nase über das einfache Fischervolk in Pigadia. Die reichen Bauern Apéris vermachten den erstgeborenen Kindern das fruchtbare Land bei Apéri und den Nicht-Erstgeborenen ihr wertloses Land in Pigadia, welches später überraschend zum sicheren Kapital wurde.

Die heutige Stadt wurde erst Anfang des Jahrhunderts auf den Trümmern der historischen Stadt gebaut. Deshalb findet man in jedem Hinterhof und jedem Vorgarten Scherben von Amphoren und anderen Zeugnissen der Vergangenheit.

Legende des Stadtplans
(Stadtplan auf Seite 82–83)

Unterkunft

1	Odyssey Apartments
2	Seva's Rooms
3	Christina's Rooms
4	Hotel Karpathos
5	Roses Studios
6	Elias Rooms
7	Harry's Rooms
8	Avra Hotel
9	To Konaki
10	Pavillion Hotel

Restaurants/Kafenía

11	Taverne Karpathos
12	Café Mourago
13	To Elleniko
14	Mike's Restaurant
15	To Koutouki
16	Five Star Fast Food
17	Le Mirage
18	Pizzeria Anemoussa
19	Cafe Galileo
20	Kafeníon Parthenon
21	Café Potpourri
22	The View Restaurant
23	Restaurant Archontiko
24	Pizzeria Bella Karpathos

Medizinisches

25	Medical Center
26	Krankenhaus
27	Zahnarzt

Sonstiges

28	Polizei
29	Hafenamt
30	Photo Shop Paris Christodoulou
31	Possi Travel
32	Bank 1
33	Bank 2
34	Bank 3
35	Taxi/Busbahnhof
36	Supermarkt
37	Rathaus
38	TUI Service
39	Bäckerei
40	Apotheke
41	Olympic Airways
42	Disco Escape
43	Disco Oxygen
44	Disco Rocks
45	Bar Edem
46	Minigolf
47	Gatoulis Autovermietung
48	Pegasus Motorradvermietung
49	Post
50	Teleshop (Mobiltelefone)
51	Shopping Center (Fitness Club)
52	Wäscherei

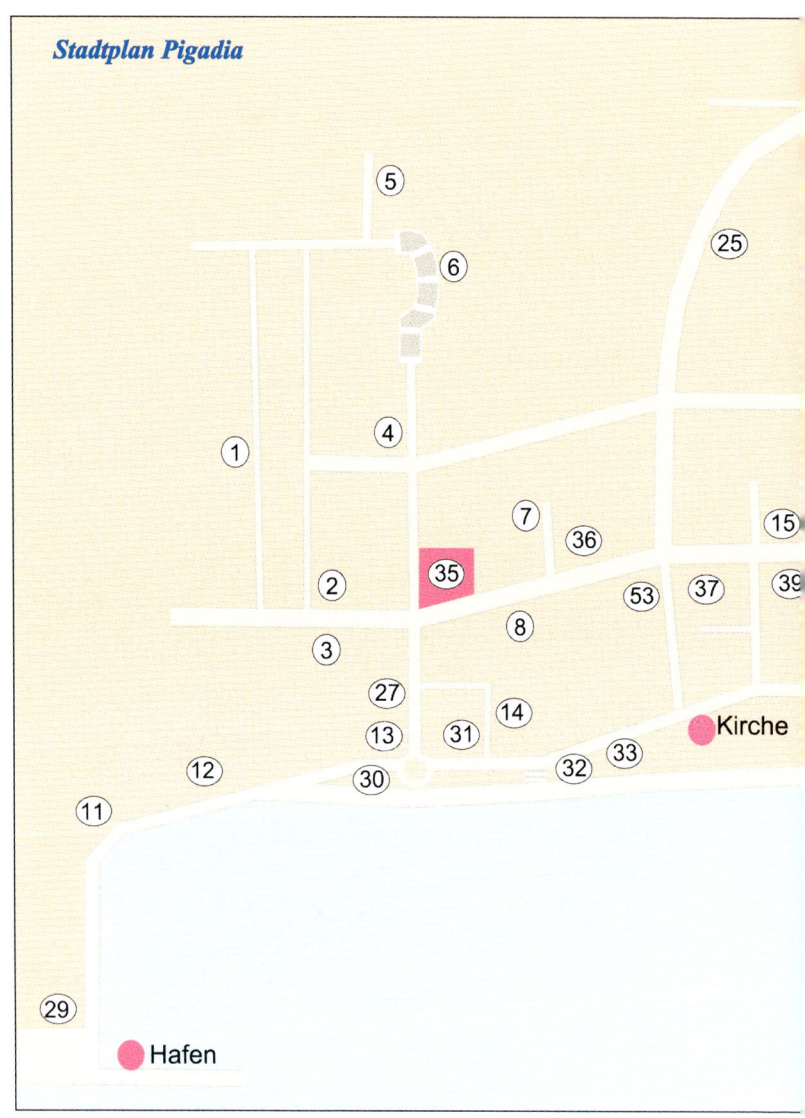

Stadtplan Pigadia

Kirche

Hafen

Pigadia

Wie kommt man hin/rum:

Bus:

Die Bushaltestelle befindet sich im Ortszentrum (siehe Stadtplan). Von hier aus verkehren alle Busse in die verschiedenen Richtungen der Insel. Nur zum Flughafen gibt es keine Buslinie. Weitere Informationen finden Sie unter Kapitel „Wissenswertes von A bis Z/Busverbindungen", S. 49.

Taxi:

Bushaltestelle und Taxistand befinden sich am gleichen Ort (siehe Stadtplan). Die Taxipreise sind genau festgelegt, man muss sich also nicht mühsam mit Preisverhandlungen herumschlagen. Genaue Preise sind am Taxistand und am Hafen von Pigadia angeschlagen. Weitere Informationen gibt es im Kapitel „Wissenswertes von A bis Z/Taxi", S. 75.
Taxiruf: Tel. 0 22 705

Autovermietungen:

In Pigadia gibt es zahlreiche internationale und einheimische Firmen, die Fahrzeuge vermieten. Die Preise der großen, renommierten Anbieter sind nahezu gleich, während die der örtlichen Mietwagenfirmen meist niedriger sind. Bei diesen Fahrzeugen kann es jedoch vorkommen, dass der Qualitätsstandard nicht ganz den Vorschriften entspricht, so dass unter Umständen mit Problemen zu rechnen ist. Überzeugen Sie sich zum Einen immer über die Sicherheit des Wagens (Reifenprofil, Ersatzrad, Bremsen, Licht usw.), zum Anderen sollten Sie sich genau über den Vertrag (v.a. Art der Versicherung) informieren. Weitere Informationen finden Sie unter Kapitel „Wissenswertes von A bis

Z/Mietfahrzeuge", S. 66.

Europcar *(siehe Stadtplan):*

Tel. 023 903 7, Fax: 023 904
Öffnungszeiten:
Mo.–Sa.: 8.30–14.00/17.30–21.00 Uhr/So.: 9.00–13.30/18.00-20.30 Uhr
Seriöse Verleihfirma an der Strandstraße von Pigadia. Die Fahrzeuge sind gut gewartet und bei Problemen gibt es schnelle Hilfe bzw. Ersatz. Sehr guter Service!

Sixt Rent a Car *(siehe Stadtplan):*

Tel. 023 300, Fax: 023 302,
E-Mail: sixt@hellasnet.gr
Öffnungszeiten:
tägl.: 8.00–13.00/17.00–21.00 Uhr

Avis Rent a Car *(gegenüber Hotel Miramare):*

Tel. 022 702, Fax: 023 330,
E-Mail: avis_Karpathos@hotmail.com

Gatoulis *(schräg gegenüber Bar Edem)*

Tel. 022 747, Fax: 0 22 958 oder 022 814
Öffnungszeiten:
tägl. 8.00–14.00/17.00–22.00 Uhr
Kreditkarten akzeptiert!

Motorradvermietung:

Gatoulis *(siehe Stadtplan):*
Tel. 0 22 747, Fax: 022 958 oder 022 814
Alteingesessene Verleihstation nicht nur für Autos, sondern auch für Motorräder. Die Fahrzeuge sind gut gepflegt, bei Problemen gibt es schnell und zuverlässig Hilfe (siehe auch Autovermietung). Preisaufschlag für Vollversicherung: € 3/Tag

Two Brothers Motorbike *(siehe Stadtplan):*
Tel. 0 23 845, mobil: 0977/035 230
Öffnungszeiten: tägl. 8.00–21.00 Uhr
Preisaufschlag für Vollversicherung: € 1,50/
Tag

Pegasus Rent a Motorbike
Tel. 022 561, Fax: 023 207,
E-Mail: francismaris@hotmsil.com
Hier soll es ab Sommer 2002 nagelneue
Fahrzeuge im Verleih geben?! Zuschlag für
Vollversicherung: € 6/Tag

Weitere Informationen gibt es unter Kapitel
„Wissenswertes von A bis Z/Mietfahr-
zeuge", S. 66.

Unterkunft

Zentrum:
– Apartments/Studios:
In der Gegend oberhalb des Hafens finden
Sie mehrere Apartmenthäuser ähnlichen
Stils. Je nach Preis ist der Standard etwas
höher oder einfacher.

Odyssey Apartments
Tel. 0232 40/41/42, mobil: 0944/368 995,
Fax: 023 762
Die Zimmer, Studios und Apartments dieser
Anlage liegen bei unserer Bewertung weit
vorne im Rennen. Jede der angebotenen
Einheiten ist mit Geschmack eingerichtet, so
dass schon fast ein Hauch von Luxuriosität
erkennbar ist. Es gibt einen Aufzug, der die
Gäste in höhere Stockwerke hinauf transpor-
tiert, die Zimmer verfügen über TV und
Telefon und vom Balkon hat man einen wun-
derbaren Ausblick auf den Hafen. Die groß-

zügigen Suiten auf dem Dach sind im übri-
gen prima für Familien geeignet.
Studio (2 Pers.): € 24 (NS)/€ 38 (HS)
Apartment (bis 4 Pers.): € 30 (NS)/€ 47 (HS)
Suite (bis 4 Pers.): € 47 (NS)/€ 70 (HS)

Amarillis Studios
Tel. 022 375
Die Ausstattung im Amarillis ist ganz in
Ordnung, aber charmant kann man sie nicht
nennen. Das Nötigste ist vorhanden, aber das
war's dann auch schon. Dementsprechend
günstig ist der Preis.
Apartment (4–5 Pers.): € 24 (NS)/€ 38 (HS)

Roses Studios
Unser Studio-Spitzenreiter für Pigadia! Für
sehr wenig Geld bekommt man hier einiges:
viel Platz, ruhige Atmosphäre, zentrale
Lage, saubere Zimmer und als Sahne-
häubchen herrliche Aussicht. Sehr zu empfehlen!
Studio (2–3 Pers.): € 18–20 (NS)/€ 20–27
(HS)

– Pensionen:
Elias Rooms
Tel. 22 446, E-Mail: eliasrooms@hotmail.com,
Internet: http://eliasrooms.tripod.com
Ein Geheimtipp! Zentral und trotzdem ruhig
in der Nähe des Busbahnhofes liegen die lie-
bevollen Unterkünfte von Elias. Dieser
Mann versteht wie Tourismus funktioniert.
Er spricht perfekt englisch, er informiert und
organisiert, er bewirtet und unterhält.
Service heißt für ihn: Internet-Buchung,
individuell eingerichtete Unterkünfte, Kaf-
feemaschine auf dem Zimmer, großer
Gemeinschaftskühlschrank, privates Bad,

Reste einer 2000 Jahre alten Basilika

traditionelle Hochbetten usw. Alles in allem:
Die Traveller-Unterkunft, die in jeder
Hinsicht überzeugt. Deshalb: Frühzeitige
Reservierung ist ein Muss!
Einzel: € 17 (NS)/€ 20 (HS)
Doppel: € 20 (NS)/€ 23 (HS)

To Konaki
Tel. 022 908
Unübersehbar mitten im Zentrum befindet
sich dieses mehrstöckige Haus, das
Travellern 25 einfache Übernachtungsmög-
lichkeiten bietet. Für den stolzen Preis
bekommt man jedoch nicht sehr viel. Die
Zimmer sind zwar in Ordnung und die Lage
ist zentral, aber damit hat's sich auch schon.
Doppel: € 24 (NS)/€ 30 (HS)

Seva's Rooms
Tel. 022 350/mobil: 0946/270 332
Großmutters Kitsch lässt grüßen! Nicht
jedermanns Geschmack sind die Zimmer bei
Seva, aber man hat genug Platz und auch der
Sauberkeitsfaktor ist im „grünen Bereich".
Zentral und trotzdem relativ ruhig gelegen.
Doppel: € 12 mit Gemeinschaftsbad/€ 15
mit eigenem Bad
Einzel: € 10 mit Bad

Christina's Rooms
Tel. 022 045
Gleich gegenüber von Seva finden Sie diese
relativ preisgünstige Unterkunft, deren
Ausstattung auffällig ist (TV und Air-
condition). Alles ist perfekt gewienert, sau-
ber und fast schon klinisch. Zuviel des
Guten, denn das Haus vermittelte uns des-
wegen keinen behaglichen Eindruck.
Doppel: € 20 (NS)/€ 24–27 (HS)
Einzel: € 15 (NS)/€ 18 (HS)

Triple: € 24 (NS)/€ 30 (HS)

Harry's Rooms
Tel. 022 188
Ruhig in einer Seitenstraße gelegen befindet
sich diese, von außen gesehen, sehr unat-
traktive und unspektakuläre Unterkunft.
Positiv überrascht haben uns dann doch die
Zimmer, denn trotz der Einfachheit fanden
wir in jedem Quartier einen Kühlschrank,
relativ intakte Matratzen und einen kleinen
Balkon.
Doppel: € 15 (NS)/€ 24 (HS)
Einzel: € 12 (NS)/€ 14 (HS)

– Hotels
Avra Hotel
Tel. 022 388, Fax: 0234 86
Von außen vermittelt das Hotel eher den
Eindruck eines griechischen Eigenheims, als
den eines Hotels. Und dieses Gefühl hält
sich bis zur „Rezeption", einer Mischung
aus kitschigem Wohnraum und geschäftiger
Küche. Was die Zimmer angeht, ist nichts
Herausragendes zu berichten. Im Gegenteil:
Sie sind klein, sehr einfach und nicht jedes
Zimmer besitzt ein eigenes Bad.
Doppel/NS: € 24 mit Bad/€ 19 ohne Bad/
Einzel: € 12
Doppel/HS: € 30 mit Bad/€ 21 ohne Bad/
Einzel: € 18

Pavillion Hotel
Tel. 022 818, Fax: 023 319/E-Mail: pavil-
lion@hellasnet.gr
Mitten im Ortszentrum bietet Ihnen dieses
Hotel typischen Mittelklassekomfort. In den
netten Zimmern gibt es TV und Telefon, in
der Lounge steht eine kleine Bar und ein

Aufenthaltsraum zu Ihrer Verfügung und bei Fußballevents überträgt ein Großbildschirm live. Das Internetcafé kann nicht nur von Hotelgästen genutzt werden, sondern auch von Passanten.

Veranstalter: Jahn Reisen

Studio (2 Pers.): € 38 (NS)/€ 44 (HS)

Apartment (2 Pers./2 Zimmer): € 41 (NS)/ € 47 (HS)

Apartment (3 Pers./2 Zimmer): € 56 (NS)/ € 63 (HS)

Apartment (5 Pers./3 Zimmer): € 73 (NS)/ € 80 (HS)

Außerhalb vom Zentrum/am Stadtstrand von Pigadia:

– Studios/Apartments

Paradise Studios

Tel. 022 949

Sehr gut gefallen haben uns diese preisgünstigen Studios, die eine perfekte Ausgangslage für Wanderungen bieten. Inmitten eines gepflegten Gartens mit Zitronen- und Granatapfelbäumen wohnen Sie in hübschen, geräumigen Zimmern in ruhiger Lage und trotzdem noch relativ zentral zum Ortskern. Sehr zu empfehlen!

Veranstalter: Attika

Studio (2–3 Pers.): € 20 (NS)/€ 30 (HS)

– Hotels

Hotel Elektra

Tel. 022 577, Fax: 022 212

Das Elektra ist ein von vielen Stammgästen geschätztes hübsches Mittelklassehotel. Im Garten gibt es einen Pool, obwohl der Strand nicht weit ist. Die Zimmer sind freundlich eingerichtet und verfügen über Telefon, TV und auf Wunsch bringt die Klimaanlage angenehme Kühle.

Veranstalter: TUI, Jahn Reisen, Kreutzer

Preis: Auf Anfrage

Hotel Miramare Bay

Tel. 022 820/022 345/Fax: 022 631

Über 45 saubere und hübsch eingerichtete Zimmer verfügt das Miramare, das sich zum Einen in unmittelbarer Nähe des Strandes befindet, zum Anderen auch nicht weit vom Zentrum entfernt ist. Man erreicht die Stadtmitte problemlos zu Fuß in 10 Minuten. Die Ausstattung entspricht der typischen Mittelklasse: Süßwasserpool, Telefon, kleiner Spielplatz und Bar.

Für Familien werden Suiten mit einem zusätzlichen Schlafzimmer angeboten.

Veranstalter: Jahn Reisen, Kreutzer

Preis: Auf Anfrage

Hotel Astron

Tel. 023 530 oder 022 404, Fax: 022 606

Etwa 2 km außerhalb von Pigadia finden Sie diese Unterkunft, deren Studios mit einer kleinen Küche, TV, Balkon oder Terrasse ausgestattet sind. Wer die 500 Meter zum Strand nicht schafft, kann im Süßwasserpool plantschen, der in einer hübschen Gartenanlage, umringt von Olivenbäumen und farbenprächtigen Bougainvilleen liegt. Liegestühle und Sonnenschirme gibt es gratis.

Veranstalter: TUI, Kreutzer

Preis: Auf Anfrage

Hotel Xenio Zeus

Tel. 023 493

Ein prima Tipp für Ruhesuchende ist das

Xenio Zeus. Etwas außerhalb des Ortskern gelegen, besticht die hübsch begrünte Anlage durch seine herrliche Aussicht und die liebevoll eingerichteten Zimmer (zum Teil mit traditionellen Hochbetten). Das Haus ist sehr beliebt, nicht zuletzt, weil die Besitzerin sehr freundlich und bemüht ist, ihren Gästen jeden Wunsch von den Lippen abzulesen. Den Weg an den Strand kann man locker in 5 Minuten zu Fuß schaffen und zum Zentrum von Pigadia steigt man in den Bus, der ca. 500 Meter vom Hotel losfährt. (Lage: Nähe Autovermietung Europcar). Veranstalter: Attika/Preis: Auf Anfrage

– Restaurants

Café/Restaurant Mourago

Dieser Laden fällt auf zwischen den uniformen Kneipen entlang der Hafenpromende: farblich ansprechende Gestaltungslinie auf der Terrasse, drinnen hat sich ein Innenarchitekt etwas einfallen lassen und auch die Karte ist vergleichsweise kreativ. Prima zum frühstücken!

To Elleniko

Die hübsche Taverne in der Altstadt zeichnet sich durch das nette Ambiente aus und die Besitzer scheinen auch ein Talent für Gastfreundlichkeit zu haben. Vor allem wissen sie aber um die Geheimnisse der griechischen Küche.

The View Restaurant

Abseits von den dicht bestuhlten Tavernen sitzt man hier nur mit wenigen Gästen auf einer Miniterrasse mit genügendem Abstand zum hektischen Treiben am Hafen. Hier wird in ruhiger Atmosphäre griechische

Küche serviert und man bekommt trotzdem alles mit ohne mittendrin zu sein.

Le Mirage

Keinen Appetit mehr auf griechischen Salat, Zaziki oder Souvlaki? Wer die griechische Küche satt hat, bekommt im Mirage auf einer schönen Terrasse mit Blick auf den Hafen italienische Küche in zahlreichen Variationen serviert.

Jin Long Chinese Restaurant

Auf Karpathos findet auch das Verlangen nach asiatischen Gerichten Befriedigung. Diese kulinarische Alternative, an der Strandstraße in Richtung Apéri, erfreut sich nicht nur eines internationalen, touristischen Publikums, sonders auch alteingesessene Griechen schätzen die Küche aus dem Reich der Mitte.

Mike's Restaurant

Das Restaurant, das zu den ersten zählt, die in Pigadia Urlauber bekochte, bringt es fertig, in einer engen Seitengasse zu liegen und dennoch seit Jahren nicht vergessen zu werden. Die eng bestuhlten Tische sind nahezu immer besetzt und das liegt nicht zuletzt an Mikes genialen Chicken Spagetti, die sich besonders bei den ortsansässigen Reiseleitungen besonderer Beliebtheit erfreuen.

Pizzeria Anemoussa

Liebhaber von Antipasti, Pasta, Pizza und Cappuccino sollten im Anemoussa vorbei schauen. Man genießt die italienischen Küche auf der Terrasse und hat gleichzeitig einen Blick auf das griechische Treiben auf der Hafenstraße. Eine gute Alternative zur Moússaka.

Restaurant Archóntiko

Das 200 Jahre alte, historische Gebäude des „Archóntiko", ist ein Ort, an dem nicht nur karpathiotsche Geschichte geschrieben wurde, sondern auch Kulinarisches auf gehobenem Standard serviert wird. Besonders die Terrassen im 1. Stock versprühen ein besonderes Flair, das in dieser Form nur an wenigen Orten in Pigadia zu finden ist. Sehr zu empfehlen.

Taverna Karpathos

Ein kulinarisches Erlebnis der besonderen Art sind die hervorragenden Vorspeisen dieser Taverne in unmittelbarer Nähe des Hafens. Eigentlich sollten Sie hier den Hauptgang ausfallen lassen und die typischen griechischen Entrees auf der Karte rauf und runter probieren. Jede einzelne ist eine Klasse für sich.

To Koutouki

Auf den ersten Blick fällt die etwas ungünstige Lage direkt an der Hauptstraße auf. Aber ein zweiter Blick lohnt, denn Thasso, der sympathische junge Wirt, führt hier ein äußerst angenehmes, typisches Lokal, das auch bei Einheimischen hoch im Kurs steht. Serviert wird hier eine zwar einfache, aber extrem leckere griechische Küche zu einem ebenso genialen Preis.

Pizzeria Bella Karpathos

Die Lage und das Ambiente der Pizzeria ist nicht herausragend, aber wen der Hunger richtig plagt und gerne italienisch isst, sollte sich hier ein Wagenrad in Form einer Pizza gönnen. Besonders beliebt bei Surfern, die immer hungrig und meist pleite sind.

Five Star Fast Food

Zwar kein kulinarisches Luxusparadies, aber wer sich schnell was zwischen die „Kiemen" schieben möchte, bekommt hier griechisches Fastfood: Gut, günstig und vor allem auch spät abends geöffnet.

– Bars/Cafés:
Café Galileo

Die ultimative Bar in Pigadia überhaupt! Dieser Laden schafft es seit Jahren, die gesamte Surferszene aus Afiartis anzuziehen. Aber nicht nur das: Das Cafe ist auch fester Bestandteil des abendlichen Ausgangsprogramms der einheimischen Jugendlichen, des internationalen Reiseleiterkommitées, aufgeregter englischer Touristinnen und cooler Freaks. Kürzer gesagt: An dieser Bar kommt keiner vorbei – ein idealer Ort, um sich auf den Abend einzustimmen. Außerdem hält die griechisch-kanadische Gemeinschaftsproduktion einige bemerkenswerte Rekorde: Hier gibt es die meisten CDs auf Karpathos, das größte Biersortiment, die besten Straßenpartys und die schnellste Internetverbindung.

Art Café

Das ist das Café mit dem kulturellen Touch, in dem sich die Jugend von Pigadia gerne trifft, gemeinsam fern schaut oder „Tavli" spielt. Neben fetziger Musik gibt es Kaffee, Cocktails, Eiskrem oder einfach nur'n Bier. Und das ganzjährig.

Kafeníon Párthenon

Die Pluspunkte des Párthenon auf einen Blick: Original griechische Kaffeehausatmosphäre, Gemütlichkeit, keine Hektik, freundliches Personal, geschmackvolle Einrichtung, romantische Terrasse. Alles in allem ein herrlicher Platz, an dem man alles mitbekommt, aber trotzdem nicht mittendrin sein muss.

Café Karnagio

Nicht für jeden Geschmack ist dieser Spielsalon mit Barbetrieb. Aber wer gerne Billard spielt, die neuesten elektronischen Computerspiele ausprobiert oder an Spielautomaten sein Glück versucht, ist hier richtig. Das spielbegeisterte Publikum stört sich nicht am ungemütlichen Outfit, es schätzt eher die günstigen Preise für Getränke und Spiele.

Billard: € 6/Stunde
Computerspiele: € 2–3/Spiel

Café Akrópolis

Hier trifft sich jung und alt: Morgens, nachmittags und am Abend. Auf der Speisekarte lockt eine verführerische Auswahl an Süßigkeiten und den Morgenkaffee und das dazugehörigre bescheidene Frühstück nimmt man gerne auf der netten Terrasse.

Café Potpourri

Nicht zu verfehlen ist das Cafe schräg gegenüber von Olympic Airways. Auf der Terrasse wird vor allem Kaffee, Eiskrem, Kuchen aber auch herzhafte Kleinigkeiten wie Sandwiches oder ähnliches serviert. Außerdem gibt es im Nebenraum ein paar Computer zum surfen und E-Mailen (allerdings teuer).

Die ultimative Bar für den Start ins Nightlife

Nightlife:

Bar Edem
Gegen 22 Uhr startet hier das Nightlife von Pigadia und in engem Getümmel können Sie sich problemlos unter die Inselbewohner mischen ohne aufzufallen. Besonders am Wochenende geht hier die Post ab und nicht immer findet man kampflos einen freien Tisch. Die Drinks sind prima gemixt, doch wenn der Laden so richtig brennt, kann es unter Umständen dauern bis man ein Getränk abbekommt.

Discos:
Club Escape
Nicht mehr ganz taufrisch ist diese Disco, in der gerne Hardrock aus den 80ern gespielt wird. Bis 24 Uhr bekommt man zur „Happy Hour" günstige Drinks und Gäste, die es bis dahin aushalten, verbringen dort oft unterhaltsame und vor allem feuchtfröhliche Abende. Manch einer ist schon an der schmalen Treppe hinauf zum Ausgang gescheitert.

Rocks:
Das Rocks ist eine der ersten Discos auf Karpathos, die in Piagdia Nachtschwärmer angezogen hat. Obwohl es seit einigen Jahren starke Konkurrenz bekommen hat, hält es sich immer noch wacker in der Szene. Gespielt wird hier vor allem klassische Rockmusik, eher selten House oder Techno.

Disco Oxygen
Direkt neben dem Rocks eröffnete im Sommer 2001 das „Oxygen", das in jener Saison die Disco-Hitliste auf Karpathos anführte. Der renommierte DJ legt hier die neuesten Scheiben aus den House, Funk und Techno-Charts auf. Dank des regen Zuspruchs konnte sich das Oxygen erlauben Eintritt zu verlangen (€ 4,50), der jedoch glücklicherweise in Form eines Getränks wieder ausbezahlt wird.

Disco Méssa Ékso
Am Ortsausgang von Pigadia in Richtung Apéri befindet sich diese Open-Air-Disco, die besonders im August trendy ist, wenn die jungen Exil-Griechen aus Amerika auf Heimaturlaub sind. Gespielt wird viel griechische Musik, aber auch Rock und Pop.

Disco Paradiso
In diesem Laden, der etwas außerhalb vom Zentrum in Richtung Amoopi liegt, geht es erst später, oder besser gesagt, früher richtig ab (ab ca. 1 Uhr). Erst wenn in den Discos in der Stadt Lust auf Ortswechsel aufkommt, ist das Paradiso angesagt. Dort bleibt man dann auch bis in die frühen Morgenstunden und tanzt auf die unterschiedlichsten Musikrichtungen ab. Oft hört man hier für uns so ungewöhnlichen „griechischen" Techno. Wenn der Laden richtig brennt, tummeln sich die Gäste im hauseigenen Pool.

Was kann man unternehmen

Ausflüge:
Wenn es am Strand zu langweilig wird, kann man sich bei TUI Hellas oder Possi Travel über die jeweiligen Ausflugsprogramme informieren.

Auszug aus dem breiten
U TUI **Programm von TUI Hellas:**

– Bootsausflug nach Ólympos mit geführtem Dorfrundgang
– Inselrundfahrt durch die Dörfer: Pigadia–Apéri–Óthos–Pilés–Finíki–Arkássa–Menetés–Pigadia.
– Dorfbesichtung Mesochóri mit Wanderung nach Lefkos
– Besuch der ehemaligen Pirateninsel Saría mit einer 2-stündigen Wanderung über die Insel
– Verschiedene Wanderungen: Kalí Limní, Acháta, Vourgounda, Voláda usw.

Achtung: Alle Ausflüge werden von kompetenten deutschsprachigen Reiseleitern geführt.

Ausflüge mit dem Kaiki, dem typisch griechischen Motorboot:
Im Hafen von Pigadia legen morgens diverse Ausflugsschiffe zu verschiedenen Stränden/Orten ab (Abfahrtszeiten vor Ort überprüfen!):
Kyra Panagiá: 8.30 Uhr/9.30 Uhr ab Pigadia. Rückfahrt ab Kyra Panagiá 16.30 Uhr/17.30 Uhr. Kosten: € 9 hin/zurück.

Apella: 9.30 Uhr ab Pigadia. Rückfahrt ab Apella gegen 17.30 Uhr/Kosten: € 9 hin/zurück

Kató Lakó: Gegen 10 Uhr ab Pigadia. Rückfahrt ab Kató Lakó gegen 17.30 Uhr. Kosten: € 10 hin/zurück.

Diafáni/Ólympos: 8.30 Uhr ab Pigadia. Rückfahrt ab Diafáni 16.00 Uhr/Kosten: € 13 hin/zurück (Busfahrt nach Ólympos inklusive).

Sehenswürdigkeiten rund um Pigadia:
Agia Fontini: Überreste einer frühchristlichen Basilika (5. oder 6. Jahrhundert n. Chr.) an der Strandstraße (siehe Historisches).
Akropolís: Auf dem Hügel einige Minuten vom Zentrum entfernt, finden sie die Überreste einer Akrópolis (siehe Historisches).

Wandern:
Siehe Kapitel „Aktiv und Sportlich/Wander-Tour 7–11", S. 209–214.

Mountainbiking:
Siehe Kapitel „Aktiv und Sportlich/Mountainbike", MB-Touren 1, 2 und 5 (S. 220, 224). Tour 6–8 kann ebenfalls von Pigadia aus gefahren werden. Hinzu kommt nur die Schiffsanreise bis Kyra Panagiá.

Tauchen/Wasserski:
Zubehör für Tauchsport und Boote wird in einem Geschäft gegenüber der Kirche groß geschrieben. Auf den Programm stehen Bootsausflüge, Wasserski und Tauchausflüge.

Gokart-Bahn:
Tel. 023 672
Am Ortsausgang von Pigadia in Richtung Apéri können Sie von 17 Uhr bis 1 Uhr morgens auf der Go Kart-Bahn rasante Runden drehen. 10 Minuten kosten € 7,50. Die angeschlossene Bar macht einen ganz netten Eindruck.

Fitness:
Tel. 023 992
Die ortsansässige Sportorganisation betreibt ein bescheidenes Sportstudio, in dem man

Blick von Voláda auf Pigadia

sowohl an Geräten trainieren (nicht die neueste Ausstattung!), als auch am Kursprogramm teilnehmen kann. Es gibt Kurse für Männer und Frauen getrennt. Pro Tag bezahlt man € 3.
Öffnungszeiten: 11.00–13.00 Uhr und 15.00–19.00 Uhr

Shopping

Mode:

In der Fußgängerzone ballen sich – neben Tavernen, Kirchen und Banken – Läden aller Art, die sowohl die Nachfrage der Einheimischen, als auch die der Touristen reflektieren:
Apotheken, Modeboutiquen, Juweliere, Lederwarenhändler, Schreibwarengeschäfte, Obsthändler, Supermärkte und natürlich Souvenirshops. Leider führen fast all diese Läden ein identisches Sortiment: langweilig bedruckte T-Shirts von schlechter Qualität, Sonnenbrillen, die jedem Optiker das Wasser in die Augen treiben oder Bademoden, die nach dem ersten Waschen den Geist aufgeben. Aber obwohl kein exklusives Shopping-Mekka, gibt es in Pigadia einige wenige Läden, die auch ausgewählte Qualitätsprodukte anbieten. Ökonomische Vorteile gegenüber heimatlichen Shops lassen sich zwar kaum erkennen, aber ein Blick auf die griechische Mode lohnt sich.
Versuchen Sie es mit dem Geld ausgeben in folgenden Läden:
DNA-Shop gegenüber der Kirche (siehe Stadtplan):
Öffnungszeiten: 9–14 Uhr/18–22 Uhr
Maria und Chrisa Stavrakáki verkaufen in

ihrem hübschen Laden außergewöhnliche elegante Kleidung für Damen und Herren – von elegant bis sportlich. Die Preise sind moderat. Kreditkarten werden akzeptiert.
GENESIS neben Café Galileo (siehe Stadtplan):
Öffnungszeiten: 8.30–14 Uhr/19.30–22 Uhr
Bei Manoli Kritsiotis haben Fakes keine Chance. Er führt ausschließlich exquisite Markenware, die zwar seinen Preis hat, aber auch Qualität bietet. Seine Modefavoriten: O'Neill, Replay, Tom Taylor, Thommy Hilfinger, Adidas und Nike. Kreditkarten akzeptiert.

Zeitschriften/Bücher:

Rigopoulis:
Der am besten sortierte Bücherladen befindet sich in der Fußgängerzone in der Nähe des Brunnens. Rigopoulis verkauft alle möglichen Bücher über Karpathos, Postkarten, Filme und Telefonkarten. Aber auch für die Lektüre von daheim ist gesorgt: Deutschsprachige Zeitungen und Illustrierte von Fit for Fun bis zur Frankfurter Allgemeinen.
Öffnungszeiten: 9-13.30 Uhr/17.30-22 Uhr

Schmuck:

Mehrere Juweliere bieten auf der Fußgängerzone ihre Gold- und Silberwaren zum Verkauf an. Die Preise für die Waren sind konkurrenzfähig, aber nicht unbedingt niedrig.

Kunst:

Wer sich für Malerei interessiert, sollte neben einem Besuch bei İoannis Chapsis auch im Art Center des jungen Malers Minás Vlachós reinschauen. Während sich der ältere Maler in Óthos zur den Naiven bekennt, hängt das Herz von Minás an der surrealistischen Malerei. Man entdeckt zunächst Rätselhaftes, Phantastisches und Geheimnisvolles und erst nach einiger Zeit des Betrachtens tauchen die Motive auf: Gesichter, Vögel, Fische, Pferde, Kraken versteckt hinter lila, grauen und blauen Schleiern.

Wichtige Adressen und Infos:

Post: Tel. 022 219/siehe Stadtplan und „Wissenswertes von A bis Z/Post", S.68. Hafenamt: Hier gibt es Auskünfte in Bezug auf den innergriechischen Schiffsverkehr, Tel. 022 227

Polizei: In der Nähe des Hotel Pavillion, Tel. 022 222/022 223

Bank: In Pigadia steht Ihnen der Service von 3 Banken zur Verfügung (siehe Stadtplan).

Krankenhaus (siehe Stadtplan): Tel. 022 228 Hier gibt es kostenlose Notfallbehandlungen (inklusive Transport). Öffnungszeiten: Mo.–Fr.: 9.00–13.00/17.30–21.00 Uhr/ Wochenende geschlossen.

Medical Center: Tel. 029 200/0800/166 166 Öffnungszeiten: Mo.–Fr.: 9.00–13.00/ 17.30–21.00 Uhr/Wochenende geschlossen. Für Touristen sehr zu empfehlen. Hier bekommen Sie guten Service von englisch-

sprachigen Ärzten. Man muss allerdings bar bezahlen und die Quittung dann bei der Krankenkasse einreichen.

Zahnarzt:
Um die Ecke bei Possi Travel finden Sie Dr. Dimítris Spános. Tel. 022 378, mobil: 0977/771 299. Sprechstunden: Mo.–Fr.: 9.00–13.00/ 18.00–21.00 Uhr/Mittwochnachmittag geschlossen.

Kinderarzt:
Dr. Manos Níssyros Tel. 023 110 Öffnungszeiten: Mo.–Fr.: 9.00–13.00/ 17.30–21.00 Uhr/Wochenende geschlossen.

Foto: *Paris Christodoulou*
Der beste Fotoshop für Profis und Amateure in Pigadia ist der von Paris Christodoulou (siehe Stadtplan). Probleme mit der Kamera, schnelle Filmentwicklung, Fotomaterial, Spezialwünsche jeglicher Art? Bei Paris kein Problem! Der Shop ist gut sortiert, es werden Farbfotos und schwarzweiß entwickelt. Der professionelle Fotograf spricht perfekt englisch und entwickelt täglich. Täglich 9 bis 14 Uhr und 18 bis 23 Uhr, außer Sonntags. Tel. (0)245-022191, mobil: 097-771416

Photographic Vision
Ebenso zu empfehlen: Der Shop wird von dem Fotografen Jannis Protopapas und seiner österreichischen Freundin Berta Fellinger geführt und liegt direkt in der Fußgängerzone. Sie beraten gerne in allen Fotofragen. Hier werden zudem besondere Postkarten und künstlerisch gestaltete Fotoalben von Karpathos verkauft,

die eigenen Stil haben und handgemacht sind. Ein ideales Geschenk. Unbedingt vorbeigehen. Entwickelt wird täglich.
Täglich 9 bis 14 Uhr und 18 bis 23 Uhr, außer Sonntags.

Bäckerei:
siehe Stadtplan

Supermarkt:
Davon gibt es mehrere in Pigadia: Der günstigste zur Zeit unserer Recherche ist der neben Johnny's Bar in der Nähe des Hotel Avra. Vermeiden sollte man den teuren Markt beim Busbahnhof/Taxistand. Wer günstig Getränke in der Großpackung erstehen möchte, sollte beim Getränkegroßhandel am Ortsausgang in Richtung Amoopi einkaufen (kurz vor Disco Paradiso).

Internet (Preise: Stand Sommer 2001):
Pavillion Hotel: € 4 pro Stunde/Drucken € 0,25 pro Seite
Café Gallileo: € 4,50 pro Stunde/CD brennen frei!
Café Potpourri: € 6 pro Stunde/Drucken € 0,45 pro Seite

Wäscherei:
In Pigadia's Waschsalon ist der „Self Service" rund ums Waschen, Schleudern und Bügeln zwar vorhanden, aber nicht billig.
Waschen: € 4 pro Maschine/Schleudern: € 0,75/Bügeln: 1,50 € pro Stück
Öffnungszeiten: Mo.–Fr.: 9.00–14.30 Uhr/16.00–17.30 Uhr

Wenn es in den anderen Buchten mit 10 Beaufort hackt, bietet die Lagune die letzte Chance, doch noch auf's Brett zu kommen.

Der windige Süden

Afiartis

Afiartis besteht eigentlich nur aus einem lächerlichen Flughafen, einer Hand voll Windsurfstationen, ein paar lose verstreuten Hotels und einem Schiffswrack am nördlichen Rand der großen Bucht. Im Sommer soll dies der zugigste Fleck Europas sein: Ein Geschenk der Götter für die Windsurfer. Jedenfalls für die, die gern bei Starkwind in die Hände spucken und weitersurfen bis der Arzt kommt.

Ansonsten ist Afiartis eine Steinwüste, die mit Thymian, Wacholder und Terebinthen überwuchert ist. Ab und zu ein Häuschen, eine Kapelle und ein bestelltes Feld. Vor dem Krieg haben hier viel mehr Menschen gewohnt. Aber seit 1945 sind die meisten von ihnen ausgewandert.

Bis vor 20 Jahren gab es hier keinen Strom. Wozu auch? Man trieb ein paar Schafe über die Felder und saß abends bei Petroleumlicht um den Tisch. 1978 wurde erstmals Elektrizität zum Flughafen verlegt, 1984 erleuchteten dann auch die umliegenden Häusern hell.

Als erstes Hotel in der Ebene wurde das deutsch-griechische Poseidon in Betrieb genommen. Es liegt windgeschützt vor einer schönen kleinen Privatbucht. Danach wurde das Hotel Long Beach gebaut und wenig später das Hotel Irini. Ein paar Apartments und Hotelanlagen sind noch hinzugekommen. Wer aus Amerika zurückkam und etwas Land besaß, baute darauf Apartments oder Hotels. Erst danach überlegte man sich, dass ja auch Touristen gebraucht werden.

Nur welche? Der Strand – nichts besonderes, das Hinterland – öde – der Flughafen in Spuckweite und ständig bläst der Wind. Kein normaler Müßiggangurlauber quartiert sich freiwillig im Windkanal ein. Aber dann kamen – wie ein Geschenk des Himmels – die Windsurfer. Denn schon seit Mitte der 80er Jahre ging in der Windsurferszene ein Gerücht über eine vergessene griechische Insel um – Karpathos sei ein Ort des göttlichen Windes. 1990 wurde dann die erste Surfschule eröffnet. 1992 kam dann das Chris Schill Pro Center und Club Mistral. Denn hier hackt's. Durch einen lokalen Verstärkungseffekt wird der gewöhnliche Sommerwind regelmäßig zum Vollgas-Gebläse. Deshalb zieht die Bucht Windsurfer an. Am besten solche, die recht hartgesotten sind und viel Lust auf kleine Segel haben. Sechs bis sieben Windstärken sind Alltag. Nicht immer natürlich, aber oft. Afiartis ist nichts für Familien. Es sei denn, alle Familienmitglieder sind Windsurfer oder wollen es werden. Die große Bucht, die Devil's Bay, ist eine Flachwasserpiste, in der sich bei viel Wind draußen eine schöne steile Welle zum springen aufbaut. Außerdem gibt es noch die Speed-Lagune, eine kleine geschütztere Bucht für Ein- und Aufsteiger. Weniger Freude am harten Wind haben die Fähren und Frachtschiffe.

Vor mehr als 10 Jahren ist ein Frachtschiff auf Cape Liki, der Südspitze der Bucht, aufgelaufen. Ein Patrouillienposten stand bei Wind und Sturm stockbesoffen auf der Reeling und übersah den Landszipfel. Das war offensichtlich ein Fehler. Nun rostet das Wrack langsam vor sich hin und wurde zum Wahrzeichen für den Surfspot.

Zwischen Afiartis und Pigadia pendelt leider kein Bus. Jedes Mal, wenn die Hotelbesitzer glauben, dass sie nun den Antrag auf öffentliche Verkehrsmittelanbindung durchgesetzt hätten, streiken die Taxifahrer. Diese verdienen an der Tour ganz schön viel Geld. Und das würde dann wegfallen. Deshalb gibt es bis heute keinen Bus zwischen Pigadia und Afiartis. Aber das ist eben Karpathos.

Der Flughafen

Vor einigen Jahren war der Flughafen ein Kiosk. Heute ähnelt er eher einer Bushaltestelle. Immerhin, seit 1987 landen hier sogar Chartermaschinen. Seit dem 2. Weltkrieg gibt es den Flughafen. Die Bauarbeiten dauerten von 1939 bis 1942. Damals hatte man überhaupt keine Maschinen und die Männer aus Afiartis arbeiteten unter italienischer Aufsicht mit einfachsten Mitteln.

Benötigt wurde der Flugplatz nicht so recht, denn der Krieg fand auf Karpathos eigentlich nicht statt. Erst 1970 wurde der verfallene Flughafen wieder in Betrieb genommen. Der Sky-Van, ein 18-Sitzer aus Rhodos, flog ein paar griechische Geschäftsleute hin und her. Später benutzte man noch kleinere Maschinen, da der 18-Sitzer oft nicht ausgebucht war. Die Flugsaison ging von Mai bis Oktober, danach machte der Flughafen dicht – Winterpause.

Aber man kann die Geschichte des Flughafens nicht erzählen, ohne Nikos Spanos vorzustellen. Er war die Hauptfigur in dem Zwei-Mann-Betrieb „Flughafen": Er machte das Check-In, startete den Generator, weil es ja noch keinen Strom gab, zauberte

den griechischen Kaffee in der Bar, um dann die Koffer in den Flieger zu bringen. Noch heute kommen alte Piloten vorbei, die sich an die 70er und 80er Jahre erinnern. Sie steigen aus und fragen als erstes: „Wo ist Nick?". Doch Nick ist längst pensioniert und vermietet heute ein paar nette Apartments, die Princess Studios. Und er hütet Schafe. Sein Sohn Manolis setzt die Familientradition allerdings fort und arbeitet weiterhin am Flughafen. Warum der schließlich ausgebaut wurde, darüber gibt es nur Gerüchte. Man sagt, Karpathos sollte zum Nato-Stützpunkt auserkoren werden oder aber der Flughafenausbau hinge mit dem Zypernkonflikt 1983 zusammen. Griechenland hätte dann von Karpathos aus Phantom-Bomber nach Zypern schicken können. Darüber gibt es aber keine offizielle Auskunft.

Sicher ist, dass der Ausbau der beiden Landebahnen nichts mit dem Tourismus zu tun hatte. Sicher ist auch, dass es ohne den Ausbau des Flughafens keinen Tourismus gegeben hätte. Doch 1987 landete eine skandinavische Chartermaschine. Andreas Maris, ein Geschäftsmann aus Rhodos, hatte eine Pauschalreise organisiert. Auf Karpathos hielten die Politiker aber noch Dornröschenschlaf, denn von offizieller Seite kam niemand um die ersten Pauschalurlauber zu begrüßen. Man war sich uneinig, was von dieser Sache zu halten sei. Die Frage war offensichtlich nicht: Tourismus: Fluch oder Segen? Sondern Tourismus? Was ist das?

Historisches

In Afiartis hat es noch keine systematischen Ausgrabungen gegeben und doch weiß man, dass hier schon sehr früh Menschen gelebt haben müssen. Überreste von Häusern aus der mittel- und spätminoischen Zeit belegen dies.

Um 1700 v. Chr. war das Südkap der Insel von Minoern bewohnt. Doch 1628 v. Chr. gab es ein gewaltiges Erdbeben. Ihre Siedlung wurde beim Vulkanausbruch von Santorini unter einer dicken Schicht schwarzer Asche und Felsen begraben. Die Explosion hatte ein gewaltiges Seebeben und ein Flutwelle ausgelöst. Der starke Nordwestwind hat die giftige Lava-Asche dann bis weit über Rhodos hinaus nach Karpathos getragen und fast alles Leben erstickt. Anschließend war Afiartis bis in die byzantinische Zeit besiedelt.

Vielleicht stand hier später auch noch eine fünfte Stadt. Man vermutet dies aufgrund eines besonderen Fundes direkt hinter der heutigen Surfstation von Chris Schill. Vor 15 Jahren wollte ein Inselbewohner seinen Grund und Boden mal von Pflanzen und Unkraut befreien und fand dabei plötzlich antike Marmorsäulen, Steine und Münzen: Die Reste einer frühchristlichen Basilika aus dem 6. Jahrhundert. Die Basilika war vermutlich sehr groß. Sie kann 20 bis 65 Meter lang gewesen sein. Deshalb geht der archäologische Service davon aus, dass bei Afiartis vom 4. bis 6. Jahrhundert eine Ansiedlung oder eine Stadt namens Thaeto gestanden hat, die durch ein Erdbeben zerstört wurde. Da die Stadt in schriftlichen Überlieferungen aber nicht erwähnt wird, ist es eher wahrscheinlich, dass hier Bauern und Fischer in einer großen Siedlung gelebt haben. Unbestritten ist, das die Bewohner der Ebene in ihren Gärten, auf den Wegen und beim Tauchen sehr viele historische Gegenstände wie Amphoren oder Münzen finden. Bis zu den Arabereinfällen in der frühbyzantinischen Zeit war Afiartis vermutlich weiter besiedelt. Dann verließen die Bewohner die Ebene und zogen sich in die Bergdörfer Óthos und Ménetes zurück. Das Land der Ebene ist heute noch größtenteils im Besitz der Dörfer.

Am südlichen Ende der Insel liegen die Reste einer mittelalterlichen Burg, dem Cape Kastello. Im zweiten Weltkrieg unterhielten die Italiener und später die Deutschen hier eine Radaranlage und nutzten den Flughafen.
(Siehe Nikos Spanos.S. 14)

Wie kommt man hin/rum:

Bus:
Von Pigadia nach Afiartis gibt es keinen öffentlichen Busverkehr. Wer den windigen Süden verlassen will, ist auf das Taxi oder seinen Daumen angewiesen. Zum Flughafen kann man dafür mit wenig Gepäck zu Fuß gehen. Weitere Informationen finden Sie unter Kapitel „Wissenswertes von A bis Z/Busverbindungen" S. 49.

Taxi:
Taxiruf: 022 705
Weitere Informationen gibt es im Kapitel „Wissenswertes von A bis Z/Taxi" S. 75.

Drei Buchten, die das Surferherz höher schlagen lassen

Unterkunft

Hotels:
Hotel Irini
Tel. 022 143, Fax. 022 783
Direkt am Wasser befindet sich dieses nette, zweistöckige Hotel, das Janis Rousakis und seine Familie seit 1992 betreiben. Die gemütlichen Zimmer haben alle Meerblick und große Terrassen und unterscheiden sich standardmäßig von den üblichen Pensionen in der Gegend. Halbpensionsgäste, meist Windsurfer, befriedigen ihren Hunger auf der Terrasse im Haupthaus und haben dabei stets einen Blick auf die momentane Windsituation. Fazit: Wer zwar nicht luxeriös, aber dennoch etwas anspruchvoller in Afiartis logieren möchte, ist hier gut aufgehoben.
Doppel: € 35–40 (NS)/€ 50 (HS)/inklusive Frühstück

Hotel Long Beach
Tel. 023 076, Fax: 022 095
Was im Long Beach zählt ist die Lage. Windsurfer können ihr Material vom Flughafen schon fast zum Hotel tragen und der Strand mit den Surfschulen ist ebenfalls in fünf Minuten zu Fuß zu erreichen. Wenn der Wind zu stark bläst, kann man sich am Pool rekeln. Halbpensionsgäste dürfen jedoch keine hohen Ansprüche an die Verpflegung stellen, denn sowohl Frühstück als auch das Abendessen sind relativ gesichtslos.
Preis: Auf Anfrage

Hotel Poseidon
Tel./Fax: 022 020
Absolut ruhig, windgeschützt, familiär – das

sind die Attribute, die zum Poseidon passen. Das deutschsprachige Haus wird häufig von Stammgästen frequentiert, meist Windsurfer, aber auch Ruhesuchende und Familien sind hier gut aufgehoben. Sonstiges Plus: hübsche Taverne, auf der vor allem griechische Spezialitäten serviert werden und Zimmer mit Meerblick pur. Für Surfer gibt es einen Busshuttle zu den Surfschulen.
Veranstalter: Kreutzer
Doppel: € 24 (NS)/€ 41 (HS)
Einzel: € 21 (NS)/€ 35 (HS)

Studios:
Eolos Studios
Tel. 091 022, Fax: 0 91 019
Unser Low-Budget-Tipp für Afiartis. Hier hat „Eolos", der Gott des Windes ganze Arbeit geleistet. Oder der Besitzer? Fakt ist, dass die Unterkünfte zwar nicht groß, aber dafür um so liebevoller und abwechslungsreich gestaltet sind (mit traditionellen Hochbetten). Jedes Apartment besitzt eine eigene kleine Terrasse. Im bunten Blumengarten kann man windgeschützt die Sonne genießen und zum Strand und zur Windsurfschule sind es kaum 100 Meter.
Studio (2–4 Pers.): € 18–20 (NS)/€ 24–27 (HS)

Sea View Studios
Tel. 091 052, Fax: 091 029
Einer unserer Spitzenreiter in Afiartis ist das Sea View. Lage – nicht schlecht (ca. 400 Meter zum Strand), Personal – hervorragend, Wohnqualität – famos, Atmosphäre – ausgezeichnet, Preis – total im grünen Bereich. Fazit: Sofort buchen, wenn Sie ein Zimmer ergattern können.
Doppel: € 24 (NS)/€ 30 (HS)

Anemos Windsurf Club

Tel. 091 011, Fax: 023 139,
E-Mail: kritsman@hellasnet.gr
Das Angebot, direkt am Club Mistral zu
wohnen, ist nicht nur zu empfehlen, sondern
auch äußerst begrenzt. Für Schnellbucher
gibt es ein Apartment für 4 Personen und ein
Doppelzimmer. Beide Unterkünfte heben
sich extrem von anderen Bleiben ab. Unser
Tipp für Frühstücksliebhaber: Bevor es zum
Surfen geht, kann sich jeder Gast sein indi-
viduelles Frühstück von der Karte
zusammenstellen mit Fruchtsäften, Müsli,
Eiern in diversen Variationen, Joghurt, etc.
Wer die übliche Frühstückskultur in
Griechenland kennt, weiß dieses Angebot zu
schätzen.
Doppel: € 35 (NS)/€ 40 (HS)/Apartment auf
Anfrage

Pension Delfinia

E-Mail: manolitours@aol.com
Das Delfinia hat eine optimale Lage zum
Ein- und Aufsteigerspot „Speed-Lagoon".
Die Unterkunft bietet 7 landestypisch eingerichtete Zimmer mit kleiner Terrasse und
direktem Blick auf die Bucht. So kann man
sofort nach dem Aufstehen entscheiden,
welches Segel man aufriggt. Vorausbuchung
ist angesagt.
Doppel: € 30 (NS)/€ 40 (HS)

Irinikos Studios

Tel. 0 81 226 oder in Deutschland:
08202/90 33 33, Fax: 08202/90 33 34,
E-Mail: manolitours@aol.com
Etwas 150 Meter vom Surfspot entfernt finden Sie die 6 Studios, die mit zu den besten
in Afiaritis zählen. Bei der Ausstattung hat
„Ikea" stark mitgewirkt, die Bäder sind sehr

großzügig, genau wie die großen Terrassen
mit Meerblick. Empfehlenswert sind die
Apartments im 1 Stock! Gutes Preis-
Leistungsverhältnis.
Doppel: € 24 (NS)/€ 30 (HS)

Sofia Studios

Tel. 081 226
Wer direkt vor der Haustüre windsurfen
gehen möchten, ist in dieser Unterkunft
(Studios) gut aufgehoben. Die Zimmer sind,
wie üblich in dieser Gegend, funktionell und
sauber. Das Highlight: Das geniale
Frühstück wird nebenan im Club Mistral serviert!
Preise: Auf Anfrage unter kritsman@hellas-
net.gr

Barbarossa Studios

Tel. 091 037
Hier heißt das Motto: Rein ins griechische
Wohnzimmer-Ambiente. Und das bedeutet
hierzulande meist Kitsch. Wer das aushält,
sollte trotzdem nur in der Nebensaison hier
absteigen, denn der Preis für die dunklen und
geschmacklosen Zimmer ist schlichtweg zu
hoch.
Doppel: € 24 (NS)/€ 44 (HS)

Princess Studios

Tel. 091 048
Die Studios liegen ca. 500 Meter vom Meer
entfernt direkt neben dem Hotel Long
Beach. Auffällig ist die Freundlichkeit des
Personals. Die Zimmer sind schlicht, sauber,
funktionell und dem Preis angemessen.
Doppel: € 18 (NS)/€ 27 (HS)
Doppel: € 24

Restaurants:
Bar/Taverne Club Anemos

Diese Institution hat es geschafft, fester Bestandteil der Surferszene in Afiartis zu werden. Das kulinarische Konzept: Jeden Abend steht, neben der von Haus aus unschlagbaren Küche ein spezielles Menu auf dem Programm, das sich täglich ändert: Die italienische Pasta wechselt sich mit einem Curry-Special oder mit einem leckeren BBQ ab. Und was das hervorragende Frühstück angeht, räumt das Anemos mit dem vermeintlichen Vorurteil auf, die Griechen hätte keine Frühstückskultur. Das kulturelle Konzept: Crazy Doot, der verrückte Engländer, ist auf Karpathos zur Legende geworden. Seinen Ruf stellt er einmal in der Woche unter Beweis, wenn er im Anemos zur Rock n' Roll Party einlädt. Diese Show sollten Sie unter keinen Umständen verpassen.

Restaurant Bara Minás

„Sokrates", wie die Taverne unter Insidern genannt wird, gehört zu den todsicheren Empfehlungen in Afiartis. Nebst einem hervorragenden Speiseangebot und vernünftigen Preisen lockt die hübsche Terrasse mit einem direktem Blick auf die „Speed Lagoon". Immer donnerstags steht das „Sokrates-Spezial" auf dem Programm (Stand 2001): Die Beachparty auf der Spezialitäten vom Holzkohlegrill serviert werden. Als Beilage gibt es ein musikalisches Live-Programm. Zur Taverne gehört neuerdings eine Beachbar. Dort trifft man sich in der Surfpause windgeschützt auf einen Kaffee oder einen kühlen Drink.

Manolis rettet die Surfer am Wavespot täglich vor dem Verhungern

**Christian Berner schlägt Salti
in der Bucht von Afiartis**

**Im Anemos gibt es das
leckerste Frühstück der Insel**

Was kann man unternehmen:

Windsurfen:
Siehe Kapitel „Aktiv und Sportlich", S. 228.

Mountainbiking:
Siehe Kapitel „Aktiv und Sportlich MB-Tour 3 und 4", S. 221, 223.

Wichtige Adressen und Infos

Einkaufen: Kleiner Minimarkt auf der langgezogenen Straße in Richtung Flughafen. Dort gibt es allerdings nur das Nötigste.
Arzt: Dr. Alexandra Haugg/Club Mistral Tel. 091 011, Fax: 023 139

Amoopi

Amoopi könnte man mit „Sandgrube" übersetzen. Tatsächlich gab es hier früher nichts außer Sand. Heute ist die Sandgrube zu einem kleinen Touristenort mutiert, der nur aus Hotels, Restaurants, Tavernen und ein paar schönen Stränden besteht. Hier wohnt niemand. Außer Touristen eben. Die alten Sommerhäuser hat man abgerissen und Hotels an ihre Stelle gesetzt. Im zweiten Ortsteil, dem etwas oberhalb gelegenen Lakki, sind noch einige dieser bescheidenen Sommerresidenzen erhalten.

Einen gewachsen Dorfkern gibt es nicht. Aber der Ort kann mit drei bestechend schönen und windgeschützten Sandbuchten aufwarten. Der Strand geht sehr flach ins Wasser, so dass insbesondere Familien mit kleinen Kindern hier gut aufgehoben sind. Der sandige Hauptstrand Perama liegt in der Mitte und ist mit Sonnenschirmen und Liegestühlen ausgestattet. Ganz rechts liegt ein Kieselstrand namens Votsalakia, an dem sich vorwiegend unbekleidete Badegäste aufhalten. Und der Dritte im Bunde ist kleiner Strand namens Mikri Amoopi, der etwas abseits liegt und deshalb auch weniger frequentiert ist. Die Buchten sind durch mächtige rotbraune Felsen voneinander getrennt und auf einer Landzunge kann man eine kleine nachbyzantinische Kirche bewundern, die gleich zwei Namen hat: Agios Apostolus (Heilige Apostel) und Analipsi (Christi Himmelfahrt). Im Jahresdurchschnitt ist das Klima in der Bucht von Amoopı meist wärmer als im Rest der Insel und dadurch bis in den November hinein als Badestrand geeignet. Vor 40 Jahren lief das Leben in Amoopi noch anders ab. Wer damals Land kaufen wollte, den beschimpfte man als verrückt. Der Boden war nichts Besonderes. Nichts gedieh in dieser Gegend, außer Oliven und etwas Getreide. Sonst machte es nur noch Sinn, ein paar Ziegen auf dem kargen Land zu halten. Die vernachlässigten Olivenhaine und Getreideterrassen, entlang der Straße hinunter ins Dorf erzählen davon, dass man hier früher von der Landwirtschaft lebte. Heute wäre das ein lächerlicher Verdienst. Der Tourismus bringt nun das Geld. Die ersten Urlauber kamen in den 70er Jahren und plötzlich begriff man, das man mit dem Land Geld machen konnte und verkaufte oder baute Hotels darauf. Heutzutage kosten 1000 qm Land direkt am Meer 45.000 Euro. Das bedeutet: Wer heute hier Land besitzt gehört zur privilegierten

Schicht. Und das sind die Bauern von Menetés, die traditionell ihre Ländereien hier hatten.

Trotz allem: Im Vergleich zu anderen griechischen Touristenorten wie beispielsweise auf Kreta ist Amoopi ein recht charmanter Ort geblieben, der absolut nicht den Eindruck von Massentourismus vermittelt.

Wie kommt man hin/zurück:

Bus:

Amoopi–Pigadia–Amoopi:
Von der Bushaltestelle in Pigadia fährt der Bus vier mal täglich (zwischen Juni und September) und zwei mal täglich (Mai/Sept./Okt.) nach Amoopi. Fahrtzeit: ca. 10 Minuten

Haltestellen in Amoopi finden Sie an folgenden Hotels: Hotel Helios, Hotel Argo und Hotel Amoopi Bay.

Die aktuellen Abfahrtszeiten sollten Sie vor Ort an der Bushaltestelle in Pigadia einholen oder direkt in Amoopi in einem der größeren Hotel nachfragen.

Andere Fahrtziele und -zeiten: Siehe „Wissenswertes von A bis Z/Busverbindungen" S. 49.
Achtung: Zum Flughafen gibt es keinen öffentlichen Busverkehr.

Taxi:

Taxis bestellen Sie unter der zentralen Taxi-Rufnummer: 022705
Amoopi–Pigadia: € 5/Fahrtdauer: 10 min
Amoopi–Menetés: € 5/Fahrtdauer: 10 min

Amoopi-Flughafen: € 9/Fahrtdauer: 15 min
Andere Fahrtziele und -zeiten: Siehe „Wissenswertes von A bis Z/Taxi" S. 75.

Autovermietung:
Amoopi Rent a Car:
Tel. 81 115, Fax: 81 117,
Internet: www.vidado.com/de
Gegenüber dem Hotel Albatros stehen Ihnen diverse Fahrzeuge zur Verfügung. Der Besitzer Minás bietet seinen Kunden einen besonderen Service: Wer nach Apella und Ólympos fahren möchte, kann für diese Fahrt seinen normalen PKW in einen Jeep umtauschen. Da die Straßen auf diesen Strecken sehr schlecht sind, erlauben die Autovermieter das Befahren dieser Strecken nur mit einem Jeep. Wer trotzdem fährt, muss für auftretende Schäden voll aufkommen. Eine Vollkaskoversicherung kostet € 6/pro Tag. Fragen Sie genau nach, was Vollkasko bedeutet!

Trust Rent a Car
Tel. 81 060
Obwohl es der Name verspricht, wirkliches Vertrauen hatten wir zu dieser Autovermietung im Haus der Taverne Votsalakía nicht. Die Bedingungen sind jedoch, zumindest auf dem Papier, mit denen anderer Vermieter vergleichbar. Entscheiden Sie selbst!

Motoradvermietung:
Amoopi Rent a Car
(siehe auch Autovermietung):
Preisbeisspiele/pro Tag:
Suzuki 200 ccm: € 20/Vespa: € 15

Papa Geórgios – unser wichtigster Informant

Unterkunft

Wer die Wahl hat, hat die Qual. Bei diesem Riesenangebot an Selbstversorgerunterkünften wissen viele Urlauber kaum mehr, wo sie sich niederlassen sollen. Wir stellen Ihnen eine Auswahl der angenehmsten Studios vor. Die endgültige Wahl bleibt Ihnen überlassen.

Studios:

Maria Apartments und Studios

Tel./Fax: 081 079/022 845

Zu dieser ruhigen und luftigen Anlage im oberen Teil von Amoopi sind es ca. 10 Gehminuten bis zum Meer. Die geräumigen Studios besitzen alle eine kleine Terrasse im Schatten und sind außergewöhnlich sauber und gepflegt. Die Apartments sind besonders für Familien zu empfehlen, denn Kinder können im hübschen Garten gefahrlos spielen, mit Glück mit persönlicher Betreuung der freundlichen Besitzerin Maria. Verhandeln lohnt sich! Sehr faires Preis-Leistungsverhältnis.

Studio: € 27 (NS)/€ 35 (HS)
Apartment (45 qm): € 30 (NS)/€ 41 (HS)

Sunflower Studios

Tel./Fax: 081 019,
E-Mail: hotelsunflower@yahoo.com

Obwohl die Unterkunft in kleinem Rahmen betrieben wird, zählt sie zu unseren Spitzenreitern in Sachen Professionalität (Buchungen können Sie per Internet tätigen!). Die Lage ist angenehm ruhig, die Studios sind außergewöhnlich groß und sehr sauber.

Studio: € 20 (NS)/€ 30–35 (HS)

Nina Studios

Tel. 081 006

Diese Studios liegen in der Bucht von Fokía und sind alle makellos gepflegt. Vielleicht nicht sehr liebevoll eingerichtet, aber doch sehr funktionell und großzügig. Bei kleinem Portmonee ist diese Bleibe zumindest in der NS sehr attraktiv.

Studio (bis zu 4 Personen): € 18 (NS)/
€ 24–35 (HS)

Skarpantos Studios

Tel./Fax: 081 121,
E-Mail: skarpanthos@yahoo.com

In der kühleren Gegend von Amoopi, im „Ortsteil" Fokía gelegen, befindet sich das Skarpantos. Die netten Studios liegen in einem kleinen, hübschen Garten. Gesprochen wird hier englisch, italienisch und griechisch. Auch wenn sich das Skarpantos im Allgemeinen nicht erheblich von seinen Mitstreitern abhebt, gibt es doch einen entscheidenden Unterschied: Die Unterkunft ist behindertenfreundlich. So sind die Aufgänge zu den Studios nicht mit Treppen versehen, sondern es stehen Rampen zur Verfügung, die den Zugang mit einem Rolli erleichtern. Die Bäder sind entsprechend großräumig konstruiert. Auch für Familien eine gute Alternative. Ganzjährig geöffnet! Bei längerem Aufenthalt Preisreduktion!

Studio (bis zu 4 Personen): € 18 (NS)/
€ 24–35 (HS)

Hotels:

Hotel Albatros

Tel. 081 128, Fax: 081 045

Das familienbetriebene Hotel liegt exponiert

über der Bucht von Amoopi und zeichnet sich durch eine eindrucksvolle Aussicht aus.
Alle Zimmer verfügen über typischen Mittelklassekomfort und können sowohl mit Selbstversorgung als auch mit Verpflegung gebucht werden. Unser Kinderplus: Süßwasser-Swimmingpool mit Liegestühlen und Sonnenschirmen.
Veranstalter. TUI, Kreuzer, Gulet, Tjaereborg,
Studio: € 44 (NS)/€ 53 (HS)
Apartment (bis zu 4 Pers.): € 73 (NS)/€ 90 (HS)
Doppel: € 38 (NS)/€ 41 (HS)

Kastella Bay Hotel
Tel./Fax: 022 678/081 178
Ruhig und gemütlich in der Bucht von Fokía gelegen, finden Sie das Kastella Bay, dessen Führung professionell, aber gleichwohl persönlich und familiär arbeitet. Vor dem Hotel liegt der hoteleigene, kleine Strand, an dem Sonnenschirme Schutz vor Sonnenbrand bieten. Die Zimmer sind zwar klein, aber trotzdem genießt man in den Räumen eine helle und angenehme Atmosphäre. Faires Preis Leistungsverhältnis!
Veranstalter: TUI, Neckermann, Kreutzer, Gulet, Reiseladen
Apartment (bis zu 4 Pers.): € 41 (NS)/€ 47 (HS)/Preis inklusive Halbpension pro Person
Doppel: € 30 (NS)/€ 41 (HS)/Preis inklusive Frühstück pro Person

Amoopi Bay Hotel
Tel. 81 184, Fax: 81 105
Dieses Hotel ist kein riesiger Hotelkomplex, sondern vielmehr ein kleines, übersichtliches Hotel, das in bescheidener Weise gewissen Hotelkomfort (Minimarkt, deutsche Zeitungen usw.) bietet. Die Aussicht der Zimmer auf die Bucht ist ebenso erwäh-

nenswert wie die familiäre Führung des Hauses. Für die Saison 2002 sind ein kleiner Pool und ein Spielplatz geplant. Kreditkarten akzeptiert!
Fazit: Nicht nur in Sachen Familienfreundlichkeit zu empfehlen!
Veranstalter: TUI, Neckermann, Kreutzer, Attika, Jahn Reisen
Doppel: € 35 (NS)/€ 47 (HS)/inklusive Frühstück

Hotel Helios
Tel. 81 148/22 448, Fax: 81 171
Inmitten eines üppigen Gartens schmiegen sich kleine weiße Bungalows aneinander, die wie ein eigenständiges kleines griechisches Dörfchen wirken. Vor allem dieser architektonische Charme macht das Hotel äußerst sympathisch. Ingesamt werden den Gästen 50 Zimmer angeboten, die zwar nicht sehr groß, aber sehr liebevoll eingerichtet sind.
An das Hotel angeschlossen ist eine Taverne, die in direkter Strandnähe Frühstück, Mittagessen und abendliche 4-Gänge-Menüs für Halbpensionsgäste anbietet.
Veranstalter: TUI, Neckermann, Jahn Reisen, Attika, Kreutzer
Doppel: € 40 (NS)/€ 47 (HS)/inklusive Frühstück

Hotel Argo
Tel./Fax: 081 089/081 090
Das familiengeführte Mittelklassehotel liegt nur 40 Meter vom Strand entfernt. Die 50 Zimmer weisen keine bemerkenswerten Besonderheiten auf, sind aber im „grünen Bereich". Schön ist vor allem der Meerblick, den Sie in allen Zimmer entweder von einer Terrasse oder einem Balkon genießen können. Das große Plus dieses Hotels ist der

Preis, denn damit kann keine andere Unterkunft mit der Bezeichnung „Hotel" in Amoopi mithalten.

Veranstalter: Neckermann, Kreutzer, Jahn Reisen, Gulet, Attika

Doppel: € 24 (NS)/€ 30 (HS)/inklusive Frühstück

Restaurants

Golden Beach Restaurant

Dieses Restaurant zählt zu den ersten, das in Amoopi Urlauber bewirtete. Sowohl Urlauber als auch Einheimische schätzen die griechische Küche und den netten Service.

Michalis Restaurant

Das Restaurant liegt direkt am Strand und gewinnt nicht nur dadurch unweigerlich an Atmosphäre, sondern auch durch die hübsche Korbbestuhlung im Sand. Auf der Speisekarte wird einfache griechische Küche angeboten, aber auch internationale, meist Fastfood-ähnliche Gerichte wie Hamburger und Spagetti bekommt der Gast auf den Tisch. Bemerkenswert fanden wir die „coole Mucke", die am frühen Abend eine gute Stimmung verbreitet. In unmittelbarer Nähe gibt es ein Beach-Volleyball-Feld, das darauf wartet, bespielt zu werden.

Votsalakía Taverne

Hier gibt es vielleicht die größte Speisekarte der Insel. Jeden Tag wird auf Wunsch ein „Special of the day" serviert: Artischocken nach karpathiotischer Art, Lamm nach Art des Hauses, Moússakas oder Pastítio. Die Vorspeisenkarte ist unendlich und wir raten jedem, den Hauptgang auszulassen, um die

kleinen Köstlichkeiten zu probieren. Schade, dass das schier unerschöpfliche Tischkontingent keine echte Gemütlichkeit versprüht. Wem es hauptsächlich auf leckeres, ausgefallenes Essen ankommt, der ist hier richtig.

Wichtige Adressen und Infos:

Supermarkt:
Votsalakía Minimarket: Hier gibt es alles, was Sie rund um den Strandurlaub benötigen: Deutschsprachige Zeitungen, Reiseführer, Sonnencreme, Süßigkeiten, Sonnenschirme, Briefmarken, einige Lebensmittel, Postkarten usw.
Telefon: Beim Amoopi Beach Restaurant

Bank: In Amoopi gibt es keinen Bankomat. Wer Geld ziehen muss, kann dies nur in Pigadia tun.

Internet: Im Restaurant Espérida im oberen Teil von Amoopi.

Menetés

Auf halbem Weg von Pigadia nach Arkássa liegt das mittelalterliche Dorf Menetés. Kleine enge Gassen und Treppen ziehen sich labyrinthartig durch das Dorf und auf einem Felsplateau steht, wie auf einem Präsentierteller, die große Pfarrkirche, von deren Kirchplatz aus man einen grandiosen Blick über Menetés und über das gesamte Tal hat.

Menetés

In der Kirche von Menetés predigt der coolste Priester von Karpathos

Menetés ist nach Pigadia die nächstgrößte Ortschaft. Ursprünglich waren die Menschen hier Bauern und Schäfer. Außerdem hatten sie einen guten Ruf als Maurer. Heute arbeitet fast jeder aus Menetés in Arkássa oder Amoopi im Tourismus: Als Hotelier, Gastronom oder Kellner. Diese beiden Orte waren ursprünglich die Außensiedlungen von Menetés.

Unzählige kleine Kafenia verstecken sich im Gassengewirr zwischen den verschachtelten weißen Häuschen. Im Schatten dösen Katzen und Hunde vor sich hin, nur gestört durch gelegentlich einfallende Touristen oder Wanderer. Es gibt eine Grundschule und der Arzt und der Postbote kommen sogar mehrmals in der Woche. Die Frauen aus Menetés haben den Ruf gute Arbeiterinnen und gute Hausfrauen zu sein und dazu noch sexy, was in jedem Fall – das kann man raushören – eine gute Kombination zu sein scheint. Über die Entstehung von Menetés erzählt man sich folgendes: Als die antike Stadt Arkesía zerstört wurde, flohen die Menschen in die Berge. Als Partisanen gingen sie in kleinen Grüppchen umher. Plötzlich rief jemand: „ménete", was so viel heißt wie „bleib da" und daraus wurde Menetés. Nach dem 2. Weltkrieg sind fast alle jüngeren Menschen aus Menetés nach Kanada oder Athen ausgewandert.

Sehr stolz ist man in Menetés darauf, dass hier angeblich 1944 die Revolution angefangen hat, was die Bewohner von Arkássa allerdings zu Recht auch von sich behaupten. Ein Denkmal kurz vor Menetés erinnert an die Partisanen, die im 2. Weltkrieg unter italienischer Herrschaft gefallen sind. Dort steht ein Soldat, der mit einer Handgranate und einer Machete gen Osten blickt. Nach Norden, wo sich Italien befindet, konnte die Statue nicht schauen, weil dort Menetés liegt. So drehte man sie kurzerhand nach Osten, denn dort liegt die Türkei mit der die Griechen ohnehin traditionell verfeindet sind.

Die langschiffige Kirche (1845) auf dem Plateau Komisi tis Teotokou, ist das Wahrzeichen der Gemeinde. Sie ist der Mariä Entschlafung, also der Maria Himmelfahrt geweiht. Das Kirchfest ist am 15. August. Über die Entstehung der Kirche erzählt man sich verschiedenste Varianten einer Wundergeschichte: Ein Witwer suchte eine neue Frau, weil er eine Mutter für sein Kind brauchte. Die Frau hatte es aber nur auf sein Geld abgesehen und stieß den lästigen Säugling über den Felsen, der etwa 90 Meter steil abfällt. Am nächsten Morgen hing das Kind in seiner Windel aber wohlauf und lebend an seinem Ast. Ein Mirakel.

Oder in anderer Variante. Ein Kellner stolpert mit einem Tablett voller Ouzogläser über die Klippe und blieb mit seinem Hosenträger an einem vorstehenden Ast hängen. Dass er hängen blieb, war aber nicht das Wunder, sondern: Er hielt das Ouzotablett noch unversehrt in der Hand. Ein Mirakel.

In der Kirche wurden Säulen aus der byzantinischen Kirche Agia Anastasia verbaut. Um diese hier hoch zu schaffen, wurden jeden Sonntag zehn junge Männer zusammengetrommelt, die je eine Marmorsäule mit einem dicken Seil von Arkássa nach Menetés zogen. Die Ikonostase ist prächtig bebildert. Aber die Kirche mit den drei Flügeln und der silberüberzogenen Panagiá-Ikone ist selten geöffnet. Man kann im Dorf nach dem Schlüssel fragen, was aber eine komplizierte Sache ist. Entweder hat ihn eine Dorfbewohnerin auf der Treppe zur Kirche oder der Pastor oder die Putzfrau. Angeblich sollen aber jetzt Öffnungszeiten eingeführt werden. Am besten Sie besuchen den Gottesdienst des Popen Georgios, der eine wunderbare Stimme hat und mit seinen Cowboystiefeln unter der Kutte ein Original ist.

Historisches:

Oberhalb von Menetés sind Gräber aus der hellenistischen Zeit gefunden vor. Sie werden von den Archäologen auf die Zeit zwischen einem Jahrhundert vor bis einem Jahrhundert nach Christus geschätzt. Die Toten wurden damals in diese Felshöhlen gelegt, die man offenbar immer wieder benutzte.

Wie kommt man hin/rum:

Bus:

Menetés-Pigadia: Von der Bushaltestelle an der Hauptstraße vor der Taverne Ezitiátopi fährt der Bus auf der durchgehend asphaltierten Straße nach Pigadia. Die Fahrt dauert ca. 15 min.
Die genauen Abfahrtszeiten sollten Sie vor Ort an der Bushaltestelle in Pigadia einholen.
(siehe auch Busverbindungen S. 49)

Taxi:

Taxis bestellen Sie unter der zentralen Taxi-Rufnummer: 022705

Menetés–Pigadia: € 5/Fahrtdauer: 10 min
Menetés–Arkássa: € 5/Fahrtdauer: 10 min

Unterkunft:

Studios Rigas
Tel. 081 269
Direkt in Menetés gibt es keine Übernachtungsmöglichkeiten. Wer sich nicht scheut, ein paar hundert Meter außerhalb des Dorfes in Richtung Lai zu wohnen, der ist bei Familie Rigas richtig. Sie vermietet in einer äußerst ruhigen Umgebung einige Zimmer und Häuser, optimal für Wanderer und Ruhesuchende.
Doppel: € 15–20

Restaurants:

Pizzeria Four Seasons
Den kleinen Ableger der karpathiotischen Pizza-Kette zu finden, stellt keine geografische Herausforderung dar. Direkt an der Pátia unterhalb der Kirche stoßen die begeisterten Gäste auf den berühmten „Take Away". Dort isst man nicht vor Ort, sondern man nimmt die italienischen Köstlichkeiten gerne mit nach Hause.

Taverna Manólis
Für die Windsurfer aus Afiartis ist die Taverne ein Begriff, denn neben seinem Restaurant in Menetés betreibt der – zumindest in der Theorie – surfbegeisterte Grieche am „Luv-Spot" in Afiartis einen kleinen

Imbiss. Seine eigentliche Haupteinnahmequelle ist jedoch diese Taverne inmitten der verwinkelten Gassenwelt von Menetés. Keine Sorge: Sie dort zu finden ist kein Problem, denn jeder im Dorf kennt Manólis. Die Hauptmotivation für einen Besuch bei Manólis liegt am preisgünstigen und urgriechischen Essen und an der absolut authentischen Umgebung. Aber es ist auch der sympathische Manólis selbst, der seine Kunden sofort ins Herz schließt und die sprichwörtliche „Filoxenía" (Gastfreundschaft) täglich neu beweist. Ein Besuch ist ein absolutes Muss!

Taverne Dionyssos

Ebenso im Herzen von Menetés befindet sich diese Taverne, bei der man sich zunächst nicht sicher ist, ob sie wirklich das gesuchte Dionyssos ist. Der Aushang verspricht es zwar, aber man hat eher das Gefühl, in einem privatem Garten zu stehen. Wir empfehlen draußen im hübschen Garten die griechische Hausmannskost zu genießen, denn das Innenleben der Taverne macht eher den Eindruck einer Spielhölle.

Taverna Ezitiátopi

Direkt an der Hauptstraße, wo sich die Dorfbewohner zum Tratschen versammeln, befindet sich diese Taverne. Aufgrund seiner zentralen Lage begegnet man hier nicht nur dem Popen und den „Senioren" des Dorfes, sondern auch so manchem Touristen auf Inselrundfahrt. Obwohl wir das Gefühl hatten, dass Unpersönlichkeit Einzug gehalten hat, ist das Essen noch in Ordnung.

Wichtige Adressen und Infos:

Arzt: Tel. 081 222
PKW-Parkplatz: Etwa 300 m nach der Pátia auf der rechten Seite links unterhalb der Kirche.
Öffentliches Telefon: Auf der Durchgangsstraße in der Nähe des PKW-Parkplatzes.

Die ursprüngliche Mitte

Arkássa

Arkássa ist ein hübsches Dörfchen, das etwas unspektakulär an der Westküste liegt. Es soll auf den Trümmern der antiken Stadt Arkesía gebaut worden sein. Vor dem Ort ragt ein mächtiger Steinfelsen ins Meer. Der Paleokastro. Auf dem Berg hat sich wahrscheinlich schon vor über 3000 Jahren eine Festung und eine Akrópolis befunden. Reste der Zyklopenmauer sind noch zu sehen.

Arkássa wurde um 1900 von Menetés aus gegründet, denn dort unten gab es fruchtbare Felder und Holz. Man ist hier weit ab vom Schuss. Der Tourismus hat deshalb sehr spät begonnen. Aber nach Amoopi ist es der nächstgrößere touristische Ort auf der Insel. Seit etwa 10 Jahren wachsen auf dem Weideland zwischen Dorf und Meer Pensionen und einige Mittelklassehotels für deutsche Pauschalurlauber in den Himmel. Vorher gab es nur oben im Dorf ein paar Zimmer zu mieten. Heute ist das anders, aber trotzdem hat der alte Dorfkern wirklich Charme. Kleine Kafenia und Restaurants säumen die Dorfstraße und tagsüber haben die Einheimischen ihr Dorf ganz für sich. Hier kann man dörfliches Leben spüren.

Nachmittags werden Karten gekloppt, es wird Kaffee getrunken und viel palavert. Wenn dann am frühen Abend der erste Wein fließt, fangen die Männer manchmal auch mit dem Musizieren an.

Das trockene Flussbett des Riaki teilt das alte Dorf in zwei Teile. Wenn man am Brunnen vorbei geht und hinter dem (miserablen) Imbiss Taka Taka Mom nach unten wandert, überquert man das Flussbett und kommt zum älteren Teil des Dorfes.

Dort steht auch die Pfarrkirche Ipapandi erhaben auf der Höhe. Papa Georgios genießt hier herrlichen Meerblick, wenn er die Glocken läutet. Die Ikonostase ist mit dem Gold von geschmolzenen Münzen überzogen. Sie stellt den heiligen Simon dar, der das neugeborene Jesuskind begrüßt. Hinter der Ikonostase befindet sich der Altar, rechts daneben der Platz des Sängers. Die Inschrift über der Seitentür hat man erst bei der Renovierung 1952 gefunden. Beim Säubern des Marmorrahmens kam die Jahreszahl 1885 hervor. Diese hatte der damalige Dorflehrer geschrieben, denn nur der konnte schreiben. Die Marmorsäulen der Kirche stammen von der antiken Basilika S. Anastasia, die unter der heutigen Kapelle S. Sophia liegt.

Strand von Ag. Nicolaós

An die Zeit als das Flussbett ein Fluss war, kann sich kaum noch jemand erinnern.

Bis vor 30 Jahren war Arkássa ein grünes Dorf. Als der Großteil der Bevölkerung nach New Jersey, Florida, Ohio und Pensylvania auswanderte, hörte man allerdings mit der aufwendigen Bewässerung auf. Die Emigranten kommen nur noch im Sommer zurück und sind – so finden die daheim Gebliebenen heimlich – in der Fremde dollarfixierte, verspannte Menschen geworden. Ihre Kinder können teilweise schon kein Griechisch mehr und benehmen sich natürlich auch amerikanisch – was man hier nicht so gerne sieht. Das Dorf hat im Sommer, wenn alle heimkehren, etwa 1400 Einwohner. Im Winter bleiben 500 zurück. Unterhalb des Ortes befindet sich das Museum. Weil sich die Archäologen um Arkássa nie richtig gekümmert haben, hat der geschichtsinteressierte Pfarrer es in die Hand genommen, die Relikte zu sammeln und auszustellen. Um das kleine Museum zu besichtigen, sollte man sich den Schlüssel beim Pfarrer abholen.

Oberhalb des Dorfes nach etwa 30 Minuten Fußmarsch gibt es drei kleine Kapellen, in denen Feste zelebriert werden. Agios S. Giovanni, Agios Basilius und Agios Pantolemas.

Paleokastro:

Die alte Burg auf der Landzunge lag strategisch absolut perfekt. Ankommende Schiffe konnte man lange vorher sehen. Zudem ist die Landzunge zum Wasser hin so felsig, dass eine Eroberung von dort aus nicht möglich war. Man sagt, dass die Felsen zur Wasserseite wie ein Männergesicht aussehen. Die Landseite wurde von einer riesigen Zyklopenmauer gesichert. Sie war zwei Meter breit und aus mächtigen Steinblöcken gehauen. Ein Rest dieses vier Meter hohen Walls ist am Nordosthang erhalten geblieben. Bei Überfällen konnte man die Mauer verschließen und die Menschen auf der Halbinsel waren völlig autonom. Für die damals problematische Wasserversorgung gab es Zisternen. Um 1200 v. Chr. müssen hier sehr viel mehr Menschen als heute gelebt haben. Die historische Stadt Arkésia hat sich mit Sicherheit weit über das heutige Arkássa ausgedehnt. Ins Paleokastro zog man sich nur bei Angriffen zurück.

Wenn man von der Kirche Agia Sophia startet, führt ein Ziegenpfad hinauf. Viel zu sehen gibt es nicht mehr. Auf dem Berg liegen noch ein paar Säulen, man findet die Mauerreste und den Eingang zu einem unterirdischen Gang zum Meer. Dieser ist mit Sträuchern überwuchert. Von hier aus haben Sie einen perfekten Blick über die ganze Bucht, die ein grandioser natürlicher Hafen ist. Der wurde in früheren Zeiten als Haupthafen benutzt. Nur wenn es zu windig war, fuhren die Schiffe weiter bis nach Lefkos.

Wer einen Hauch von Geschichte spüren will, sollte sich hier oben umschauen.

Südlich des Paleokastro ragt eine kleine hohe Insel ins Meer, die früher möglicherweise zum Festland gehörte. Sie ist 800 Meter vom Land entfernt und heißt Leftóporos. Dort wurden Reste einer jungsteinzeitlichen Siedlung gefunden: Scherben und konische Schneckenhäuser. Man nimmt an, dass die Schneckenhäuser Opfergaben an eine Schlangengöttin waren.

Um dorthin zu gelangen, müssen Sie von der Umgehungsstraße in einen Feldweg abbiegen, der direkt auf das Bergmassiv zuführt.

ter, dass sie in der Kirche die Beine nicht übereinanderschlagen darf. Ihre Kusine übersetzt es ihr, denn sie kann kein griechisch. „Sie kommt aus Amerika, sie weiß es nicht besser", erklärt der Papa seufzend, aber verständnisvoll.

Papa Georgios

Papas Georgios Konstantinídis war nur einmal in den Vereinigten Staaten. Vor über 30 Jahren. Und das auch nur, um seine Tochter zu besuchen. Es hat ihm ganz und gar nicht gefallen. Da möchte er nie mehr hin.

Es ist seine Mission, Pastor in Arkássa zu sein, und er wollte seinen Kindheitstraum verwirklichen: Ein archäologisches Museum eröffnen. Das hat er auch getan. Was den Tourismus betrifft, hat Papa Georgios seine Meinung revidiert. Lange hat er gegen die fremden Einflüsse gewettert, die die kleine, stabile Weltordnung im Dorf durcheinander brachten. Doch jetzt nach 10 Jahren sieht er, dass die Menschen nicht mehr auswandern müssen, weil sie vom Tourismus leben können. Einige kommen aus der Emigration zurück um zu Hause zu leben. Und oft sind es die Touristen, die sich mehr für die alte Stadt Arkésia interessieren als die Dorfbewohner.

Außerdem hat ihm das Leben seine Lehren erteilt, und er ist ein entspannter alter Mann geworden. Er sagt der drallen 12-Jährigen Emigrantentoch-

Museum:

Das kleine Museum existiert nur, weil sich der Dorfpfarrer zufällig für Geschichte interessiert. Jeder in Arkássa weiß, dass Papa Georgios ein Faible für den „alten Krempel" hat. So kam eine recht ungewöhnliche Sammlung zustande.

Manchmal auch zufällig: Eines Abends kam ein kleiner Junge angerannt und rief: „Papa, Papa, da sind zwei alte Leute, die Lehm suchen, um ihr Haus winterfest zu machen. Sie haben ein Grab gefunden mit vielen Amphoren drin. Die zerschlagen sie nun alle, um zu sehen, ob sie Gold oder Schätze finden".

Der Pastor intervenierte und die sehr viel später eintreffenden Archäologen fanden 300 Amphoren, die etwa 3500 Jahre alt waren.

Aber nicht nur diese sind in seinem Museum zu bewundern: Georgios Konstantinídis hat alles gesammelt, was er finden konnte. Viele Relikte der alten Stadt Arkesia, Amphoren, die ihm die Schwammfischer gebracht haben, postbyzantinische Ikonen, Heizsteine aus der alten Burg Paleokastro, Fundstücke aus dem 2. Weltkrieg und ein karpathisches Bett.

Ein Stück des Mosaikfußbodens von S. Anastasía, der zerstörten frühchristlichen Kirche steht in seinem Minimuseum im Flur. Es gibt auch einen Stein, auf dem in antiken Buchstaben von der alten Stadt Arkesía berichtet wird.

Vielleicht war es ein Grabstein, aber niemand weiß das wirklich. Denn bis jetzt hat ihn noch kein Archäologe richtig entziffert. Da es keine öffentlichen Mittel für das Museum gibt, muss man sich den Schlüssel beim Pastor abholen. Er sitzt nachmittags meist in einem der Kafenia beim Brunnen.

Agia Sophia/Agia Anastasía

Unterhalb des Paleokastro steht eine kleine, schneeweiße Kapelle aus dem 13. Jahrhundert im trockenen Geröllboden. Um die Kapelle herum sind noch die Reste einer ehemals wesentlich größeren frühchristlichen Basilika der Agia Anastásia zu sehen. Sie ist im 5. oder 6. Jahrhundert auf den Ruinen jenes dorischen Tempels gebaut worden, von dem das Taufbecken stammte. Die Mauern, die um die Kapelle zu sehen sind, müssen die antiken Mauern der Agia Anastasía sein. In ihrem Kirchenschiff vor der Kapelle liegen Steine und Mosaikbodenreste, auf denen Darstellungen von Sonne, Blumen und Fischen zu erkennen sind. Der wertvollste Teil des Mosaikboden ist jedoch 1925 ins Museum nach Rhodos gebracht worden. 1922 kamen erstmals italienische Archäologen und legten den Fußboden mit Abbildungen von Hirschen, die sich aus antiken Trinkgefäßen erfrischen, frei. Einige

Männer aus Arkássa haben dabei geholfen. Die Dorfbewohner erzählen, dass sie große Schätze hinter dem Altar fanden: Vasen, Kelche und Gold. Über Nacht seien die Altertumsforscher plötzlich wieder verschwunden. Am nächsten Morgen – zack – seien die beiden Schiffe nicht mehr da gewesen und die antiken Schätze natürlich auch nicht.

Die Experten vom griechischen Archäologischen Service halten diese überlieferte Version nicht unbedingt für glaubwürdig, denn die besagten Schätze sind nirgends auf der Welt wieder aufgetaucht.

Am westlichen Ende des antiken Kirchenschiffs befindet sich eine kleine Kammer. Die dort gelagerten Gebeine hat man weggetragen, damit der grandiose Mosaikfußboden zu sehen ist. Unter der ehemaligen Basilika sollen noch zwei Katakomben sein, dessen Zugang zum Meer ein Dorfbewohner gefunden hat. Die heutige Kapelle Agia Sophia ist nur auf dem heiligen Teil der S. Anastasía gebaut worden. Taufen sind hier sehr beliebt und die Liste ist lang. Denn insbesondere, wenn der Kindersegen ausbleibt, werden von den verzweifelten Eltern Gelübde abgelegt. Falls doch noch ein Kind zur Welt kommt, scheut man weder Kosten noch Mühen und lässt den ersehnten Nachwuchs in der Agia Sophia taufen. Das heute mit Weihwasser gefüllte weiße Marmorbecken war früher eine Säulentrommel aus einem Altar für Apollo, denn an dieser Stelle hat einmal ein vorchristlicher Tempel gestanden. Die Säulentrommel ist mit sieben Relieffiguren verziert, die kaum noch erkennbar sind. Heute hat man sie kurzerhand umgedreht. Über dieses Taufbecken erzählt man sich, das Meer habe es an Land gespült. Man glaubt,

Arkássa mit der Halbinsel Paleokastro

Barbaren hätten es gestohlen, aber bei der Abreise ihre Beute noch einmal geprüft und das Becken dann doch als zu unwichtig befunden. Sie schmissen es kurzerhand über Bord. Über 300 Jahre soll es in der Bucht gelegen haben, und jedes Jahr wurde es ein bisschen mehr nach vorne gespült. Eines Tages lag es am Strand vor der Kirche. Das war vor etwa 500 Jahren.

An der Größe der S. Anastasía kann man erkennen, dass hier sehr viel mehr Menschen gelebt haben müssen. Die antike Stadt Arkesía hatte vermutlich zwischen 5000 und 20.000 Einwohnern. Genauer weiß man das noch nicht. Warum die Basilika zerstört wurde, ist ebenso völlig unklar. Vielleicht war ein Erdbeben die Ursache.

Agias Mamas

Oberhalb in den Bergen zwischen Menetés und Arkássa gibt es eine kleine, runde Kapelle. Die Kapelle Agia Mamas ist nicht der Mutter, sondern dem heiligen Mamas, dem Schutzheiligen der Hirten gewidmet. Sie war wohl ursprünglich eine Kirche. Die Form erinnert an die apullischen Trulli. Da das Dach keine griechische Form hat, sondern aussieht wie syrische Kirchen, sind entweder Karpathioten in Syrien gewesen und haben bei ihrer Heimkehr den neuen Baustil vorgeführt, oder das Kirchlein ist von syrischen Seeräubern erbaut worden. Sicher ist: Karpathioten sind ein Reisevolk. Deshalb ist die erste Variante wahrscheinlicher. Wann die strahlend weiße Kirche erbaut wurde, ist nicht ganz klar. Es kann im 9. Jahrhundert, aber auch früher gewesen sein. Erst im 14. Jahrhundert wurde die Kapelle mit Fresken geschmückt. Am ersten September wird hier das Kirchweihfest gefeiert. Dann wandern die Dorfbewohner gleich am Morgen nach oben. Wenn man von Menetés in Richtung Arkássa fährt, kommt nach etwa drei Kilometern rechts eine kleine Abzweigung. Diese führt direkt zu der Kapelle.

Der Strand

Der Agios Nikólaos Strand liegt in einer felsigen Bucht, etwa 800 Meter vom Ort entfernt. Nicht weit liegt der etwa 100 Meter lange Sandstrand mit Liegestühlen, Sonnenschirmen und einem Volleyballnetz. Außerdem gibt's eine Süßwasserdusche, was wirklich nicht selbstverständlich ist. Insbesondere sonntags wird der Stand von den Griechen bevölkert, denn der feine Sand fällt sehr langsam ab und ist für Kinder und Nichtschwimmer bestens geeignet. Außerdem bleibt die Sonne wegen der westlichen Lage bis zum späteren Abend. Bei Westwind baut sich hier ein nette Badewelle auf. Von hier aus kann man rüber zur Nachbarinsel Kassos sehen. Dazwischen liegt ein mächtiger Steinfelsen auf dem man Reste einer jungsteinzeitlichen Siedlung gefunden hat. Direkt vor der Kirche Agia Sophia liegt noch ein kleiner Dorfstrand, der jedoch nicht gepflegt und dementsprechend nicht geeignet zum Baden ist. Zu finden ist hier der Höhleneingang zum geheimen Gang, der das Paleokastro für den Fall einer Belagerung mit dem Wasser verband.

Wie kommt man hin/rum:

Bus:
Arkássa–Pigadia–Lefkos–Menetés/zurück:
Die Haltestelle befindet sich am Ortseingang
unterhalb des Hotel Arkesía. Am dortigen
Kiosk erhalten Sie den aktuellsten Fahrplan
(siehe auch „Wissenswertes von A bis
Z/Busverbindungen" S. 49).
Arkássa–Flughafen: keine öffentliche Bus-
verbindung

Taxi:
Taxis bestellen Sie unter der zentralen Taxi-
Rufnummer: 022705
Arkássa–Pigadia: € 10/Fahrtdauer:
ca. 30 Minuten
Arkássa–Lefkos: € 15/Fahrtdauer:
ca. 45 Minuten
Arkássa–Menetés: € 5/Fahrtdauer:
ca. 15 Minuten
Arkássa–Flughafen: € 14/Fahrtdauer:
ca. 25 Minuten

Autovermietung:
Drive Rent a Car: Tel. 061 249
Gegenüber dem Hotel Dimítrios stehen
Ihnen 35 Autos unterschiedlicher Kate-
gorien zur Verfügung. Preisbeispiele:
In der Hochsaison kostet ein Opel Corsa für
einen Tag ca. € 42, für einen Jeep müssen
Sie ungefähr € 50 auf den Tisch legen.

Motoradvermietung:
Zu empfehlen ist Two Brothers Motorcycles
(Tel. 061 343/061 425). Die Verleihstation
befindet sich ca. 200 Meter nach der
Straßengabelung in Richtung Finíki auf der
linken Seite.

Unterkunft

Hotels:
Arkesía Hotel
Tel. 061 290/061 304, Fax: 061 307
Das Arkésia besitzt alle Annehmlichkeiten
eines Hotel von gehobenem Niveau. Es gibt
einen Pool, einen kleinen Spielplatz für
Kinder, eine Bar auf dem Dach, einen hotel-
eigenen Parkplatz und ein Restaurant. In
Bezug auf Ausstattung und Service kann
man diese Unterkunft unter gehobenem
Standard einstufen. Die Zimmer sind mit
gewissem Luxus, aber für unseren Ge-
schmack etwas „frostig" eingerichtet. Die
Aussicht der Zimmer mit Meerblick ist zum
Sonnenuntergang herrlich.
Veranstalter: TUI, Jahn Reisen
Doppel: € 42 (NS)/€ 56 (HS)/inklusive
Frühstücksbuffet
Apartment (bis 4 Pers.): € 62 (NS)/€ 75
(HS)/inklusive Frühstücksbuffet

Hotel Dimítrios
Tel./Fax: 061 313
E-Mail: emmanuaik@hotmail.com
Die 33 Zimmer dieser Mittelklasse-Unter-
kunft sind alle sauber und ordentlich. Jedes
besitzt ein eigenes Bad und einen kleinen
Balkon. Wie bei vielen der „Hotels" störte
uns die etwas unpersönliche und kühle
Atmosphäre. Bis zum Strand sind es ca. 600
Meter. Ein besonderer Service: Man kann im
Büro des Hotel das Internet benutzten.
Veranstalter: Tjaereborg
Doppel: € 20 (NS)/€ 35 (HS)
Einzel: € 15 (NS)/€ 24 (HS)/Preise inkl.
Frühstück

Alpha Hotel
Tel./Fax: 061 352
Am Ortsausgang von Arkássa, etwa 5 Gehminuten zum Ortskern, können Sie sich im Alpha Hotel einmieten. Jedes der sauberen, aber einfachen Zimmer besitzt einen Balkon mit Meerblick, einen Badestrand gibt es jedoch nicht in direkter Nähe. Mountainbikes stehen im Verleih zur Verfügung.
Doppel: € 24 (NS)/€ 35 (HS)/inkl. Frühstück

Studios:
Delfini Studios
Tel./Fax: 061 035/061 006
Unser Low-Budget-Tipp für die Nebensaison. Die sehr sauberen Studios im Ortszentrum von Arkássa sind mit Abstand das günstigste, was man bekommen kann. In Bezug auf den Standard kann diese Unterkunft locker mit anderen Studios dieser Art mithalten. Lassen Sie sich nicht von dem etwas schmuddeligen Restaurant im Erdgeschoss abschrecken. Die dazu gehörigen Studios sind weit aus besser.
Doppel: € 12 (NS)/€ 24–30 (HS)

Zoé Studios
Tel. 061 423
Diese Unterkunft befindet sich ruhig gelegen am oberen Ortsrand von Arkássa. Es gibt hier nichts besonderes zu berichten, weder im positiven noch im negativen Sinne. Die 8 Studios sind alle sauber und funktionell im üblichen Stil eingerichtet, die Preise angemessen. Leider spricht niemand englisch.
Studio: € 18 (NS)/€ 30 (HS)

Popi's Apartments
Tel. 061 312, Fax: 061 390
Typische Mittelklasseunterkunft im Zentrum von Arkássa, die auch für Familien mit Kindern zu empfehlen ist. Zum Sandstrand sind es ungefähr 800 Meter, aber es kann auch im Süßwasserpool geplanscht werden. Die Studios und Apartments sind sehr hübsch und vor allem sauber. Wie immer in dieser Unterkunftskategorie gibt es eine Kochgelegenheit und Balkon oder Terrasse. Übrigens: Das Haus ist ganzjährig geöffnet.
Veranstalter: TUI/Jahn Reisen
Studio: € 30 (NS)/€ 40 (HS)
Apartment (bis 4 Pers.): € 45–55 (NS)/€ 55–67 (HS)

Blue Sea Studios
Tel. 061 206, Fax.061 442
Das „Blue Sea" kann man als Glücksfall bezeichnen. Klein aber fein, eine charmante Bleibe, in die viele „Wiederholungstäter" zurückkehren. Die 6 Studios sind mit sehr viel Liebe und Gemütlichkeit ausgestattet. Das beweisen unter anderem die traditionellen, mit Spitzen geschmückten Hochbetten, die in jedem der Zimmer zu finden sind. Die Anlage ist sehr ruhig gelegen und trotzdem nicht weit vom Ortkern entfernt. Der Weg zum Strand ist zwar etwas weiter (ca. 10 Gehminuten), aber die hübsche Ausstattung der Studios macht dieses kleine Manko locker wett.
Veranstalter: Jahn Reisen
Preise: auf Anfrage

Eléni Studios
Tel./Fax: 061 248
Am Ortsausgang in Richtung Finíki finden Sie diese sehr hübsche Anlage. Von den kleinen, aber sehr idyllischen Bungalows, die

einen gepflegten Pool umschließen, hat man eine herrliche Aussicht auf das Meer. In jedem Studio steht ein Telefon, TV und Kühlschrank zur Verfügung. Leider gibt es keinen Badestrand in direkter Nähe. Empfehlenswertes Ambiente.
Doppel: € 24 (NS)/€ 30–44 (HS)

Apartments/Studios in der Bucht von Ag. Nikólaos:
Gláros Studios/Restaurant
Tel. 061 015, Fax: 061 016
Direkt am Strand von Ag. Nikólaos vermietet Minás hübsche Studios, die mit typischen karpathiotischen Hochbetten ausgestattet sind. Voll ausgerüstete Küche, Kühlschrank

und Bad sind ebenfalls vorhanden. Von den großzügigen Terrassen hat man einen wunderbaren Blick auf das Meer. Als Minás Frangos sein Strandhotel baute, musste erst der archäologische Service kontrollieren, ob auf dem Bauplatz keine historischen Funde im Boden liegen. Minás hatte Glück. Purer Zufall. Denn hier wo die antiken Festung Paleokastro und die frühchristlichen Basilika Agia Sophia in Steinwurfnähe sind, müsste eigentlich unter jedem 2. Stein etwas Vorchristliches liegen. Die Geschichte des Hotelbesitzers ist typisch für Karpathos: Minás ist mit 17 Jahren mit seinen Eltern nach Richmond/Virginia ausgewandert und 29 Jahre später wieder heim gekommen. In der Zwischenzeit hat er Geld geschickt.

Dorfzentrum von Arkássa

Seine Brüder haben ihm davon sein kleines Hotel gebaut. Endlich konnte er zurückkehren. Hier ist seine Familie, hier sind seine Kindheitsfreunde. Seit 1996 betreibt er das sehr schöne Restaurant, direkt am Strand und vermietet ein paar hübsche Apartments (siehe Unterkunft S. 125).
Studio (4 Pers.): € 44 (NS)/€ 47–50 (HS)

Apartments Ag. Nikólaos
Tel. 061 216
Sehr gut gefallen hat uns diese Anlage, die in unmittelbarer Nähe des Strandes liegt. In einem schattigen Garten mit vielen Bäumen, Blumen und Büschen liegen verstreut einige Bungalows von unterschiedlicher Größe. Jedes Häuschen besitzt eine kleine ausgestattete Küche, ein oder zwei Schlafräume und eine kleine Terrasse, von der man zum Teil einen genialen Blick auf das Meer hat.
Preis: je nach Saison/auf Anfrage

Montemar Studios
Tel./Fax: 061 394
Die Anlage ist in einem bunten, schattigen Garten sehr ruhig gelegen. Die hübschen Studios gibt es in verschiedenen Größen, für 2-4 Personen. Sie sind nett und funktionell ausgestattet und besitzen alle eine Terrasse. Sehr gemütlich.
Preise: je nach Saison auf Anfrage
Veranstalter: Jahn Reisen

Little Paradise
Tel. 061 231
Ein Paradies, das weniger durch die Ausstattung, als vielmehr durch die griechische Gastfreundlichkeit der Besitzer besticht. Etwa 300 m vom Strand entfernt bieten Anna und Vassilis Diakomichailis 9

bescheidene Zimmer zur Vermietung an. Sie besitzen alle ein eigenes Bad, zum Teil gibt einen kleinen Balkon. Die Ausstattung ist insgesamt sehr einfach, aber das Preis-Leistungs-Verhältnis stimmt.
Doppel: € 12 (NS)/€ 15 (HS)/inklusive Frühstück

Restaurants
Restaurant Gláros:
Auf einer hübschen Terrasse kann man bei Minás direkt am Strand von St. Nikolas sehr gut essen. Es gibt leckere griechische bzw. karpathiotische Gerichte, Kaffee und Kuchen am Nachmittag und morgens natürlich auch Frühstück.

Family House
Das Family-House ist eine Art Fastfood-Laden, jedoch eine Nummer anspruchsvoller und fast genauso günstig. Sehr beliebtes Lokal, auch unter den Einheimischen. Besonders lecker fanden wir die Pizza

Petalouda Restaurant
Dieses traditionelle Restaurant verkörpert Karpathos in Reinkultur und zählt zu den Spitzenreitern in Arkássa. Es ist eine der ältesten Kneipen der Gegend und Treffpunkt sämtlicher VIP's des Dorfes. Hier verkehrt in regelmäßigen Abständen der Pope (übrigens auch Ansprechpartner für das legendäre Museum des Dorfes), der Bürgermeister, der größte Geschichtenerzähler „Janovski" (auch treffenderweise „Ouzowski" genannt) und viele andere interessante „Urgriechen". Aber nicht nur das. Auch die Küche zählt für

uns zu einer der besten der Insel. Besonders zu empfehlen sind alle traditionellen Vorspeisen (Vergetarier-**Tipp:** Ruccola-Salat). Preisgünstig!

Taka Taka Mam

Das günstigste, was man in Arkássa kriegen kann, aber geschmeckt hat es uns nicht besonders. Recht schmuddelige Küche.

Diliana Restaurant

Am Ortsausgang in Richtung Finíki befindet sich dieses hübsche Restaurant, auf dessen Terrasse man gemütlich und lecker dinieren kann. Hauptsächlich typische griechische Küche. Leider direkt an der Straße.

Bars und Diskotheken

Retro Bar

Die Musikkneipe ist Treffpunkt für die Jugend von Arkássa. Zu finden in unmittelbarer Nähe des Brunnens im alten Dorfkern. Zur Unterhaltung gibt es neben der Musik auch ein Pool-Billard und einige Spielautomaten. Dienstags: „Ladies Night", dann bezahlen die weiblichen Gäste nur die Hälfte.

Evlogiménos Bar

In der „Bar der Gesegneten" (nahe der Kirche) treffen sich die Einheimischen auf einen Kaffee oder ein Schwätzchen am Abend. In typisch griechischer Atmosphäre gibt es auch Kleinigkeiten zu essen. Ein Besuch lohnt sich.

Disco El Nino:

In dieser Disco trifft man sich am Wochenende zum Tanzen. Es wird hauptsächlich griechische Musik gespielt, allerdings kaum live.

Wichtige Tipps und Infos:

Internet:

Zur Zeit unserer Recherche gab es zwar noch kein Internet-Café, aber die Planung stand. Inwieweit diese Planung in die Realität umgesetzt wurde, bleibt offen. Voraussichtlicher Standort: Im alten Ortskern von Arkássa im Obergeschoss des Arkássa Supermarktes.

Einkaufen:

Es gibt verschiedene kleine Supermärkte, in denen man für den täglichen Gebrauch alles bekommt. Übrigens: Lebensmittel sind in Arkássa zum großen Teil billiger als in Pigadia!

Bank:

In Arkássa gibt es weder eine Bank noch einen Bankomat. Also frühzeitig in Pigadia planen, was Geld angeht.

Telefonieren:

Öffentlicher Fernsprecher in der Dorfmitte beim Brunnen. Ansonsten gibt es „halböffentliche" Telefone in den kleinen Supermärkten.

In Finiki wird der leckerste Fisch serviert

Finíki

Finíki ist ein kleiner, malerischer Fischer-ort auf der anderen Seite der Bucht von Arkássa. Ein paar Fischlokale mit etwas hochtrabenden Namen wie „Finíki View" warten auf Kundschaft. Am Dorfstrand badet eine Handvoll Gäste. Außer dass die sechs Fischerboote jeden Morgen rausfahren und die Touristen abends zum Fischessen kommen, passiert hier nichts.

An der Mole schaukeln kleine Boote, die jede Nacht zum Fischen raus fahren. Oben auf einen Felsen steht eine Kapelle mit einer blauen Kuppel: Agios Nikólaos. Die Kirche ist dem Schutzpatron der Fischer gewidmet. Der kleine Strand ist etwas algig, aber sonst schön. Von hier blickt man rüber zum Felsen des Paleokastro. Wer wirklich überhaupt kein Nachtleben sucht, sondern nur Strand und Fischessen, kann sich in Finíki günstig einquartieren.

Vorne am Hafen steht ein kleines Denkmal, das an eine Heldentat aus dem 2. Weltkrieg erinnert. Als die deutschen Besatzer am 4. Oktober 1944 endlich abzogen, brach in Karpathos große Unruhe aus. Zwar waren die wenigen zurückgebliebenen Italiener keine wirkliche Gefahr mehr, aber der

Kreti und Pleti

Der Name Finíki stammt wahrscheinlich von den Phöniziern ab. Das Seefahrervolk hatte hier einen Stützpunkt, wo es sich frisches Wasser und Lebensmittel für die Weiterreise besorgte. Die Phönizier, besser bekannt als Kreter und Philister, hatten ein Händchen für die Seefahrt und den Handel. Sie waren seit dem 2. Jahrtausend v. Chr. als geniale Seefahrer und begnadete Händler zwischen Ägypten, Syrien, Italien, Griechenland und der nordafrikanischen Küste unterwegs. Sie kannten den Atlantik wie ihre Westentasche und ihre nautischen Kenntnisse übertrafen alle Konkurrenten. Deshalb waren sie gar nicht am Erwerb von Territorien interessiert, sondern nur an festen Stützpunkten. Man sagt den Phöniziern nach, dass sie ein friedliches Volk gewesen seien. Das stimmt nicht. Zumindest hielten sich nichts vom Humanismus. Außer mit hochwertigem Zedernholz handelten sie unter anderem mit Sklaven und gut gebauten jungen Frauen. Unnötig zu erwähnen, dass sie bei der Beschaffung ihrer Ware nicht zimperlich waren. In Finíki soll es auch einen großen Sklavenmarkt gegeben haben.

Normalerweise vermischten sich die Phönizier nicht mit anderen Völkern, aber durch eine jahrelange Belagerung Alexanders des Großen (gest. 223 v. Chr.), der die fliegenden Händler ausrotten wollte, haben sie sich doch länger auf Karpathos aufgehalten als nötig. Und – so vermutet man – sich dann doch auf das eine oder andere Techtelmechtel mit der Bevölkerung eingelassen. Die Phönizier sollen sehr stolze Menschen mit dunklem Teint und dunklen Augen gewesen sein. Sie waren – obwohl ihre Ware als sehr hochwertig galt – nicht gern gesehen bei den Mittelmeervölkern. Offenbar gab es schon vor über 2000 Jahren Vorurteile gegen nicht sesshafte Menschen. Noch heute gibt es einen Ausdruck, der an die Kreter und Philister erinnert: „Dann könnte ja Kreti und Pleti kommen", was soviel heißt, wie jeder dahergelaufene Hans und Franz wäre auch dabei.

Hunger war groß und die Leute hatten Sorge, dass schnell ein Bürgerkrieg ausbrechen würde. Deshalb haben sich sieben Männer entschlossen, von hier aus mit einem kleinen Boot nach Ägypten zu segeln. Dort saß die griechische Exilregierung in Kairo und die mit Griechenland verbündeten Briten in Alexandria. Die wollte man um Hilfe bitten. Am 10. Oktober 1944 stach also ein kleines Fischerboot in See: Die Immacolata. Im Segel ein SOS-Zeichen aus Marmelade. Sie überquerten in nur drei Tagen und Nächten das Karpathische Meer, was als besonders tückisch und stürmisch gilt. Nach einer lebensgefährlichen Überfahrt kamen sie dort tatsächlich an und erfüllten ihre Mission. Diesen sieben Helden ist das Denkmal gewidmet (siehe Interview mit Sofoklis Economidis, einem der Seefahrer auf S. 15). Der Berg, der sich hinter dem Hafen erhebt, heißt Kali Limni – „guter Hafen". Damit war Finíki gemeint. Ein schönerer Badestrand als im Dorf, liegt etwa 400 Meter in nördlicher Richtung unter den Klippen. Vom Hafen aus geht man auf der kleinen Dorfstraße in Richtung Lefkos/Messochori. Nach etwa 300 Meter biegt links ein Feldweg in Richtung Küste ab. Nach 100 Metern treffen Sie auf einen etwa weißen Sandstrand, der zwischen rotbraunen Felsen liegt. Die Bucht ist sehr klein und schön einsam. Etwas weiter nördlich gibt es noch einmal einen 300 Meter langen Kiesstrand, der manchmal zum Sandstrand wird, weil das Meer hier gerne Waschmaschine spielt. Er ist optisch nicht sehr einladend, außerdem soll es hier Strudel geben. Das Bestechende an diesem Strand: Seit 1998 gibt es ein kleines Restaurant unter einem Tamariskenbaum. Hier „Under the Trecs", sitzt man

grandios und die Zutaten für das Essen sind immer frisch. Wenn Sie einen Salat bestellen geht Kostas, der Wirt, schnell frische Tomaten pflücken. Er besitzt 780 Pflanzen und versteht außerdem was vom Service.

Wie kommt man hin/rum:
Bus:
Finíki-Pigadia-Finíki: Auf der Route 1 passiert der Bus von Pigadia kommend Finíki, um weiter zum Zielort Lefkos zu fahren. Der Rückweg verläuft auf derselben Route.
Bushaltestelle: Am Ortsausgang von Finíki. Genaue Abfahrtszeiten und Routing der Busse: Siehe „Wissenswertes von A bis Z/Busverbindungen" S. 49.

Taxi:
Finíki–Pigadia: € 11/Fahrtdauer: 30 Minuten
Finíki–Flughafen: € 13/Fahrtdauer: 40 Minuten
Weitere Fahrpreise: Siehe „Wissenswertes von A bis Z/Taxi" S. 75.

Unterkunft

Hotel Finíki View
Tel. 061400, Fax. 061309 7
E-Mail: Finikiview@hotmail.com
Unser Tipp für Finíki! Oberhalb der Ortschaft (ca. 100 Meter zum Meer) liegt diese farblich sehr ansprechende und gemütliche Anlage, deren Besitzer außerordentlich freundlich und aufmerksam sind. Jedes der 20 großräumigen Zimmer (Studios und Apartments) besitzt eine kleine Gartenterrasse mit traumhaftem Blick auf das

Meer. Die Ausstattung ist einfach, trotzdem besitzen die Räume ein gewisses Flair, das die Unterkunft zu etwas Besonderem macht. Neben der Bar kann man sich in einem kleinen Pool erfrischen.

Veranstalter: Attika Reisen

Preisbeispiele: Apartment bis max. 5 Personen: € 35 (NS)/€ 44 (HS)

Studio bis max. 3 Personen: € 27 (NS)/€ 33 (HS)

Hotel Achóntiko

Tel. 061437/23162, Fax: 061054

Bemerkenswert ist die Ausstattung dieses Hotels, das über den Dächern von Finíki neu erbaut wurde. Die Zimmer erhalten von uns einen Extrabonus: Jedes Studio ist individuell mit sehr viel Liebe hergerichtet – traditionelle Hochbetten inklusive. Schade, dass das Personal am Tag unseres Besuchs einen schlechten Tag hatte.

Veranstalter: Attika

Studio (2 Pers.): € 27 (NS)/€ 35 (HS)

Apartment (4 Pers.): € 33(NS)/€ 41 (HS)

Giavássis Studios

Tel. 061294

Mitten im Dorf gibt es die Möglichkeit, sich in einem der 4 einfachen Studios einzumieten (hinter Dimítrios Fisherman's Taverne). Jedes besitzt einen kleinen Balkon. Verhandeln lohnt sich! Die Ausstattung ent-

Fast jeder lebt in Finíki vom Fischen.

Finíki

spricht dem üblichen einfachen Standard.
Studio: € 20 (NS)/€ 30 (HS)

Finíki Studios
Tel. 061294
Etwas zurückversetzt von der Hauptstraße
vermietet die Familie von Dimítrios noch
mehr Studios, die zum Teil mit 2 Balkonen
ausgestattet sind. So kann man je nach
Tageszeit Sonne tanken.
Studio: € 20 (NS)/€ 30 (HS)

Fay's Paradies Studios
Kein Telefon
Die 9 Zimmer sind zwar sauber, fallen
jedoch unter die Rubrik „grenzwertig
geschmacklos". Nur ein Studio besitzt einen
Balkon. Eindeutig zu teuer, besonders in der
HS!
Doppel: € 18–24 (NS)/€ 24–44 € (HS)

Restaurants

Marina Place
Die Speisekarte im Marina ist reichhaltig
und sehr variantenreich: Fisch, Hühnchen in
verschiedenen Versionen, Pizza, chinesisch,
Fastfood. Empfehlen können wir besonders
die griechischen Vorspeisen.

Dimítrios Fisherman's Restaurant
Von einigen Einheimischen haben wir
gehört: „Hier gibt es den besten Fisch der
Insel". Auch unserer Meinung nach kann
man bei Dimítrios sehr gut essen. In dem
kleinen Familienbetrieb wird vom Fischen
gehen, über Kochen, bis zum Service alles
von der Familien mit Bravour erledigt.

Finíki View Restaurant
Das Restaurant der Familie Diamandéas ist
ebenso empfehlenswert wie ihr gleichnami-
ges Hotel. Auf der geschmackvoll gestalte-
ten Terrasse direkt am Hafen kann man allerlei leckere griechische Spezialitäten genießen.

Restaurant „Under the trees"
Unser Tipp: Etwa 1 km außerhalb von
Finíki findet man direkt am Strand ein kleines Open-Air-Lokal. Man sitzt sehr idyllisch
auf einer Terrasse mit direktem Blick auf das
Meer. Wir haben hier den größten und besten
griechischen Salat der ganzen Insel gegessen. Die dafür benötigten Tomaten werden
noch kurz vor dem Zubereiten im Garten
gepflückt – dementsprechend lecker frisch
schmeckt alles. Übrigens: Es gibt kaum
einen flinkeren Kellner auf Karpathos. Ein
Besuch dort ist unbedingt zu empfehlen,
besonders zum Sundowner!

Bars und Diskotheken

Café/Bar Immacolata
Der Name der Bar ist geschichtsträchtig. Sie
wurde nach dem Schiff benannt, mit dem der
Großvater des Besitzers 1944 nach Alexandria segelte, um die Briten um Unterstützung zu bitten, da man einen Bürgerkrieg
fürchtete (siehe auch Kapitel „Geschichte"
S. 9).
Besonders am Abend stimmt das Ambiente,
denn dann können Sie die exponierte und
geschmackvoll gestaltete Musikkneipe zum
Sonnenuntergang genießen. Tagsüber gibt es
kleine Snacks, leckere Fruchtsalate und

135

Kuchen, die Michális Mutter selbst zaubert. Unser persönliches Lob gilt dem Kaffee, denn der kommt direkt aus Italien. Außerdem besteht hier die einzige Möglichkeit im Ort, ins „Netz" zu gehen.

Disco Diónyssos

Bei Mike gibt es dienstags und sonntags Live-Auftritte von bekannten griechischen oder karpathiotischen Sängern oder Sängerinnen. Nicht nur die Jugend trifft sich hier, sondern Busukifans jeglichen Alters. An anderen Tagen wird auch House, Rock, Pop und manchmal Techno gespielt.

Wichtige Tipps und Infos:

Minimarket:

Bei Dimítrios Fisherman's Restaurant. Hier gibt es das Nötigste für das tägliche Leben: Lebensmittel, Sonnenkrem, Zeitschriften, Filme, Postkarten usw.

Internet:

In der Bar Immacolata.

Arzt:

Kommt zweimal pro Woche vorbei. Bei Dimítrios Fisherman's Restaurant nachfragen.

Telefon:

Ein Kartentelefon gibt es neben Dimítrios Fisherman's Restaurant.

Adia

Ádia besteht nur aus einer Handvoll Häuschen, die sich lose um eine kleine Bucht gruppieren.
Hier sagen sich Fuchs und Hase gute Nacht. Wer's gerne total ruhig hat und ohne jedes Bar- oder Nachtleben auskommt, der sollte sich hier einmieten.

Restaurants/Unterkunft

Pine Tree Restaurant/Studios

Tel. 0977/036 99 48, Fax: 023 140
Die ganzjährig geöffnete Anlage von Nikos Papanikoláou ist ein wahrer Geheimtipp. Sowohl sein Restaurant, als auch seine kleine Pension. Inzwischen bietet er seinen Übernachtungsgästen 3 Studios und 6 Zimmer an, deren Ausstattung im Vergleich zu anderen Studios dieser Art außergewöhnlich geschmackvoll ist. Umringt sind die Unterkünfte von einem Heer farbenprächtiger Blumen, und wer noch ein paar Schritte weiter geht, steht inmitten einer 30 Morgen großen Plantage. Hausgäste haben dort die Erlaubnis, sich nach Herzenslust an seinen 1000 Fruchtbäume zu bedienen.
„Öko" heißt seine Philosophie, die er in allen Bereichen seines hübschen Unternehmens zu verwirklichen sucht. Seine fruchtbare Oase versorgt er mit einem ausgeklügelten Bewässerungssystem. In der Küche seines Restaurant verwendet er ausschließlich frische Zutaten, möglichst aus seinem eigenen ökologischen Anbau (soweit es die Jahreszeit erlaubt). Chemische Pflanzensprays sind für ihn tabu und sein Brot backt der uner-

... eine kleine Geschichte

Es war 1980, als ich in meine Heimat, die Insel Karpathos, zurückkehrte. Ich arbeitete in vielen großen Städten in vielen Ländern der Welt, alle überfüllt mit Menschen und mit hoher Umweltverschmutzung. Weil ich eine grüne Landschaft, die Berge und das Meer immer liebte, kaufte ich ein Stück Land in Adia auf Karpathos. Als ich hier zu arbeiten begann, war mein Besitz ein Dschungel. Es war nicht leicht hier zu leben, ohne Wasser, ohne Elektrizität und ohne Menschen um mich herum, nur mit den Sternen und den Wellen des Meeres.

Nach ein paar Jahren harter Arbeit fühlte ich mich so einsam, dass ich beschloss, eine Taverne zu bauen. Menschen und besonders Freunde sollten kommen um mit mir gemeinsam diesen Ort und die Stille zu genießen. Nach einigen Jahren waren die Taverne und die 6 Gästezimmer fertig. Mein Platz ist einzigartig, schöner, als jeder andere Ort der Welt, den ich je gesehen habe. Wenn ich über das Meer schaue oder den Sonnenuntergang und die Sterne betrachte, danke ich Gott für die wunderschöne Natur, die er mir schenkte.

Nikos Papanikolaou

müdliche Idealist natürlich selbst im eigenen traditionellen Holzbackofen.

Auf der friedlichen Terrasse bekommen Sie hervorragende Hausmannskost aus dem Steinofen serviert, die sich deutlich vom üblichen Standard unterscheidet. Sowohl inhaltlich als geschmacklich. **Tipp:** Bei der Wahl des Menüs lohnt es sich immer, auf die Empfehlungen des Chefs zu achten!

Campingfreunde finden bei Nikos eine der wenigen Möglichkeiten, ihr Zelt aufstellen. Und das gratis!

Leider gibt es in direkter Nähe keinen Strand, aber wenn einer seiner Gäste den Wunsch nach einem Strandtag verspürt, bringt ihn Nikos per Boot an eine nahegelegene Bucht.

Zuletzt der Knüller: Ab Oktober bietet Nikos seinen Gästen freie Unterkunft!

Fazit: Das Reich von Nikos ist ein Paradies besonders für Ruhesuchende und Familien. Da diese idyllischen Oase vermutlich noch lange konkurrenzlos auf der Insel bleiben wird, sollten Sie einen Besuch dort nicht verpassen. Sie werden bestimmt nicht enttäuscht sein!

Studio: € 21 (NS)/€ 30 (HS)
Doppel: € 15 (NS)/€ 24 (HS)

Die Bewohner von Apéri zählen seit jeher zu den reichsten der Insel.

Die windgeschützte Bucht von Acháta
ist perfekt zum Baden und Entspannen

Was kann man unternehmen:

Bootstour:
Nikos organisiert für seine Gäste Strandausflüge per Boot zu einem nahegelegenen Strand.

Wandern:
Von Adia aus gibt es einen Wanderpfad hinauf zum Westgipfel des Kalí Límni. Nikos kann interessierten Wandervögeln den Weg weisen. Allerdings sollte man gute Kondition mitbringen. Der Aufstieg dauert mindestens 2–3 Stunden.
Eine leichtere Tour führt zur Bucht von Ilionda. Auch hierfür gibt es bei Nikos eine Beschreibung.

Apéri

Apéri war bis 1892 das Verwaltungszentrum der Insel. Heute ist es noch immer das reichste Dorf und hat den Bischofsitz von Karpathos und Kassos behalten. Die Autos besitzen fast alle amerikanische Kennzeichen und bleiben wegen des Überformats gern in den engen Straßen, die eigentlich mal für Esel gedacht waren, stecken.

Apéri liegt erhaben 320 Meter über dem Meeresspiegel. Der Name kommt von dem altgriechischen „Hypória" und bedeutet „am Fuße des Berges". Denn genau da klebt Apéri, mit seinen in Stufen angelegten Gassen. Wie ein Alpendorf am Hang. Es ist ein kleines hübsches Dorf, in dem man sehr stolz darauf ist, ehemalige Hauptstadt gewesen zu sein. Hier befindet sich das Gymnasium der Insel und außerdem hat Apéri als einziges Dorf eine Bäckerei, die sich gleich am Dorfeingang rechts befindet.
Das Dorf besteht aus drei Siedlungen: der Kato, also der Unteren, der Kentrio, also der Mittleren und der Epano, der Oberen. Der untere Teil des Ortes bei den Kafenia ist der historische Teil, hier findet man die traditionellen Wohnhäuser. Das, was später von den Emigranten gebaut wurde, liegt im oberen Dorf und ist leicht am amerikanischen Baustil zu erkennen. Dieser obere Ortsteil wird auch Valantou genannt, was soviel wie „Geldsack" heißt. Die Villen der „oberen Zehntausend" stehen im Winter meist leer. Dann gibt es nämlich nur noch 150 Einwohner in Apéri, im Sommer dagegen sind es 500. Dann wohnt man oft in einem der heutigen Sommersitze von Apéri, in Mertona, Kyra Panagiá oder Katodio.
Die Bewohner von Apéri waren schon seit jeher wohlhabender als die anderen Insulaner. Schon damals, als sie ab 1910 nach New Jersey auswanderten. Und als sie zurück kamen, waren sie noch reicher. Trotzdem sagt man ihnen nach, geizig zu sein. So behauptet man beispielsweise, die Verbreiterung der Dorfstraße würde nicht voran gehen, weil die Bewohner kein Land dafür abtreten wollen. Da zeigt man sich gerne knauserig.
Vor dem Kafenion halten Wagen mit den Kennzeichen von New Jersey. Wenn der Bischof anwesend ist, wird er in einer großen schwarzen Limousine mit dem Kennzeichen MKK (Mitrópolis Karpáthou kaí Kasou) herumgefahren. Wenn er aussteigt, lassen sogar kleine Jungs den Fußball sausen, um dem Bischof die Hand zu küssen.

Seine Kirche, die große Metropolitankirche aus dem Jahr 1856, ist der Mariä Entschlafung (Maria Himmelfahrt) geweiht. Zu diesem Feiertag findet jedes Jahr am 15. August in Apéri ein großes Kirchfest statt. Über 2.000 Leute kommen dann zusammen und der Kirchplatz ist gerammelt voll mit Tischen und Bänken. Kein Emigrant lässt sich diese Party entgehen, denn sie ist Heiratsmarkt und Dorffest in einem. Wer gegessen hat, muss sofort wieder aufstehen, um Platz für die nächste Runde zu machen. Trotz aller Mühe: Jedermann ist willkommen. Von der Entstehung der Kirche erzählt man sich folgende Geschichte: Ein Mann hatte an der Vronti-Bucht ein dickes Brett gefunden und wollte es mit der Axt spalten, um es als Feuerholz mitzunehmen. Als er es umdrehte, war es eine blutende Panagiá-Ikone. Er brachte sie in seine Hütte. Aber am nächsten Morgen war sie verschwunden. Der Mann folgte der Blutsspur und landete in Apéri. Nachdem die Ikone drei Mal auf wundersame Weise wieder dort gelandet war, verstanden alle: Hier wollte die Mutter Maria ihr Gotteshaus haben. Und so geschah es auch. Die gespaltene Ikone mit Gold und Silber überzogen, ist rechts in der Kirche zu sehen. Am Dorfplatz zwischen 400 Jahre alten Platanen ist eine Quelle mit einem kleinen Brunnen. Das Wasser soll alle Sünden abwaschen, was sicher eine praktische Sache ist.

Traditionell bekam hier die erste Tochter das gute fruchtbare Land in Apéri vererbt. Die nachfolgenden Töchter bekamen das wertlosere Land in Pigadia, welches ebenfalls zu Apéri gehörte. In den letzten 20 Jahren hat sich das Land in Pigadia natürlich als der eigentliche Reichtum erwiesen, so dass die

Nachgeborenen doch einmal Glück hatten. Am 23./24. Juni gehen in Apéri alle unverheirateten Frauen zu einer Quelle in Mertonas und füllen Wasserkrüge auf. In die Krügen werden Früchte eingefüllt, in die man die Anfangsbuchstaben desjenigen Mannes einritzt, den man gut findet. Am nächsten Tag nimmt jede Frau einen Schluck Wasser aus dem Krug in den Mund und geht die Dorfstraße entlang. Den Männernamen, den sie dann zufällig als erstes auf der Straße hört, wird auch ihr Zukünftiger tragen. In diesem Moment wird das Wasser auf den Boden gespuckt. Man kann dieses Ritual viele Jahre mitmachen, so dass die Wahrscheinlichkeit am Ende doch sehr groß ist, dass dieser Name und der des Auserwählten zusammen passen.

Historisches:

Oberhalb von Apéri hat eine Burg gestanden, die vermutlich zwischen dem 7. und 9. Jahrhundert n. Chr. gebaut wurde. In dieser Zeit wurde sehr viel gekämpft und die Menschen zogen sich aus den Ebenen in die Berge zurück. Die Burg wurde Koraki, also Krähe genannt. Die Archäologen wissen relativ genau, wie sie ausgesehen haben muss. Leider sind heute jedoch nur noch Ruinen vorhanden. Von Apéri aus ist der Weg dorthin ausgeschildert.

Wie kommt man hin

Bus:

Apéri–Pigadia–Apéri: Auf der Route 3 pas-

siert der Bus die Ortschaft Apéri. Der Rückweg verläuft auf derselben Route. Genauer Fahrplan und Routing der Busse: Siehe Kapitel „Wissenswertes von A bis Z/Busverbindungen" S. 49.
Bushaltestelle: An der Brücke

Taxi:
Taxiruf: 22 705
Apéri–Pigadia: € 5/Fahrtdauer: 10 Minuten
Apéri–Flughafen: € 13/Fahrtdauer: 30 Minuten
Weitere Fahrpreise: Siehe Kapitel „Wissenswertes von A bis Z/Taxi" S. 75.

Restaurants

Restaurant Four Seasons
Der Architekt, der dieses historische Gebäude unterhalb der Bischofskirche renovierte, hat ganze Arbeit geleistet. Und das im Sommer 2001 neu eröffnete Restaurant hat nun das Glück davon zu profitieren. Auf der hübschen Terrasse sitzt man angenehm im Halbschatten und hat einen perfekten Blick auf die am Hang liegenden Fassaden des Dorfes. Die Speisekarte verspricht, wie in den anderen drei Lokalen dieser „Kette", hauptsächlich italienische Gerichte. Freundlicher Service und schmackhaftes Essen!

To Jéfiri
Es ist keine geografische Meisterleistung, diese Taverne in Apéri zu entdecken. Erst recht nicht, wenn Sie ein paar Brocken griechisch sprechen. „Jéfira", die Brücke und genau dort befindet sich diese Taverne, die vor allem einfache griechische Snacks wie Souvlaki oder Pita Gyros serviert.

Geschmacklich gesehen wird Sie das Essen zwar nicht „umhauen", aber es ist immer wieder spannend, das griechische Leben im Zentrum von Apéri hautnah zu erleben. Frei nach dem Motto: „Dabei sein ist alles".

Cafeteria/Snackbar
Wir hatten den Eindruck, dass der Besitzer dieser Kneipe sich nicht recht für eine gastronomische Linie entscheiden konnte. Es ist keine Taverne, kein Kafeníon, kein Jugendtreff, kein Schnellimbiss, keine Spielhölle, aber auch kein Restaurant. Aber von jedem steckt ein bisschen drin: Es gibt eine recht umfangreiche Plattensammlung, mehrere Spielautomaten, eine hübsch bestuhlte kleine Terrasse, eine Theke mit fertig gekochten Snacks und einen dicken Fernseher. Lassen Sie sich überraschen.

Was kann man unternehmen:

Wandern:
Siehe Kapitel „Aktiv und Sportlich/Wandertour 11a/b", S. 213, 214.

Kultur:
Besichtigung der Bischofskirche
Wanderung zum Kloster Agios Géorgios Vassón

Baden:
Nicht zu verachten ist ein Badetag an der Bucht von Acháta. Sie können es sich bequem machen auf den Liegenstühlen und eine hübsche kleine Bar sorgt bis ca. 18 Uhr für Ihr leibliches Wohl. Öffentliche Süßwasserduschen und Toiletten vorhanden.

Kyra Panagiá

Kyra Panagiá ist eigentlich kein Ort, sondern der Sommersitz von Apéri. Eine zauberhafte kleine Bucht, die zwischen zwei rostroten Felsen liegt. Erhaben bewacht eine rot-weiße Kirche den Strand. Der ist 300 Meter lang und mit flachen Kieselsteinen durchsetzt. Eine vorragende Klippe wird als Sprungturm genutzt. Eine perfekte Idylle für Familien mit Kindern.

Früher gab es hier keine Ortschaft. Nur im Sommer kamen die Menschen von Apéri herunter um ihre Felder zu bestellen. An den steilen Hängen rund um eine weiße Bucht wachsen Weintrauben und Obstbäume. Im Tal entspringt die Quelle „Tó Kamári", was soviel wie „Stolz der Familie" oder „Schätzchen" bedeutet.

Heute gibt es oberhalb der Bucht eine Hand voll Pensionen und Hotels. Der Strand ist ein Traum: weißer Sand, der flach ins Wasser abfällt, 40 Sonnenschirme, Liegestühle. Zwei kleine Bars machen die Sache perfekt. Das weiße Kirchlein auf den Felsplateau heißt Kyra Panagiá. Sie wurde von einem Kapitän errichtet, der in einen Orkan geriet. Er wusste weder ein noch aus und betete zur Panagiá. Diese ließ ihn auf einer gewaltigen Woge an den Strand von Kyra Panagiá, also der Muttergottes, stranden.

Jahre später kam er zurück und erinnerte sich an sein Versprechen. 1883 ließ er aus Dank die Kreuzkuppelkirche bauen, deren Kirchfest immer am 22. August stattfindet.

Wie kommt man hin/rum:

Bus:
Nach Kyra Panagiá gibt es keine öffentliche Busverbindungen.

Schiff:
Da die Straße hinunter nach Kyra Panagiá sehr kurvenreich und für den Busverkehr nicht geeignet ist, haben sich die Fischer und Schiffsbetreiber eine Alternative für die Anreise ausgedacht. Vom Hafen in Pigadia gibt es einen regelmäßigen Bootsverkehr. Morgens um 8.30/9.30 Uhr legen zwei Ausflugsboote ab und kehren gegen 17.30 Uhr (16.30 Uhr Abfahrt in Kyra Panagiá) zurück nach Pigadia. Kosten: € 4,50/einfach

Taxi:
Taxis bestellen Sie unter der zentralen Taxi-Rufnummer: 022705
Pigadia–Kyra Panagiá: € 12/Fahrtdauer: ca. 30 Minuten
Flughafen–Kyra Panagiá: € 24/Fahrtdauer: ca. 1 Stunde
Weitere Ziele und entsprechende Preise siehe unter „Wissenswertes von A bis Z/Taxi" S. 75.

Unterkunft

Akrópolis Studios
Tel./Fax: 031 503
Diese Unterkunft kann sich eines fantastischen Blickes auf das Meer rühmen, denn direkt auf einem Felsen schmiegt sich diese hübsche und familiäre Unterkunft in die

Landschaft. Die wenigen Tische auf der traumhaften Terrasse sind in erster Linie für die Gäste der Pension reserviert, und nur mit viel Glück haben Passanten die Chance, ein von der Wirtin gezaubertes Abendessen bei untergehender Sonne zu genießen. Also wichtig: Wer genial logieren möchte, sollte frühzeitig im voraus buchen! Einfach vorbeikommen und eines der wenigen Zimmer buchen, kann man sich hier abschminken.
Veranstalter: Attika
Doppel: € 35
Studio: € 44–50

Paradise Studios
Tel. 031 300/71 094, Fax: 031 099/mobil: 097/34 26 266
Sofia scheint ein Talent für Gastfreundschaft zu haben, denn ihre Besucher fühlen sich pudelwohl und nicht wenige planen ihre Rückkehr. Die familiäre Atmosphäre entschädigt für die einfachen, aber sauberen Zimmer. Trotz aller Bescheidenheit: Was hier zählt, ist die Ursprünglichkeit Griechenlands, die der Gast nicht zuletzt am Abend in kulinarischer Form – frisch aus dem Garten und dem Meer – serviert bekommt. Gutes Preis-Leistungsverhältnis.
Übrigens: Auf Wunsch bekommen Sie einen „Lift" in die Stadt.
Veranstalter: Attika, Jahn Reisen
Doppel: € 21 (NS)/€ 27 (HS)/inklusive Frühstück
Apartment (bis 4 Pers.): € 36 (NS)/€ 44 (HS)/inklusive Frühstück

Párthenon Apartments
Tel. 01 383
Direkt neben der Pizzeria gelegen, können Sie funktionelle Apartments mieten, die sehr

geräumig sind, aber leider die Gemütlichkeit etwas vermissen lassen. Pluspunkt: Die schöne Aussicht auf die Bucht.
Veranstalter: Attika, Jahn Reisen
Preis: Auf Anfrage

Hotel Kyra Panagiá
Tel./Fax: 01473
Klein, aber fein, heißt das Motto dieser Unterkunft, denn sie ist eine der komfortabelsten Anlagen auf ganz Karpathos. Sie logieren in angenehmen Zimmern und Studios, die mit TV und Telefon ausgestattet sind. Die Anlage bietet auch für Familien entsprechende Bedingungen: Im hübschen Garten gibt es für die Kleinen einen Pool und einen Spielplatz. Die „Großen" können einen Drink an der hoteleigenen Bar nehmen, allerdings ist das sonstige Nachleben eher bescheiden.
Veranstalter: TUI, Kreutzer
Studio: € 47 (NS)/€ 53 (HS)/inklusive Frühstück
Apartment (bis 4 Pers.): € 60 (NS)/€ 66 (HS)/inklusive Frühstück

Restaurants

Akrópolis Restaurant
Dieser Platz über dem Meer ist nicht nur bei uns zum unumstrittenen Lieblingsplätzchen avanciert. Sie können zwar versuchen, hier zum Abendessen einen Platz zu ergattern. Ob es Ihnen jedoch gelingen wird, bleibt offen. Die Anzahl der Tische auf der genialen Terrasse ist sehr beschränkt und meist sind diese schon für die dort logierenden Gäste reserviert.

Pizzeria

Das Outfit der einzigen Pizzeria in Kyra Panagiá lässt einen Hauch von Sterilität aufkommen, aber die Lage sowie die Qualität der italienischen Gerichte machen die wenig gemütliche Atmosphäre wett.

Sofia's Famous Taverna

Sofia kocht nicht nur für ihre Pensionsgäste, sondern auch gerne für Passanten, die ihre landestypischen Gerichte kosten möchten. Ihr Gemüse kommt aus dem Garten und wird nach Art des Hauses zubereitet, genau wie der Fisch, den ihr Mann Vasilios morgens fangfrisch von seiner Tour mitbringt. Sehr zu empfehlen!

Taverna Nr. 1

Wie der Name schon sagt ist diese Taverne

als einzige ihrer Art in Kyra Panagiá bisher konkurrenzlos am Ort geblieben. Man sitzt sehr hübsch im Schatten in der Nähe des Strandes. Nicht nur das Essen ist sehr zu empfehlen, sondern auch die unter Umständen feuchtfröhliche Atmosphäre danach.

Ausflüge:

Per pedes:
Kato Lako:

Direkt hinter der Kirche führt Sie ein schmaler, leicht zugänglicher Pfad in ca. 20 Minuten in die nächst gelegene Bucht. Schöne, einsame Variante zum Baden. Natürlichen Schatten gibt es erst am Nachmittag, ansonsten Sonnenschirme gegen Gebühr.

Jedes Jahr im August kehren die „Frisbees" für ein paar Wochen zurück in ihre Heimat

Nick Karagioris – vom Tellerwäscher
zum Besitzer einer gutgehenden
griechischen Taverne in Amerika

Falls Ihnen der Weg bei der Hitze zu weit ist, nimmt Sie auch das Ausflugsboot „Sofia" gegen 10 Uhr in Kyra Panagiá mit hinüber in die Bucht. Preis: € 10.

Per Mountainbike:
Siehe „Aktiv und Sportlich/MB-Touren 6–8", S. 225.

Per Schiff:
Die „Sofia" bringt Sie morgens täglich, bzw. nach Absprache, in die umliegenden Buchten (genaue Abfahrt am Schiff erfragen). Das kleine Ausflugsboot liegt in der Regel am Strand und wartet auf seine Gäste. Ansprechpartner für diese Schiffstouren ist Vasilios vom Paradise Restaurant.
Mögliche Touren: Nach Pigadia, Kato Lako, Apella, Acháta oder Ag. Ioánnis

Wichtige Tipps und Infos:

Telefonieren.
Telefonieren per Festnetz ist in Kyra Panagiá unglaublicherweise immer noch ein großer Akt. Nicht einmal das bisher funktionierende Telefon bei Sofia im Paradise Restaurant hatte zur Zeit unserer Recherche eine Leitung. Die Hoffnung auf einen umfassenden Anschluss bleibt.

Voláda

Das kleine Bergdorf Voláda drückt sich in eine Art Rinne am Hang des Lastos- **Gebirges und gibt den Blick zum Meer frei. Palmen und Zypressen stehen in den Gärten der alten Häuschen. Die enge Dorfstraße schlängelt sich steil bergauf, viel zu eng für die amerikanischen Jeeps und Vans, die hier bevorzugt gefahren werden. Touristen gibt es hier keine: Nur Frisbees – ausgewanderte Karpathioten – die regelmäßig nach Karpathos zurückkehren.**

In den kleinen, schattigen Tavernen 440 Meter über dem Meeresspiegel sitzen die Heimkehrer mit den Daheimgebliebenen und kloppen Karten. Fast alles ist noch so wie früher. Nur dass Voláda heute ein reiches Dorf ist. Man sieht es an den Häusern. Sie sind entweder neu oder komplett renoviert. Von hier aus sind fast alle jungen Leute nach New Jersey ausgewandert, als das Dorf noch arm war. Damals wurde Getreide, Bohnen und Oliven angebaut. In der Schlucht wuchsen Aprikosen und Zitronen. Noch heute sind die Gärten in Voláda üppig und an Quellen mangelt es nicht. Trotzdem: Die Ernte reichte nicht aus, um fürs Überleben zu sorgen. Deshalb gingen die ersten schon direkt nach der Jahrhundertwende, die letzten in den 70er Jahren des 20. Jahrhunderts. Einige wenige landeten in Australien, Kanada und Deutschland. Die meisten Bewohner sind in der Fremde zu Geld gekommen und kehren erst nach der Pensionierung ins Dorf zurück. Die Exilanten aus dem amerikanischen Port Elisabeth haben eine Art Förderverein gegründet. In einem original karpathiotischen Haus trifft man sich und spielt Lyras oder erzählt von alten und neuen Zeiten. Außerdem kümmert sich der Verein „Omonia" in New Jersey um die Belange des Dorfes. Man lässt sich die schöne

Heimat etwas kosten. Ehrenpräsident Nick und der Ex-Vizepräsident Manuel spenden regelmäßig. Überhaupt haben die Leute von Voláda den Ruf großzügig zu sein: Der Friedhof und die Schule wurden mit amerikanischen Dollars finanziert. Ebenso der Erhalt der Kirchen. Die Pfarrkirche ist Marias Geburt geweiht und über und über mit Fresken geschmückt. Bemerkenswert ist auch die Stavros-Kapelle. Sie liegt, von Weitem sichtbar, auf einem schmalen Grad des Kástro-Berges. Um sie herum die Reste der mittelalterlichen Burg Cornaros, die einer venezianische Adelsfamilie gehörte, die Karpathos von 1306 bis 1538 beherrschte. Von der Burg ist heute fast nichts mehr zu finden. Man weiß aber, dass Voláda zu dieser Zeit der Hauptort der Insel war.

Griechisch oder amerikanisch?

Nick ist 1956 von Piräus mit der „Queen Elisabeth" nach New York, Pier 52 gefahren. Er war damals 18 Jahre alt und arbeitete 72 Stunden in der Woche für 41 Dollar. Außer, das er davon lebte, musste er auch noch einen Scheck über 30 Dollar nach Hause, nach Voláda, schicken. Denn dort hatte die Familie einfach nichts zu essen. Sie aßen Feigen und tranken Wasser drauf – das stopft. Heute hat Nick in den Staaten ein Restaurant mit 350 Plätzen. In zwölf Stunden ist er vom JFK-Flughafen in Karpathos und er kommt jeden Sommer. Die amerikanische Flagge weht vor dem Haus. Auf der Terrasse steht ein Elektrogrill der Marke Sunbean, so groß wie eine Musikbox. Der Ehrenpräsident der „Omonia", des griechischen Fördervereins in New Jersey, steht in kurzen Hosen davor und brät griechische Würstchen. Die Kinder machen sich derweilen Low-fat -Popcorn in der Mikrowelle. Am 4. Juli wird im Haus von Nikolas Karagioris ein Fest gefeiert, bei dem sich die Kulturen vermischen. Man feiert mit allen Freunden und Verwandten den Tag der amerikanischen Unabhängigkeit. Zu trinken gibt es Cola-Light und Whisky, zu essen Moússaka. Keine griechische Insel ist amerikanischer als Karpathos und keine ist traditioneller als Karpathos. Doch da die meisten Menschen in Amerika leben, vermischen sich die Kulturen. Tante Mariza kann als einzige kein englisch, sie ist damals dageblieben. Sie liest die Zukunft aus dem Kaffeesatz. Es geht um Liebe, Geld und Nachwuchs. Die Kinder spielen draußen Basketball und sprechen breiten amerikanischen Slang. „Wir bringen die Kinder im Sommer her, damit sie griechisch lernen, aber sie sprechen englisch miteinander", sagen die Mütter resignierend. „Was wird aus unserer Tradition"?

Der Name Voláda kommt wahrscheinlich von dem griechischen Wort „Volaka", was „Stein" bedeutet. Das sieht man auch. Denn in dieser Gegend liegen viele Steine herum. Die ehemaligen Sommerhäuschen von Voláda befinden sich in Kyra Panagiá.

Heute leben in Voláda noch 300 Einwohner. Nur im Sommer, wenn die „Frisbees" da sind, zählt man etwa 600. Es gibt einen riesigen Fußballplatz, der auch Hubschrauberlandeplatz sein kann, falls hier oben mal ein Unfall passieren sollte. Auf die Dorfbewohner aus dem nur 9,5 Kilometer entfernten Apéri ist man hier nicht allzu gut zu sprechen: Die Frauen aus Apéri haben angeblich denen aus Voláda die besten Männer weggeheiratet. Wo man doch eigentlich daran interessiert ist, die Kinder untereinander zu verheiraten.

Wie kommt man hin/zurück:

Voláda–Pigadia–Voláda: Auf der Route 3 passiert der Bus, der von Pigadia kommt, die Ortschaft Voláda. Der Rückweg verläuft auf derselben Strecke. Genauer Fahrplan und Routing der Busse: Siehe Kapitel „Wissenswertes von A bis Z/Busverbindungen" S. 49. Bushaltestelle: Vor dem Gemeindehaus

Taxi:
Taxiruf: 022 705
Voláda–Pigadia: € 6/Fahrtdauer: 15 Minuten
Voláda–Flughafen: € 15/Fahrtdauer: 45 Minuten
Weitere Fahrpreise: Siehe Kapitel „Wissenswertes von A bis Z/Taxi" S. 75.

Restaurants

Restaurant Klimatariá
Margarita führt in Voláda ein uriges Restaurant. Vorne auf der kleinen Terrasse zur Straße hin, sitzen die alten Griechen, plaudern, spielen Tavli oder lesen Zeitung. Drinnen spielt eine andere Gruppe von Alten Karten und auf der weinrebengedeckten Terrasse nach hinten können Besucher die frisch zubereiteten und täglich wechselnden karpathiotischen Spezialitäten der Chefin genießen.

Psistariá O Antónis
Am oberen Ende des Dorfes finden Sie ein Restaurant, das schon fast professionell arbeitet und zudem eine herrliche Aussicht von der Terrasse ins Tal bietet. Die Speisekarte ist sehr umfangreich und auch die Art der Zubereitung und die Qualität der Gerichte ist besser als gewohnt. Unbedingt probieren sollten Sie die Shrimps Kebab.

Kafeníon Kali Limi
Absoluten Kultstatus besitzt das Kafeníon von Thanássis. Genau gegenüber dem Restaurant Klimatariá gelegen, können Sie sich problemlos zwischen die Einheimischen gesellen und obwohl Thanássis kein englisch oder deutsch spricht, werden Sie sich bestimmt blendend „unterhalten". Meist ist der Kühlschrank leer, zumindest was Essbares angeht, aber falls Sie Hunger bekommen, bestellt Thanássis mal kurz den „Souvlaki-Express", und bald darauf bringt sein Spezialservice die leckersten Souvlaki von ganz Karpathos ins Haus.

*Voláda, eines der hübschesten
Dörfer auf Karpathos*

*Im Kafenion bei Thanássis ist der
Kühlschrank immer leer. Für
hungrige Gäste aktiviert er seinen
grandiosen „Souvlakiexpress"
und bestellt in der Stadt*

Unterkunft

Aparments Konstantina
Tel. 031 300/071 094, mobil: 097/3426 266,
Fax: 031 099
Die einzige Unterkunft in Voláda finden Sie
exponiert am Berg gelegen im oberen Teil
des Ortes. Die 7 großzügigen Apartments
sind funktionell ausgestattet und bieten
genug Platz für eine ganze Familie. Hübsch
ist der Blick hinab auf den Ort. Guter
Ausgangspunkt für Wanderungen.
Doppel: € 20 (NS)/€ 27 (HS)
Apartment (bis 4 Pers.): € 35 (NS)/€ 44 (HS)

Was kann man unternehmen:

Wandern:
Siehe Kapitel „Aktiv und Sportlich", S.
214–217, Wandertour 12 bis 14.

Mountainbiking:
Siehe Kapitel „Aktiv und Sportlich", S. 224,
MB-Tour 5.

Kultur:
Die Stavros-Kapelle liegt, auf einem schmalen Grad des Kástro-Berges. Um sie herum
die Reste der mittelalterlichen Burg Cornaros.

Lastos

Kurz nach dem Ortsausgang von Voláda,
direkt in einer scharfen Kurve gelegen fin-

den Sie ein asphaltiertes Sträßchen, das Sie
hinauf auf die 800 Meter hohe Lastosebene
führt. Landwirtschaftlich kaum genützt ist
diese riesige Hochebene heute nur noch
Weidefläche für einige Ziegen und „Wo-
chenendresidenz" einiger Bewohner von
Voláda.

Touristisch gesehen ist die Gegend besonders für Wanderfreunde interessant, denn
hier starten zahlreiche lohnende Touren in
die Bergwelt von Karpathos (siehe
Wandertouren: Tour 12/13.)

Unterkunft/Restaurants

Taverna/Pension Thanassis
Tel. 031 304
Keine Frage: Auch wenn Thanassis in
Sachen Unterkunft und Verpflegung Konkurrenz auf der Lastosebene hätte, sein
„Basislager" wäre so oder so ganz oben auf
der Kult-Hitliste. Hier kann jeder eintreten,
der in der Bergwelt von Karpathos unterwegs ist – ob Thanassis zu Hause ist oder
nicht. „Take your drinks" steht in krakeliger
Handschrift auf einem Plakat und lädt jeden
Wanderer sorglos ein. „Das mit der
Bezahlung klappt schon irgendwie", sagt der
lustige Grieche, der zwar kaum ein Wort
englisch spricht, aber es trotzdem problemlos fertig bringt, ein unterhaltsames und
meist feuchtfröhliches Gespräch einzuläu-
ten. Die Unterkunft und Verpflegung ist
zwar äußerst bescheiden, aber die Atmosphäre macht alles locker wett!
Ein absolutes Muss.
Preis: Auf Anfrage

Óthos

Wie ein halbes Amphitheater hängt das höchstgelegene Dorf Óthos (518 m) im Berg. Früher fiel im Winter sogar manchmal Schnee. Die Ortschaft wurde im Mittelalter gegründet und das Leben ist hier nach wie vor beschaulich. Vom ganzen Dorf aus hat man auf Pigadia einen Panorama-Blick der Sonderklasse. Auf einem Hügel steht einsam eine kleine weiße Kapelle mit blauem Dach.

Früher waren nahezu alle Bewohner Landwirte. Das ganze Dorf ist von Feldern und Olivenhainen eingerahmt (leider hat es seit 1999 nicht mehr geregnet). Und um die Siedlung herum standen 30 Windmühlen. Heute bekommen die alten Leute gute Pensionen aus Amerika und die Jungen betreiben nur pro Forma ein bisschen Landwirtschaft: Ein paar Ziegen stolpern herum und die Olivenhaine werden – wie in fast allen Dörfern – nur soweit gepflegt, dass man die Subventionen der EU einstecken kann. Man zählt im Winter etwa 380 Einwohner, im Sommer entsprechend mehr. Der Postmann kommt drei Mal in der Woche und bringt Zeitungen und Schecks aus Übersee. Früher brachte er auch Briefe. Doch heute wird telefoniert – man kann es sich auch leisten. Es ist ein gutes Leben geworden, finden die Alten. Die Kinder haben alle Häuser und die eigene Rente aus den Staaten reicht locker. Damals, als sie gingen, waren sie noch bettelarm. Mit der ersten Auswanderungswelle gingen die Leute nach Ohio und nach dem Krieg hauptsächlich nach New York. Nur wenige gingen nach

Kanada, Australien, Simbabwe, Athen und Rhodos. Die Alten und Zurückgebliebenen beschweren sich im Dorf: Es gibt in den letzten Jahren in Óthos immer weniger Hochzeiten. Neuerdings werden die gleich in den USA gefeiert.

Die große Pfarrkirche von 1886 ist der Verklärung des Erlösers geweiht. Das Kirchfest wird am 6. August zelebriert. Viel schöner ist jedoch die kleine Kapelle in der Dorfmitte mit einem traditionellen Meereskieselboden. Gleich daneben befindet sich ein wunderbarer Tante-Eleni-Laden, die griechische Version des Tante-Emma-Ladens. Er wird von der Frau des Dorfpopen Grigóris geführt. Dieser Laden ist ein Meisterwerk der Logistik, denn auf wenigen Quadratmetern ist hier vom Spitzer bis zum Lebkuchengewürz alles untergebracht, was ein Kunde je brauchen könnte.

Auch ein berühmter Lyraspieler wohnt in Óthos. Kostas Vassilarakes holt noch ab und zu seine Lyra raus und spielt im Kafeníon seiner Tochter, dem Zéfiros. Zweimal im Jahr kommen Volkstanzgruppen aus Deutschland und tanzen nach Kostas Musik. Ein kleines Heimatmuseum befindet sich am Dorfeingang. Hier kann ein Original-Karpathiotisches-Haus besichtigt werden. Geführt wird es vom Dorfkünstler Ioannis Chapsis, der jetzt schon über achtzig ist und sich über jeden freut, der sich für seine Kultur interessiert. Bei ihm kann man nach dem Schlüssel fragen. Gegen ein kleines Entgeld bekommen Sie eine Führung in der Sprache Ihrer Wahl: Ioannis kann diverse Fremdsprachen. Die Krux dabei ist nur: Sie werden nichts verstehen. Es sei denn, Sie können griechisch.

Stés

Stés ist kein richtiges Dorf, sondern nur die Sommersiedlung oberhalb von Óthos, in der sich eine Reihe verfallener Windmühlen befinden. Die Lage wird als die fruchtbarste von ganz Karpathos beschrieben. Viele Quellen sorgen auch während der größten Hitze für genügend Feuchtigkeit. Meist bilden sich sogar kleine Teiche. Kein Wunder, dass hier Wein und Korn gut wachsen. Im Norden ragt das Gebirge des Kalí Limní empor.

In Stés finden Sie das Kirchlein Panteleímonas, dessen Kirchweihfest vom 27. bis 29 Juli dauert. Dann strömen alle Leute aus Óthos und Umgebung nach Stés und feiern ein rauschendes Fest. Mit Essen, Trinken, Gottesdienst und Tanz. Fremde sind herzlich willkommen. Als Dankeschön für die Gastfreundschaft der Karpathioten sollten Sie eine kleine Spende in die Schale werfen, die reihum geht. Oder sonst Ihren Anteil diskret bezahlen. Das ist unter Griechen so üblich.

Wie kommt man hin/zurück:

Bus:
Óthos–Pigadia–Óthos: Auf der Route 3 passiert der Bus von Pigadia kommend die Ortschaft Óthos, um weiter zum Zielort Pilés zu fahren. Der Rückweg verläuft auf derselben Route.

Genauer Fahrplan: Siehe „Wissenswertes von A bis Z/Busverbindungen" S. 49.

Taxi:
Taxiruf: 022 705
Óthos–Pigadia: € 8/Fahrtdauer: etwa 15 Minuten
Óthos–Flughafen: € 16/Fahrtdauer: 45 Minuten
Weitere Fahrpreise: Siehe „Wissenswertes von A bis Z/Taxi" S. 75.

Restaurants

Taverna Zefiros
Wer original karpathiotische Musik hören und nebenbei noch leckere landestypische Kleinigkeiten speisen möchte, ist hier am richtigen Ort. Auf den ersten Blick unterscheidet sich diese einfache Taverne in nichts von anderen Kneipen dieser Art. Aber wenn Opa Kostas Vassilirakis, und – wenn Sie Glück haben – vielleicht noch seinen Enkel traditionelle Musik machen, gewinnt die kultige Taverne eine bemerkenswerte Romantik.

Taverne Chatsantónis
Relativ unspektakulär ist auch das Outfit dieser Taverne. Nichtsdestotrotz: Sie ist nicht nur bei Einheimischen sehr beliebt, sondern auch bei den Besuchern, die auf Inselrundfahrt durch den Ort kommen. Die urige Taverne verspricht durch eine direkte Sicht auf die belebte Straße eine ebenso unterhaltsame wie schmackhafte Mahlzeit.

Was gibt es zu sehen:

Der Maler Íoannis Chapsis

Keine Frage: Ein Ausflug in den höchst gelegenen Ort von Karpathos lohnt sich. Wenn man Glück hat, trifft man einen der beiden berühmten Männer des Dorfes. Der eine ist der Lýra-Spieler Kosta Vassilirakis, (siehe Kapitel „Musik und Tanz" S. 36), der andere ist Íoannis Chapsis. Schuhmacher von Beruf, aber auch Frisör, Lehrer, Lyra-Spieler, vor allem jedoch Maler. Geboren in Ólympos, zog seine Familie sehr früh hinunter nach Óthos, wo das Leben weniger beschwerlich schien als im abgeschiedenen Norden. So nennt Íoannis das Bergdorf Óthos bis heute sein Zuhause. Berühmt wurde er über Karpathos hinaus. Jedoch nicht mit seiner Malerei, sondern mit dem Lyraspiel, nachdem er in Athen mehrere Schallplatten aufgenommen hatte. Seine Leidenschaft für die naive Ölmalerei entdeckte er erst spät, als sein Arzt ihm aufgrund eines Herzproblems verboten hatte, schwere Arbeiten zu verrichten. Seine auf Keramik und Pressholz gepinselten Werke erzählen auf humorvolle Weise vom karpathiotischen Alltag. Es sind seine eigenen Erlebisse, die er künstlerisch zum Ausdruck bringt. Bilder aus seinen Erinnerungen, aber auch Beobachtungen aus dem heutigen Leben: Brotbackende Frauen in Ólympos, ouzotrinkende alte Männer vor dem Kafeníon, Fischer bei der Arbeit oder andere typisch karpathiotische Szenen. Heute ist er vor allem stolz auf sein Atelier und das Heimatmuseum, das er gerne interessierten Touristen zeigt.

Landschaft um Spoa

Das Heimatmuseum

Direkt neben der Pfarrkirche des Ortes finden Sie ein feines Beispiel eines typischen
karpathiotischen Hauses. Zu sehen ist eine
authentische Ansammlung von Gegenstän-
den des täglichen Lebens: Möbel, Deko-
rationen, Kostüme, Instrumente und sogar
persönliche Fotos von karpathiotischen
Familien, die viele der einzigartigen Aus-
stellungsstücke zur Verfügung gestellt
haben.
Eintritt: € 1,50

Wandern:

Wandervögel finden in der Gegend um
Voláda und Lastos ausreichend Möglichkeiten (siehe Kapitel „Aktiv und Sport-
lich/Wandern", Tour 12–14, S. 214–217).

Pilés

**Eine kleine Ortschaft schlängelt sich
unterhalb des Gipfels des Kalí Limní entlang. Oft ist sie in leichten Nebel einge-
taucht und überall quellen üppige
Blumen über die Mauern. Die Gassen
sind so schmal, dass man die Wagen draußen lassen muss. Und die beiden Kafenia
sprechen sich ab, wann wer aufhat, denn
als Konkurrenten könnten beide nicht
überleben.**

Von hier aus kann man bis nach Kassos rüber
blicken. In Pilés ist es oft kühler als weiter
unten im Tal. Im Sommer wird es schnell

nebelig. Dann hängt viel Feuchtigkeit in der
Luft. Im Winter leben hier etwa 170 Leute
und im Sommer, wenn die Emigranten kommen, sind es 400 bis 500. In der Kernzeit des
Sommers zwischen dem 10. Juli und dem
10. August sollen es sogar noch mehr sein.
Für Pilés gibt es keinen typischen
Auswandererort: Man ging nach Sidney,
New York, Chicago oder sonst wohin. Man
sagt, es gibt hier nur etwa fünf Familien, die
richtig reich zurück gekommen sind. Aber
die sind dafür reicher als die von Óthos beispielsweise. Ansonsten hat man mit dem
Nachbarort Óthos eine gute Verbindung. Die
Leute heiraten sogar untereinander, was hier
nicht selbstverständlich ist.
Touristen gibt es eigentlich keine. Dabei hat
das Kafeníon Diethnés International von
Jorgos auch tagsüber empfehlenswerte Gerichte. Der Salat und das Gemüse stammt
frisch aus den Gärten des Dorfes, nur der
Feta-Käse kommt von der Nachbarinsel. Der
vordere Teil des Kafeníons ist alt, nur die
Küche ist beim Erdbeben von 1946 in den
Boden versunken und wurde wieder aufge-
baut.

60 Prozent der Bewohner von Pilés sind
Bauern. Für Karpathos eine Sensation. Hier
wird noch Olivenöl hergestellt, Honig produziert und es gibt viele Ziegen und Schafe.
Es werden Mandeln, Wallnüsse, Wein und
Getreide angebaut. In der Mitte des Dorfes
steht die Kirche Koímessis, in der jedes Jahr
am 15. August das Kirchweihfest stattfindet.
Es gibt auch eine Grundschule, die von
knapp 10 Kindern besucht wird.
Etwas weiter finden Sie eine Quelle. Man
sagt, dieses Wasser würde verrückt machen.
Deshalb sollen die Leute von Pilés auch

irgendwie etwas übergeschnappt sein. Fakt ist: Mit dieser Quelle werden fast alle Gärten des Dorfes bewässert. Daneben liegt eine kleine Kirche namens Timiou Starvou, die vor 40 Jahren fast verfallen war. Aber da erinnerte sich ein Mann an ein Versprechen, das er der Mutter Gottes gegeben hatte: Falls er als junger Mann in der Fremde seinen Weg machen würde, so würde er das Kirchlein, indem er getauft worden war, renovieren lassen. Obwohl er von der Institution Kirche längst nichts mehr hielt, löste Jorgos Nicos Grivas sein Versprechen ein und ließ die Kirche restaurieren.

Restaurants

Kafenion/Restaurant Diethnés

Dies ist eine der beiden Kneipen, die in Pilés für die Bewirtung der Gäste sorgen. In dem historischen Gebäude mit den schönen Türen serviert Geórgios leckere Kleinigkeiten zum essen und natürlich die typischen Getränke.
Alles Gemüse kommt aus dem eigenen Garten und die kleine Terrasse bietet einen tollen Blick. Touristen verirren sich hierher höchst selten und werden erfreut begrüßt.

Restaurant Panorama
Insider-Tipp:
Wer abends mal wirklich abseits von jeglichen Touristen zu Abend essen möchte, sollte bei Elias reinschauen. Da sich tagsüber zwei Kneipen in Pilés nicht lohnen, ist das Restaurant erst ab 20 Uhr geöffnet.
Elias, der gastfreundliche Wirt, hat sich auf Grillgerichte spezialisiert und das Gemüse,

das er dazu serviert, kommt wie überall hier oben aus dem eigenen Garten – ökologischer Anbau!

Lefkos

Hinter einem Felsvorsprung liegt eine kleine windgeschützte Bucht. Fischerboote dümpeln vor sich hin und wenn man weiter fährt merkt man, dass hier noch mehr Buchten sind. Lefkos, die ehemalige Sommersiedlung von Mesochóri ist eigentlich kein Ort, sondern eine Ansammlung von Apartments, Tavernen und kleinen Pensionen, die umringt sind von zauberhaften Stränden.

Hier an der Westküste, umrahmt von Pinienwäldern, gibt es klassisches Schmalspur-Badeleben. Kein Flair von einem Badeort. Keine Flaniermeile, nur eine Straße mit ein paar Autovermietungen, einem Kiosk und einige Tavernen. Aber die vier Strände sind wunderschön: Limani, der erste Strand, ist ein reiner Sandstrand. Sanft fällt der weiße feine Sand und geht langsam und seicht ins Wasser. Vor allem Mütter mit kleinen Kindern verbringen die Tage hier im Schatten der Tamariskenbäume. Um diese Bucht herum hangelt sich das Zentrum vom Lefkos. Der nächste kleine Strand heißt Limani Pounda (Hafen Pounda) Er wird von Felsen gerahmt. Im Norden folgt – durch Felsen und Inselchen getrennt – der Strand Frangolimiónas (Venezianer-Hafen). Da ab und zu eine höhere Welle einläuft, bleiben Familien mit kleineren Kindern eher fern.

Lefkos – perfekt für den Familienurlaub

Die Größeren haben hier ihren Spaß.
Am vierten Strand Potáli (Flüßchen) wird oft textilfrei gebadet. Durch die Entfernung vom Ort kann man hier noch Einsamkeit genießen.

Im Sommer kommen Familien mit Kindern, Wanderer und Mountainbiker nach Lefkos. Im Frühjahr und Herbst sind diejenigen hier, die völlig abtauchen wollen. Jahrelang schwor Björn Engholm, der ehemaligen Ministerpräsident von Schleswig-Holstein auf das totale Abschalten in Lefkos. Früher lebten die Bewohner von Mesochóri nur den Sommer über in ihrem Außendorf um den Wein und das Getreide zu ernten. Heute lässt sich mit dem Tourismus weit mehr Ernte einfahren. Trotzdem ist Lefkos ein kleiner gemütlicher Ort. Hier gibt es keine Hektik. Und angeblich auch keine Moskitos. Durch den kleinen Laden einer ehemaligen deutschen Reiseleiterin Elke Margetis, kann man hier den Luxus erleben, die Süddeutsche Zeitung oder den Spiegel zum Frühstück zu erstehen und außerdem übers Internet den Kontakt zur Außenwelt aufrecht zu erhalten. Das geht allerdings nur im Sommer.
Im Winter bleibt hier nur ein Schäfer und ein Hotelbesitzer.

Historisches:

Die Gegend um Lefkos ist für Archäologen besonders interessant. Deshalb kümmert sich seit dem Jahr 2000 der archäologische Service um Lefkos und hat an vielen Orten mit Ausgrabungen begonnen. Direkt am Hauptparkplatz wird im Moment (Sommer 2001) eine römische Villa ausgegraben.
Lefkos war schon sehr früh besiedelt. Aufgrund der bisherigen Funde geht man davon aus, dass die Funde aus der mykenischen, byzantinischen und der römischen Zeit stammen. Allerdings ist für den Laien nicht immer viel davon zu sehen.

Wenn man gezielt und mit archäologischem Blick schaut, kann man an den Berghängen einige sehr große Steine erkennen. Man sagt, diese wurden den Göttern als Geschenke überbracht.
Oberhalb des Strandes Frangolimiónas sind Gräber aus der mykenischen Zeit entdeckt worden. Einige wurde für Einzelpersonen errichtet, andere für zwei bis drei Sippenmitglieder. Da man keine Knochen mehr gefunden hat, fällt die zeitliche Zuordnung schwer.
Aus späterer Zeit stammt eine unterirdische Kammer in der Nähe des Hotels Lefkorama. Gegenüber des Hotels weist ein Schild mit der Aufschrift „Lefkos Roman Cisterns" in Richtung einer archäologischen Besonderheit. Ein Pfad führt von dort auf ein Terrassenfeld, auf dem sich viele bemerkenswerte Steinmauerreste befinden. Von hier aus hat man einen wunderbaren Blick auf die Bucht und alles absolut unter Kontrolle.
Ein wichtiger Aspekt zur damaligen Zeit.
Am Ende der Terrassenfelder finden Sie die Zisternen. Die Säulen aus massigen Felsblöcken werden heute von einem Baugerüst abgestützt. Vermutlich wurden die sieben Kammern als Gräber benutzt. Ein weiteres achtes Grab hat noch Seitengänge, in denen einige Statuen gefunden wurden. Für die Wissenschaftler ist es jedoch schwierig herauszufinden aus welcher Zeit diese Gräber sind, da sie in der folgenden römischen Zeit (1. bis 4. Jahrhundert n. Chr.) als

Zisternen oder Badehäuser benutzt wurden. Zu diesem Anlass wurden die Gräber erheblich umgebaut. Nur 100 Meter nach rechts befinden sich weitere Höhlen, die heute zur Viehhaltung genutzt werden. An den Wänden sind kleine Ablageflächen erkennbar, sozusagen historische Regale.

Direkt am Wasser, gleich neben dem Hafen, hat man vor einigen Jahren die Reste einer Kirche gefunden. Archäologen gehen davon aus, dass es sich um eine weitere frühchristliche Basilika handelt. Die Mauerreste der Apsis werden heute ganz banal zum Trocknen der Fischernetze benutzt und der Mosaikfußboden ist wieder mit Sand bedeckt, so dass eigentlich fast nichts von der Basilika zu sehen ist. Vermutlich hat sich im Laufe der Zeit der Wasserspiegel stark gehoben. Die Basiliken wurden zu jener Zeit immer in der Nähe des Meeres gebaut, damit die Seefahrer gleich erkennen konnten, dass an dieser Stelle Christen siedeln. In der Zeit vor Chr. bis etwa 600 Jahre nach Chr. legten hier die Schiffe aus Kreta und Rhodos an, insbesondere dann wenn es zu windig war, die Bucht vor Arkássa zu nutzen.

Vor dem Strand Frangolimiónas liegt eine kleine Insel: Sókastro. Dort wurden diverse Ruinen, Zisternen und Mauern gefunden. Man geht davon aus, dass diese Insel im 17. Jahrhundert n. Chr. mutmaßlich nur eine Piratenunterkunft und kein fester Wohnort war, denn es gab keine Quelle und es wurden keinerlei Häuserreste gefunden. Vermutlich wurden hier nur Wasser und Nahrungsmittel gelagert. Am Nordrand der Insel existiert ein etwa 15 Meter langer unterirdischer Raum mit einem fünf Meter hohem Tonnengewölbe, der wie ein Lagerhaus aussieht.

Von dort konnte man per Spiegelung mit der Halbinsel Paleokastro Kontakt zu halten.

Legende des Stadtplans:
(Stadtplan auf Seite 163)

Unterkunft:

1	Hotel Sarris
2	Balcony on the Aegaen Studios
3	Aegaen View Studios
4	Golden Sands Studios
5	Sunset Studios
6	Studios Tría Delfinia
7	Nereída Studios
8	Agrogiáli Studios
9	Koralli Studios
10	Lefkosía Studios
11	Blue Swan Studios

Restaurants:

12	Le Grand Bleu
13	Small Paradise
14	Sunlight Restaurant

Sonstiges:

15	Autovermietungen

Wie kommt man hin/rum:

Bus:

Lefkos–Pigadia–Lefkos: Von der Bushaltestelle am großen Parkplatz fährt der Bus auf der durchgehend asphaltierten Straße über Finíki, Arkássa, Menetés nach Pigadia. Die Fahrt dauert ca. 1,5 Std.

Da sich die Abfahrtszeiten ständig ändern, sollten Sie den aktuellen Plan vor Ort einholen, am besten am Restaurant Le Grand Bleu.
Fahrtkosten: € 3

Lefkos–Flughafen: keine öffentliche Busverbindung.

Taxi:
Taxis bestellen Sie unter der zentralen Taxi-Rufnummer: 22705
Lefkos–Pigadia: € 22/Fahrtdauer: ca. 1 Std.
Lefkos–Arkássa: € 10/Fahrtdauer: ca. 30 Minuten
Lefkos–Flughafen: € 25/Fahrtdauer: ca. 11/4 Std.

Autovermietung (siehe Stadtplan):

Lefkos Rent a Car
Tel. 071 057, Fax: 071 377
Drive Rent a Car
Tel. 071 415, Fax: 061 249
Beide Verleihfirmen sind direkt an der Hauptstraße ansässig. Es stehen Ihnen Fahrzeuge vieler Kategorien zur Verfügung. Die Preise sind vergleichbar mit anderen Anbietern auf der Insel. Wichtig: Klären Sie genau ab, für welche Schäden die angebotene Versicherung haftet (siehe auch „Wissenswertes von A bis Z/Mietfahrzeuge", S. 66)

Motoradvermietung:
Lefkos Rent a Motorbike
Tel. 071 112, Fax: 071 057

Fahrradverleih:
Infozentrum Le Grand Bleu:
Tel. 071 400-1-2, Fax: 071 402
E-Mail: grandbleu@ rho.forthnet.gr
Preis pro Tag: € 6

Unterkunft

Hotels:
Hotel Lefkorama
Tel. 071 173/071 179, Fax: 071 287
Aus dieser familiären Unterkunft, die kaum 400 Meter entfernt von bedeutenden archäologischen Ausgrabungen zu finden ist, ist ein kleiner familiärer Hotelbetrieb geworden, der sich einer treuen Fangemeinde erfreut. Besonders Wanderfreunde und Individualisten, die etwas abseits des Ortes den, wenn auch wenigen, Touristen entfliehen wollen, sind hier gut aufgehoben. Etwa 1,5 km von Lefkos entfernt (per Wanderpfad ca. 20 min Fußmarsch) wohnen die Gäste in 10 einfachen, aber hübschen Zimmern, die alle über einen Balkon verfügen. Es empfiehlt sich, in der Hochsaison frühzeitig zu reservieren, da das Haus schnell ausgebucht ist! Für Besucher, die Strandnähe bevorzugen, vermietet Familie Papadáki ein Apartment für 4 Personen, das sich auch besonders für Familien eignet.
Veranstalter: TUI
Doppel: € 18–20 (NS)/€ 24–27 (HS)
Apartment: € 30 (NS)/€ 35–37 (HS)

Frangolimiónas-Strand:

Sarris Hotel
Tel. 071 494, Fax: 071 498
Dies ist ein ruhiges, familiengeführtes Mittelklassehotel, das sich etwas abseits vom Ortszentrum befindet. Die Zimmer sind nett eingerichtet und können sich eines hübschen Blickes über das Meer rühmen. Was die Versorgung der Gäste angeht, ist demnach alles in Ordnung. Leider fehlt nur eines: die Gemütlichkeit.
Veranstalter: Jahn Reisen, Kreuzer
Doppel: € 30 (NS)/€ 35 (HS)/ohne Frühstück

Balcony on the Aegean Studios
Tel. 071 416/071 258/0 22 787
Die Zimmer in dieser Unterkunft sind hübsch im Ikea-Stil eingerichtet, der Balkon bietet beste Aussicht auf das Meer und der Strand ist auch nicht weit. Leider stimmt das Preis-Leistungsverhältnis nur in der Nebensaison.
Doppel: € 24 (NS)/€ 30–55 (HS)

Aegaen View Studios
Tel.0 71 416/071 258/022 787
Direkt am Strand befindet sich diese Unterkunft, deren Ausstattung weder extrem im Positiven, noch im Negativen auffällt. Die Atmosphäre ist angenehm, die Zimmer ordentlich und sauber, die Aussicht ist nett.
Veranstalter: Tjaereborg
Preis auf Anfrage

Golden Sands Studios
Tel. 071 203/071 175, Fax: 071 219
Mittelmäßig, könnte man sagen, wenn man diese Unterkunft beschreiben möchte. Die Lage ist in Ordnung, da direkt am Strand, die Zimmer sind einfach und funktionell.
Apartment (bis 4 Pers.): € 30 (NS)/€ 44 (HS)

Sunset Studios
Tel. 071 416/071 258/022 787
Unser Spitzenreiter für Lefkos in Sachen Studios. Im Vergleich zu den zahlreichen Unterkünften in dieser Gegend schneiden die Sunset Studios am besten ab, und zwar

aus folgenden Gründen: Die Lage ist sehr ruhig, vom Hotel aus genießt man eine hervorragende Aussicht (besonders bei Sonnenuntergang) und die Freundlichkeit des Personals ist in dieser Unterkunft äußerst bemerkenswert. Die Zimmer sind sehr sauber und verfügen über einen höheren Standard, obwohl der Preis vergleichbar ist mit anderen Anbietern. Verlangen Sie ein Studio, das mit typisch karpathiotischen Hochbetten ausgestattet ist!
Veranstalter: Attika
Doppel: € 30 (NS)/€ 37 (HS)

Studios Tría Delfinia

Tel. 071 406, Fax: 071 404
Direkt hinter dem gleichnamigen Restaurant betreibt der Besitzer der Taverne eine kleine Pension mit 8 Zimmern/Studios. Jedes besitzt einen Balkon mit Blick zum Strand. Die Ausstattung entspricht dem üblichen Standard.
Veranstalter: Attika
Doppel: € 27 (NS)/€ 30 (HS)/inkl. Frühstück

Limani Strand:

Nereida Studio

Tel. 071 464/071 137
Bei der Innenausstattung dieser neuen und zentral gelegenen Unterkunft hat sich der Besitzer etwas einfallen lassen. Er verwöhnt seine Gäste mit großzügigen Räumen und einer nagelneuen Ikea-Einrichtung, die zwar nicht jedermanns Geschmack ist, aber uns sehr gut gefallen hat. Unglücklicherweise hebt er sich nicht nur in der Ausstattung seiner Studios, sondern auch bei den Preisen

von seinen Mitstreitern ab.
Veranstalter: Attika, Neckermann, Kreutzer
Studio: € 30 (NS)/€ 38 (HS)

Potáli Strand:

Akrogiali Studios

Tel./Fax: 071 178
Die Zimmer sind hier genauso hübsch, wie der farbenfrohe Blumengarten vor der kleinen Anlage. Der obligatorische Balkon sichert jedem Besucher eine Portion Meerblick. Zum Strand sind es ungefähr 200 Meter und auch der Minimarkt mit Kartentelefon liegt direkt vor der Tür. Vor Lärmbelästigung kann man sich hier sicher sein, denn es gibt keine Straße in der Nähe. Sehr geeignet für Familien mit Kindern.
Veranstalter: Kreutzer
Preis: Auf Anfrage

Koralli Studios

Tel. 071 269
Das Plus dieser kleinen Anlage ist der Preis. Er ist im Vergleich zu ähnlich ausgestatteten Unterkünften an den zentralen Stränden sehr günstig, ohne an Ausstattung zu verlieren.
Studio: € 18 (NS)/€ 30 (HS)
Apartment (max. 4 Personen): € 24 (NS)/€ 35 (HS)

Lefkosia Studios

Tel./Fax: 071 176/E-Mail: oramacafe@hotmail.com
7 Studios mit hübscher Veranda stehen hier zu Ihrer Verfügung. Besonders die beiden Unterkünfte im 1. Stock haben uns gefallen,

denn die gigantische Terrasse garantiert zum Einen einen herrlichen Meerblick, zum Anderen unbeschwerte Zweisamkeit.
Studio: € 24–30 (NS)/€ 30–35 (HS)

Blue Swan Studios

Tel. 071 346, Fax: 071 274
Eine weitere Unterkunft der üblichen Art in der Gegend. Insgesamt gibt es hier 12 Studios, die alle über Meerblick verfügen. Im Vergleich zu den Konkurrenten zu teuer.
Studio: € 20 (NS)/€ 35 (HS)

Restaurants

Le Grand Bleu

Unübersehbar mitten im Ort finden Sie dieses hübsche Restaurant. Direkt am zentralen Hauptstrand von Lefkos, Limani, sitzt man auf einer schönen Terrasse und beobachtet aus sicherer Entfernung alles, was am Strand passiert. Die Karte ist reichhaltig und bietet für Frühstück, Mittagessen, Nachmittagskaffee und Abendessen eine leckere Auswahl. Und das nur ein paar Treppen vom Strand entfernt.

Small Paradise

Dieselbe Familie, die in Sachen Unterkunft auf Platz eins steht, verdient auch in Bezug auf ihr Restaurant ein großes Lob. Besonders die Liebhaber von familiärer Umgebung sollten einen Besuch in diesem kulinarischen „Paradies" nicht verpassen. Hervorragend sind landestypische Spezialitäten wie Loukomades oder Makkarones. Jeden Samstag gibt es als „Beilage" original karpathiotische Live-Musik.

Sunlight Restaurant

Eine charmante, urgriechische Taverne, dessen weinumrankte Terrasse erstaunliche Romantik verbreitet. Leicht zu finden liegt es ebenfalls in der Hauptbucht direkt neben dem Restaurant Le Grand Bleu.

Tria Delfinia

Das großräumige Terrassen-Restaurant befindet sich in unmittelbarer Nähe des Frangolimiónas-Strandes. Hier gibt es reichlich Auswahl an Gerichten und besonders beim Sonnenuntergang herrscht in diesem griechisch-deutschsprachigen Familienbetrieb eine schöne Atmosphäre. Wer Lust hat auf eine Bootstour, kann beim Besitzer „anheuern".

Blue Swan Restaurant

Spezialität des Hauses ist der frische Fisch, den die Besitzer Vassili und Michalis selbst harpunieren. Gerne nimmt er Übernachtungsgäste mit auf eine Tour. Hübsche Terrasse mit Meerblick.

Wichtige Infos und Adressen

Informationen:

Le Grand Bleu: Tel. 071 400-1-2, Fax: 071 402
E-Mail: grandbleu@ rho.forthnet.gr
Was immer Sie wissen wollen, gehen Sie zu Elke Schuhmacher-Margetis ins Le Grand Bleu. Sie lebt seit langem auf der Insel und kennt sich in allen Bereichen aus. Von ihr bekommen Sie alle Informationen, die ein Gast in Lefkos benötigt: aktuelle Busfahrpläne, Internet, Postkarten, Briefmarken, Wanderführungen, Ausflugsprogramme, Filme, Filmentwicklungen, deutsche Zeitungen

– einfach alles. Und was noch dazu kommt: Alles in Ihrer Muttersprache.

Telefon/Internet/Post: Le Grand Bleu (siehe oben).

Minimarkt: In mehreren kleinen Shops gibt es alles, was man braucht.

Krankenhaus: In Sachen medizinischer Versorgung sieht es in Lefkos schlecht aus. Dazu müssen Sie nach Mesochóri (Tel. 0 71 209), oder besser gleich nach Pigadia (siehe Pigadia/Kapitel „Wichtige Infos und Adressen" S. 97).

FKK: Wer gerne nackt badet, verlässt die letzte Bucht von Lefkos (Frangolimiònas) und trifft danach auf die FKK-Sandbucht Péridikas Potámi.

Kinder: Für Familien mit Kindern eignet sich vor allem der zentrale Hauptstrand Limani zum Baden. Das Wasser wird erst weiter draußen tief, so dass die Kleinen unbeschwert am Strand tollen können. Auch wegen Brandungswellen braucht man sich keine Sorgen zu machen, denn die Bucht wird durch eine Mole begrenzt. Schatten gibt es gratis durch ein paar Bäume oder man kann gegen Gebühr Sonnenschirme mieten. Für die Mamas und Papas gibt es in unmittelbarer Nähe ein nettes Restaurant, von dessen Terrasse man problemlos die Geschäftigkeit des Nachwuchses im Auge behalten kann. Auch die anderen Strände von Lefkos sind ungefährlich und für Kinder geeignet (siehe auch Kapitel „Die ultimativen Strände von Karpathos", 252–253).

Der kulturelle Norden

Spóa

Spóa ist das vergessene Dorf. Das, was Ólympos vielleicht einmal gewesen ist, bevor dort täglich 500 Touristen durchgeschleust wurden. Nach Spóa kommt niemand, obgleich es fast ebenso abgeschieden und ebenso traditionell ist. Hier tragen die Frauen keine Tracht, aber sie feiern das Osterfest ebenso aufwendig und Hochzeiten dauern drei Tage. Für Touristen ist Spóa jedoch immer nur ein kurzes stop-over, bevor es weiter nach Ólympos oder runter nach Pigadia oder Lefkos geht.

Das kleine Bergdorf klebt in einer Mulde, und zwar an der Stelle, an der Karpathos am schmalsten ist und der Bergrücken sich auf 500 Meter absenkt. Vor dem Dorf, an der Straße nach Mesochóri, stehen noch 20 verfallene Windmühlen, von denen heute noch drei funktionieren. Spóa soll nämlich das windigste Bergdorf im gesamten Mittelmeer sein. Ebenso wie in Ólympos, bleiben die Autos vor dem Dorfeingang stehen. Die Leute hier werden etwas spöttisch Österreicher genannt, weil sie öfter blond sind als auf der restlichen Insel. Die alten Leute sprechen hier kein italienisch, wie auf dem Rest der Insel. Denn die Italiener zeigten während der Besatzungszeit nur spärliche Präsenz in Spóa. Der Ort lag zu weit ab vom Schuss. Sehr lange Zeit hatte man hier keine Geldwährung. Stattdessen wurde getauscht. Noch heute kann man hier spüren wie Karpathos war, als es noch keine Touristen

Landschaft um Lefkos.
Im Hintergrund das Hotel Lefkosía,
das sich durch Ruhe und persönliche Atmosphäre auszeichnet.

Eine gigantische Szenerie
im Norden der Insel

gab. Noch immer wird etwas Landwirtschaft betrieben, es gibt eine Entenzucht und nach wie vor baut man auf den Terrassenfeldern Gemüse und Getreide an. Jedes Haus im Dorfkern hat eine kleine Gartenterrasse und alle Häuschen und Gassen sind wie planlos miteinander verschachtelt. Zweimal die Woche kommt ein Postmann hier hoch, es gibt eine Krankenstation und einen Fußballplatz sowie 12 kleine Kapellen und zwei Kirchen. Die beiden sehr schönen alten Kirchen wurden abgerissen um die Neue zu bauen, die etwas deplaziert und stillos im Dorf herumsteht. Der Priester Manolis Parajos, der gleichzeitig Wein und Oliven anbaut, kümmert sich um das Seelenheil der Bewohner. Das Wasser kommt zu 90 Prozent aus Quellen und wird nur manchmal im Sommer knapp, wenn sich die normale Bevölkerungszahl durch das Einfliegen der Emigranten von 150 auf 300 erhöht. Während des 2. Weltkrieges waren hier auch zwei Wassermühlen in Betrieb. Seit den 60er Jahren gibt es Strom und am Dorfeingang befinden sich zwei gemütliche Kafenia, die gleichzeitig der Treffpunkt des Dorfes sind. Das halbe Dorf scheint eine Baustelle zu sein, denn an den Rändern entsteht ein Neubaugebiet für Besserverdiener aus Amerika. Schon Anfang des 20. Jahrhunderts wanderten die Spoiten in die Staaten aus. Zuerst nach New York, Texas, Ohio dann nach Maryland und Carolina. Heute baut jeder Emigrant, der es sich leisten kann, ein Haus im Heimatdorf. Und das sind viele. Die Häuser stehen zwar fast immer leer, aber man muss zeigen, dass man es sich leisten kann.

Später, ab 1950, gingen die Männer eher nach Athen um Marmor zu bearbeiten und kamen nur im Winter heim um ihre Felder zu bestellen. Die Frauen blieben mit den Kindern zu Hause und bewahrten die Tradition. Spoiten sind auch als Holzarbeiter und Schnitzer bekannt. Man benutzte die Pinienhölzer für Türen und Fenster, denn Holz gab es vor den großen Waldbränden im Überfluss.

Vor 20 Jahren besuchten 80 Kinder die Grundschule. Heute gibt es hier noch neun Grundschüler, die anderen fünf Kinder fahren nach Apéri und genießen eine höhere Ausbildung. Das Dorf besteht fast nur noch aus alten Leuten, die ihre sichere Rente aus den Staaten beziehen. Nur im Sommer, da fallen auch hier die „Frisbees" ein und erzählen den Touristen in perfektem Englisch alles über ihr Dorf. Heute arbeitet nur noch eine Handvoll Männer aus Spóa als Fischer. Ihre Boote liegen an dem ca. 4 km entfernten Strand Agios Nikolaus, dem traditionellen Sommerort von Spóa. Dort befinden sich noch ca. 35 kleine alte Strandhäuser.

Selten begeben sich die Bewohner Spóas nach Pigadia, denn während der einstündigen kurvenreichen Busfahrt wird einem unweigerlich schlecht. Obwohl jeder froh ist über die Straße, die 1961 von den Bewohnern Spóas begonnen wurde. Damals, als man noch mit den Händen baute. Nachdem die erste Hälfte fertig war, begannen die Leute aus Pigadia von der anderen Seite. 1970 wurde schließlich der fehlende Mittelabschnitt von der Armee eingesetzt.

Agios Nikólaos

Agis Nikólaos ist die Hafensiedlung der Spoiten. Die beiden kleinen Buchten sind durch gewaltige Felsen getrennt. Im Wasser liegen ein paar Fischerboote. Alles ist malerisch und verschlafen. Auch im Sommer ist hier kaum was los, die kleinen Badebuchten werden fast nur von den Emigranten und ein paar Europäern genutzt. Die Strände sind, ähnlich wie Spóa, für die meisten Touristen zu weit ab vom Schuss. Hier gibt es ein Kafeníon und ein paar Zimmer zu mieten. Am Ende der Bucht steht eine kleine Kirche, die „Agios Nikólaus", deren Kirchfest am Nikolaustag gefeiert wird. Davor liegt ein Grabstein des Mönches Géorgios Stamboúlis, der aber eher in seiner irdischen Funktion als rudernder Briefträger und Weiberheld in die Geschichte eingegangen ist.

Die Landzunge Márathos begrenzt die Bucht von Norden her. Hier liegen die Wurzeln der Spoiten. Ab dem 3. Jahrhundert sollen hier Menschen gelebt haben. Man hat dort noch den Mosaikfußboden einer 300 qm großen Kirche mit sieben Eingängen gefunden. Diese Kirche namens Panagiá Eftabatoúsa war eine der frühen christlichen Kirchen. Das Kirchfest wird noch immer am 15. August gefeiert. Die Größe der Kirche lässt auf eine große Ansiedlung schließen. Man fand ebenfalls Ruinen von Badehäusern, Häusern und Trassen von Wasserleitungen. Die Archäologen vermuten, dass die Siedlung im 6. Jahrhundert durch ein Erdbeben zerstört wurde. Knapp zwei Jahrhunderte später versetzten Piraten die Bewohner in Angst und Schrecken. Sie zogen sich immer mehr in die Berge zurück.

Dabei landeten sie nicht gleich in Spóa. Vielmehr nimmt man an, dass in den darauf folgenden 100 Jahren diverse Plätze ausprobiert wurden, da noch andere Siedlungsreste gefunden wurden. Etwa um 1850 muss das Bergdörfchen Spóa dann als endgültige Lösung gefunden worden sein und Agios Nikólaos wurde das Sommerquartier.

PS: Falls Sie jemand einen Gefallen tun wollen: Mike Tsambounieris, ein Bewohner von Spóa braucht dringend ein Solingen-Messer mit vier Klingen zum Instrumente bauen. Sie finden ihn leicht im Kafeníon Folia.

Grenzkonflikte

Von jeher haben sich die Spoiten mit den Olympioniten gut verstanden, ja sogar untereinander verheiratet, was durchaus nicht üblich war. Denn eigentlich wurde immer nur im eigenen Dorf geheiratet. Nur einmal gab es einen großen Streit: Etwa um 1850, als die Hirten aus Ólympos mit ihren Herden zu nah an die Weiden von Spóa kamen. Diese Unverschämtheit brachte das ganze Dorf in Wallung. Die älteren Leute beschlossen schließlich die Angelegenheit elegant zu lösen. Der jeweils stärkste Mann des Dorfes sollte kämpfen. So ging Vassilis Vassilakis, der Ur-Urgroßvater von Ilias Vassilakis nach Ólympos um die Ehre und die Grenze des Dorfes zu verteidigen. Er kämpfte und gewann. Danach wurde eine saubere Grenzlinie zwischen den Dörfern ausgehandelt und auch respektiert.

*In Avlona im Norden von Karpathos
ist die Erde besonders fruchtbar*

Wie kommt man hin/zurück

Bus:
Spóa-Pigadia-Spóa: Um 7 Uhr morgens geht es auf der geteerten Straße über Mesochóri nach Pigadia und gegen 13 Uhr wieder zurück. Fahrtdauer: 1,5 Std.
Bushaltestelle: Am Ortsausgang
Andere Fahrtziele und -zeiten: Siehe „Wissenswertes von A bis Z/Busverbindungen" S. 49.

Taxi:
Spóa–Pigadia: € 22/Fahrtdauer: etwa 1 Stunde
Spóa–Flughafen: € 30/Fahrtdauer: etwa 1,5 Stunden
Weitere Fahrpreise: Siehe „Wissenswertes von A bis Z/Taxi" S. 75.

Unterkunft/Restaurants

Taverna/Kafeníon Athula
Tel. 071 341
In Spóa passiert nicht viel. Und wenn, dann findet es hier statt. Die Männerszene des Ortes trifft sich zum Karten spielen, es wird getratscht, getrunken und gegessen oder man schweigt. Die Hausmannskost: leckere Souvlakispieße, hausgemachte Sardinen und Calamari und natürlich das übliche Getränk: Ouzo. Oft kommen größere Wandergruppen vorbei, die ihr Wunschgericht schon im Vorfeld bestellen können.

Zwei Personen finden in dieser Taverne Unterschlupf, aber mit ein paar Telefonaten bringt die Besitzerin auch mehr Leute für die Nacht unter. Allerdings darf man keinen Luxus erwarten, denn die Zimmer sind sehr einfach. Doppel: € 15 (NS)/€ 18 (HS)

Kafeníon Akrópolis
Wenn bei Athula nichts los ist, schaut man auch gerne mal nebenan ins Akrópolis, in der Hoffnung, die Kneipe ist geöffnet. Das kulturelle und kulinarische Angebot ist mit dem des Nachbarn vergleichbar.

Wichtige Adressen und Infos:

Ärztliche Versorgung: Tel. 071 321
Der Arzt kommt dienstags und donnerstags aus Mesochóri.

Telefon: gegenüber vom Athula.

Post: Post am besten im Athula abgeben. Sie wird dort vom Briefträger abgeholt und weitergeleitet.

Apella

Hinunter zur Apella-Bucht führt eine schmale Straße. Dort erwartet Sie ein Kiesel-Sandstrand, der von einem Kiefernwäldchen umrahmt wird. Im Winter stürzt ein Bach vom Gebirge herunter. Das Flussbett wird von Oleandersträuchern gesäumt. Oberhalb, in den Felsen, liegt eine Höhlenkirche aus der byzantinischen Zeit. Die „Agios Lukas" besaß eine Vorhalle im Freien, die mit Fresken aus dem 12. Jahrhundert geschmückt ist. Heute erkennt man nur noch mit viel Fantasie das Bild von Johannes dem Täufer. In dieser Gegend wurden auch Keramikscherben minoischer Vasen gefunden.

Nach Apella werden Schiffsausflüge als Tagestouren angeboten. Ein wunderbarer Ort, für alle die ein bisschen Ruhe, Strandleben und ungebändigte Natur lieben.

Mesochóri

Mesochóri heißt Mitteldorf. Und genau das ist es auch. In der Mitte der Insel, in einer Mulde am Hang, klebt das Bauerndörfchen zwischen Kiefernwäldern: unsichtbar und unerschlossen. Piraten konnten das Dorf vom Wasser aus kaum sehen, vom Land aus kam man fast nicht hin. Erst seit 1960 gibt es eine Straße, die am oberen Rand des Dorfes endet.

Man muss zu Fuß durch die unzähligen verwirrenden Treppen und Gänge wandern, vorbei an blühenden Gärten und wild bewachsenen Terrassen. Platz für Autos gibt es nicht. Alles was schwer ist, wird mit Eseln transportiert. Die Gässchen sind zu eng. Und zu steil. Dafür gehen hier Hühner spazieren und in der Sonne dösen Katzen und Hunde. Die Bewohner leben von ihren Oliven-, Orangen- und Zitronenbäumen. Und für den Rest gibt es zwei kleine Lebensmittelläden, die aber nicht allzu üppig sortiert sind. Im Winter leben hier noch 400 Leute, im Sommer kommt man mit den Emigranten auf 800. Die meisten sind nach dem Krieg

nach Baltimore/Maryland ausgewandert und kommen nur im Juli und August auf Heimaturlaub.

Fast jeder der hier lebt, arbeitet in Lefkos. Das war schon früher so. Denn Lefkos war die Außensiedlung von Mesochóri. Im Sommer hielt man sich dort auf, um die Felder zu bestellen. Heute bedient man im Sommer die wenigen Touristen. Insofern hat sich nicht viel geändert. Drei Mal in der Woche kümmert sich ein Arzt um Kranke und der Postmann kommt zwei Mal vorbei. Die einzige richtige Taverne heißt „To Stéki". Ansonsten verstecken sich viele kleine Kafenia im Straßengewimmel, zum Kaffee trinken und Karten spielen und zum Erzählen. Tourismus findet hier nur auf Sparflamme statt. Das liegt nicht nur an der abgeschieden Lage sondern auch daran, dass es keinen Badestrand in unmittelbarer Nähe gibt. So wird der Ort eher für Wanderer als Basislager genutzt.

Öl wird in Mesochóri groß geschrieben. Das Dorf besitzt die modernste vollautomatische Presse Griechenlands. Sie wurde von der Kirche angeschafft. Für sie machte das Sinn, denn das ewige Licht hat einen hohen Ölverbrauch. Gegen eine Abgabe von 12 Prozent des eigenen Ertrages an Olivenöl, darf sie jedoch jeder Bewohner mitbenutzen. Jedes Jahr werden hier mehr als 60.000 Liter Olivenöl gepresst.

In der Mitte des Dorfes liegt die Johannes-Kirche, die zwei Besonderheiten hat: Ein Meerkieselboden und eine sehenswerte Ikonostase. Am Nordrand des Ortes hinter einem Felsvorsprung, liegt die große

Panagiá-Kirche mit ihrer roten Kuppel. Diese ist die Hauptkirche des Dorfes. Das Panagiá-Fest, das zu Ehren der Mutter Gottes gefeiert wird, zelebriert man jedes Jahr am 8. September. Dann strömen die Karpathioten und sogar Pilger aus den umliegenden Inseln in Mesochóri zusammen und feiern drei Tage lang. Die Kirche ist in den dreißiger Jahren über einer sehr ergiebigen Quelle errichtet worden, aus der täglich fast 10.000 Liter Wasser sprudeln. Ein weitverzweigtes System von Bewässerungsrinnen sorgt für grüne Gärten und üppige Ernten.

Unterhalb vom Dorf befindet sich ein großer Platz, namens Skopi, der von Kapellen umrahmt ist und einen perfekten Blick über die grünen Terrassen und auf das Meer freigibt. Am Nordrand erkennt man die Kapelle Agios Stavros (etwa 1700) und Agios Nikólaos (1764), die für ihre schönen Ikonostasen bekannt ist. Und östlich liegt die dem Erzengel Gabriel geweihte Kreuzkuppelkirche Parlaniotis.

Wie kommt man hin/zurück

Bus:
Mesochóri–Pigadia–Mesochóri: Kurz nach 7 Uhr morgens geht es auf der geteerten Straße über Lefkos, Arkássa und Menetés nach Pigadia und gegen 13 Uhr wieder zurück. Fahrtdauer: 1,5 Std. Bushaltestelle: Am Ortseingang
Andere Fahrtziele und -zeiten: Siehe „Wissenswertes von A bis Z/Busverbindungen" S. 49.

Taxi:
Taxiruf: 022 705
Mesochóri–Pigadia: € 22/Fahrtdauer: 1 Stunde
Mesochóri–Flughafen: € 24/Fahrtdauer: 11/4 Stunden
Weitere Fahrpreise: Siehe Kapitel „Wissenswertes von A bis Z/Taxi" S. 75.

Unterkunft

To Stéki
Tel. 022 159, Fax: 071 349
Lange Zeit war diese Unterkunft die einzige Möglichkeit in Mesochóri zu übernachten. Die Zimmer sind einfach eingerichtet, aber für den Preis völlig ok. Besonders die oberen Zimmer lohnen ihr Geld, denn von dort haben Sie eine herrliche Aussicht auf das Meer.
Doppel: 18 € (NS)/20 € (HS)/inklusive Frühstück

Akrópolis Studios
Tel. 071 467
Die 4 großzügigen Studios sind nagelneu und verfügen über eine supermoderne Ausstattung. Sie liegen am Hang im oberen Teil von Mesochóri. Gutes Preis-Leistungsverhältnis.
Doppel: € 24 (NS)/€ 30 (HS)

Restaurants

Restaurant To Stéki
Auf den ersten Blick ist es hier nicht besonders gemütlich, aber wenn Sie sich eingewöhnt haben, möchten Sie die familiä-

Mesochóri

re Atmosphäre nicht mehr missen. Die Köchin versteht ihr Handwerk und nach einer langen Wanderung gibt es nichts besseres als die Hausmannskost von Evgénia. Wunderbar ist der Blick hinunter zum Meer besonders bei Sonnenuntergang.

Restaurant Dramountána

Aufgrund der Hanglage können Sie hier eine prima Aussicht von der Terrasse geniessen. Das Restaurant, das direkt an der Panagiá-Kirche liegt, serviert Ihnen typisch Griechisches in vielen Versionen.

Café Stefána

Gleich am Ortseingang finden Sie das hübsche kleine Cafe, in dem Sie auf einer strohbedeckten Terrasse gegenüber der Straße ein kühles Bier zu sich nehmen können. Zu essen gibt es manchmal kleine Snacks.

Kafenía

Davon gibt es in Mesochóri überraschenderweise einige. Sie müssen sich nur Zeit bei der Suche lassen, denn die Gassen des Dorfes sind sehr unübersichtlich. Ein Besuch lohnt sich allemal.

Wichtige Adressen und Infos:

Post/Telefon/sonstige Infos: Gibt es alles im Restaurant To Stéki

Arzt: Tel. 071 209

Einkaufen: Irini's Minimarket hinter Restaurant To Stéki

Diafáni

Diafáni ist ein kleiner malerischer Ort, der ursprünglich der Hafen von Ólympos war. Täglich kommen hier morgens Ausflugsdampfer an und spucken Gäste aus. Die verbringen den Tag in Ólympos und fahren spätnachmittags wieder ab. Das Dorf bleibt davon unberührt. Bis auf ein paar Individualtouristen geht hier alles seinen Gang.

Nahezu alle Bewohner von Diafáni sind mit denen von Ólympos verwandt und verschwägert. Im Grunde gehört man zusammen, nur dass hier unten die Tradition etwas gelockert ist. Eine Reihe von pastellfarbenen Häusern und Cafés umrahmen die Hafenbucht und unter den knorrigen Tamarinden sitzen alte Männer im Schatten und rauchen. Im Ort sind zwischen den verwinkelten Gassen und Treppchen sind auch ein paar Kafenia zu finden. Wirklich Charme hat der Ort aber am Abend, wenn die Touristenboote wieder abgelegt haben. Wer jetzt noch hier ist, gehört zum Club. Jetzt bleiben nur die Einheimischen übrig, die paar Westeuropäer, die in Diafáni eine neue Heimat gefunden haben und die Handvoll Lehrer, die zwar in Ólympos am Gymnasium arbeiten, aber lieber unten wohnen, wo es wenigstens Strände gibt. Nun nimmt sich jeder Zeit mit den Fremden ein Schwätzchen zu halten, die Kirche zu zeigen oder vom Dorfleben zu erzählen: Im Winter leben hier etwa 100 Leute, im Sommer sind es 300. Es gibt eine Grundschule, auf die die Kinder gehen, bevor sie dann später nach Ólympos aufs Gymnasium kommen.

Wer es sich leisten kann, schickt seine Kinder allerdings für eine bessere Ausbildung nach Rhodos oder Athen. Außerdem gibt es etwa zehn Restaurants und zwei kleine Supermärkte, einen Geldautomaten, ein Reisebüro und eine große Pfarrkirche. Diese heißt Zoodóchou Pígí und ist mit sehr schönen Wandmalereien ausgeschmückt. Das Kirchfest wird am Freitag nach Ostern gefeiert. Der Dorfpope Papa Minás hat unter anderem in Heidelberg studiert und ist einer der wenigen Intellektuellen hier im Dorf. Hauptberuflich ist er Bauer und züchtet Bienen. Auf die touristische Vermarktung von Ólympos ist er nicht gut zu sprechen. Er fürchtet das, was jeder fürchtet, der angesagte Urlaubsorte im Rest der Welt gesehen hat. Jeder, der in Diafáni oder Ólympos lebt, besitzt Land auf der Insel Saría, in Trístomo oder wie Papa Minás in Avlona.

Ursprünglich startete man von Diafáni aus mit dem Boot nach Saría zur Ernte. Wenn das Wetter schlecht war, warteten die Leute aus Ólympos hier unten bis sie die Überfahrt wagen konnten.
Nach und nach bauten sie sich ein paar Häuser. So soll Diafáni entstanden sein. Jetzt fährt man nur noch im Winter zur Olivenernte rüber.
Auf der Flucht vor der Armut wanderten die Leute aus Diafáni und Ólympos traditionell nach New York und Baltimore aus. Die jungen Leute gehen auch heute noch fort. In dieser Abgeschiedenheit gibt es nicht genügend Jobs. Und im Winter kommen hier nur zwei Boote die Woche, dann sieht es mit der Abwechslung besonders mau aus.

Der Name Diafáni geht auf einen gewissen Diaphanes zurück, der offensichtlich ein bedeutender Mann im Ort gewesen ist. Er war entweder Mönch oder Großgrundbesitzer. Jedenfalls, so sagen die Sprachwissenschaftler, sei das die einzig überzeugende Erklärung.
Rund um Diafáni findet man mehrere flache Kieselstrände. Ein guter Weg führt durch Kiefernwälder und Ölbaumterrassen an einen der schönsten von ihnen: Vanánda, ein grauer Kieselstrand, umrahmt von steilen Felsen. Im Wasser schaukeln ein paar Fischerboote. Hier gibt es eine kleine Quelle, die Ágii Anágiri, eine kleine Kapelle und zelten kann man hier auch. Der Fußmarsch dauert etwa 30 Minuten und lohnt sich sehr.

Historisches:

Die Archäologen gehen davon aus, dass Diafáni schon seit der Antike ein Hafenort war. Spuren minoischer Besiedlung in der Bucht von Kambio und Überreste eines hellenistischen Bades bei Lourto weisen darauf hin. Durch die Überfälle der Araber und der Piraten flohen die Küstenbewohner dann wahrscheinlich in die Berge. Dort gründeten sie Ólympos. Erst Ende des 19. Jahrhunderts, als die Piraten aufgrund der veränderten Rahmenbedingungen auf den Weltmeeren ihr Handwerk an den Nagel hängen mussten, trauten sich die Bergbewohner wieder nach unten. Zur gleichen Zeit zogen die Bewohner von Apéri auch wieder runter zum Hafenort Pigadia.
Sie taten das nicht, weil an diesen Orten antike Siedlungen gestanden hatten, sondern weil es für sie die strategisch günstigen Ausgangspunkte waren. Die Bucht von

Diafáni ist besonders windgeschützt und liegt sehr nah an Saría.

Wie kommt man hin/rum:

Schiff:
Da die Straßenverbindung nach Diafáni sehr schlecht ist, übernimmt der Schiffsverkehr den Großteil der Verkehrsanbindung.

Diafáni–Pigadia–Daifani:
Täglich legt ein Ausflugsschiff von Diafáni nach Pigadia ab, allerdings nur abends gegen 16.30 Uhr. Am nächsten Morgen kehrt es gegen 10 Uhr wieder zurück (Abfahrt in Pigadia: 8.30 Uhr). Sie können aber auch eines der großen Fährschiffe nehmen, die dreimal wöchentlich von Piräus oder Rhodos kommend in Diafáni anlegen, um danach weiter nach Pigadia zu fahren (siehe auch „Wissenswertes von A bis Z/Fähren" S. 52). Kosten € 3

Auto:
Diafáni–(Ólympos)–Spóa:
Da die Straße von Ólympos nach Spóa (7 km) nur aus Schotter besteht, erlauben die Autovermieter das Befahren dieser Strecke nur mit einem Jeep. Für Schäden, die ihr normales Straßenfahrzeug auf dieser Stecke erleidet, übernehmen die Verleihfirmen keine Haftung!
Diafáni–Ólympos–Diafáni:
Tipp: Versuchen Sie es per Anhalter.

Mike's Restaurant in Ólympos. Hier gibt es prima Essen und Infos jeglicher Art.

Auf der Fähre nach Ólympos

EVERY DAY TO **OLYMPOS**

Taxi:

Pigadia–Diafáni: € 62
Flughafen–Diafáni: € 68

Bus:

Diafáni–Ólympos–Diafáni:
Auf dieser Strecke verkehrt ein öffentlicher Bus. Den genauen Fahrplan sollten Sie vor Ort nachfragen (siehe auch „Wissenswertes von A bis Z/Busverbindungen", S. 49). Von den anderen Orten der Insel ist Diafáni auf dem Landweg mit öffentlichen Verkehrsmitteln nicht zu erreichen.

Die Alternative: Gegen 10.30 können Sie versuchen, einen Platz in einem der großen Transferbusse zu bekommen, die Tagesausflügler nach Ólympos bringen.

Unterkunft

Baláskas Hotel

Tel. 051 320/051 409
Das Baláskas ist eine Ausnahme unter den vielen familiären Pensionen in Diafáni. Die Zimmer entsprechen gehobenem Niveau. Alles ist makellos gepflegt und das Ambiente erinnert zumindest ansatzweise an den praktischen Komfort großer Hotels, die auf Karpathos sehr selten zu finden sind. Doppel: € 20 (NS)/€ 24 (HS)

Nikos Hotel:

Tel. 051 289, Fax: siehe Orfános Holidays
Am Ortseingang von Diafáni befindet sich diese Unterkunft, die die Bezeichnung „Hotel" im Grunde nicht verdient. Sie unter-scheidet sich im Standard kaum von den üblichen Pensionen. Die 15 Zimmer sind klein, ganz nett, aber bestimmt nicht heraus-ragend. Sie besitzen zum Teil einen kleinen Balkon, der sich vielleicht dazu eignet, die nasse Badekleidung auf zu hängen – für mehr wird es eng (im wahrsten Sinne des Wortes).
Doppel: € 20 (NS)/€ 24–27 (HS)/inkl. Frühstück

Anésis Rooms

Tel. 051 415
Ebenfalls auf der Straße nach Ólympos findet man diese saubere, gepflegte und den Leistungen entsprechend preisgünstige Unterkunft. Besonders die Zimmer nach vorne sind empfehlenswert.
Doppel: € 15 (NS)/€ 18–20 (HS)

Anéxis Rooms

Tel. 051 226
Nicht zu verwechseln mit dem „Anésis". Denn Bemerkenswertes konnten wir hier leider nicht finden. Die 6 Zimmer mit Bad sind sehr einfach, gerade noch in Ordnung für eine „Überbrückungsnacht".
Doppel: € 15 (NS)/€ 18 (HS)

Gláros Rooms

Tel. 051 259
Das Plus dieser Unterkunft: Die wunderbare Aussicht. Sie sichert dem Gast einen herr-lichen Blick über das griechische Gassen-gewirr und den Hafen. Die 6 Zimmer sind zwar klein und verfügen auch sonst nicht über großartigen Luxus, aber dennoch: Im

Verhältnis zu den anderen Unterkünften mit ähnlichen Preisen liegt die Bleibe gut im Rennen.
Doppel: € 15 (NS)/€ 18 (HS)

Gláros Studios

Tel. 0 51 501/051 049
Spitzenreiter vor Ort sind die Studios des „Glaros". Über eine steile Treppe geht es den Hang hinauf, wo sich diese kleine Anlage inmitten eines farbigen Gartens befindet. Die Apartments, die durch ihre Lage einen ruhigen Aufenthalt versprechen, sind zum Teil sehr großzügig und verfügen über riesige Terrassen. Achtung: Ein besonderes Bonbon ist das Studio mit den traditionellen Betten! Außerdem stehen in den Kühlschränken die nötigsten Lebensmittel für die ersten Tage bereit. Hier kümmert man sich. Jedoch hat alles seinen Preis. Wer wirklich nett wohnen möchte und auch nicht zu knapp bei Kasse ist, der sollte hier absteigen.
Doppel: € 35/4-er-Studio: € 44

Hérmes Pension

Tel. 051 212
Unser Low-Budget-Tipp für Diafáni! Hier gibt es 4 kleine, aber gemütliche Zimmer zum besten Preis am Platz. Und das bei ungefähr vergleichbarem Standard. Achtung: Versuchen Sie, ein Zimmerchen in Richtung Straße zu bekommen.
Doppel: € 9

Pension Chrissí Ákti

Tel. 051 215
Der einzige Pluspunkt dieser Pension ist die Aussicht auf den geschäftigen Hafen. Die Zimmer kann man als winzig bezeichnen

und sind zudem noch vollgestopft mit unnötigem Mobiliar. Es gibt weitaus besseres in dieser Preisklasse!
Doppel: € 24 (NS)/€ 30 (HS)

Restaurants

Restaurante Gorgóna

Absoluten Kultstatus hat diese lässige italienische Pinte. Hier gibt es original italienischen Kaffee, selbst gebackenen Kuchen und auch am Abend serviert die freundliche italienische Besitzerin Gabriela mit ihrem Mann Luigi allerlei kulinarische Besonderheiten. Die beiden fanden in Diafáni eine neue Heimat, nachdem sie beschlossen hatten, das hektische Leben in Italien gegen das beschauliche griechische einzutauschen.

Restaurant Chrissí Ákti

Das Plus: Das Essen auf der Terrasse verspricht eine unterhaltsame Mahlzeit, denn am Hafen spielt sich das dörfliche Leben ab: Schiffe kommen und gehen, werden be- und entladen und auch der eine oder andere Besucher spaziert vom Schiff um den Norden der Insel zu erkunden. Das Manko: Die Atmosphäre ist relativ touristisch und das Essen unspektakulär.

Restaurant Mayflower

Was wir bei Chrissi Akti festgestellt haben, gilt ähnlich im Mayflower. Die zentrale Lage beschert dem Inhaber zwar viele Gäste, aber gleichzeitig touristische Hektik. Das gibt dem Restaurant einen ungemütlichen Touch.

Restaurant Anéxis

Man wundert sich mit Recht, warum auf die Tische der Hafenrestaurants zu An- und Ablegezeiten der Fähren ein regelrechter Run einsetzt, obschon die Atmosphäre des Anéxis weitaus angenehmer ist. Am Hafen entscheidet die Lage, aber in dieser Taverne spielt Qualität die Hauptrolle. Nur einen Katzensprung vom Hafen entfernt sitzt man wunderbar gemütlich unter einem Weinrebendach, weg von jeglichem touristischen Treiben. Aus der Küche kommt die typisch griechische Kost, die die freundliche Besitzerin Eleni selbst zubereitet. Das ist immer ein gutes Zeichen! Eine echte Alternative zu den hektischen Restaurants an der Hafenfront.

Delfíni Restaurant

Eine prima Abwechslung zu den Hafenkneipen bietet das neu eröffnete Restaurant, das sich zunächst durch seine Terrasse mit der herrlichen Aussicht auszeichnet. Zwar muss man einige Meter in Richtung Ortsausgang gehen, bis man das Delfini erreicht, aber der kleine Spaziergang lohnt sich, denn die vielen traditionellen Gerichte sind lecker zubereitet und verdienen großes Lob.

Was kann man unternehmen:

Wandern:

Siehe Kapitel „Aktiv und Sportlich/Wandern", Tour 1 bis 5, S. 204–208.

Mountainbiking:

Siehe Kapitel „Aktiv und Sportlich/Mountainbiking,", MB-Tour 1 und 2, S. 220.

Ausflüge:

Organisierte Ausflüge in die Umgebung bietet Nikos vom Orfános Travel Holidays an. Fragen Sie vor Ort nach dem genauen Programm, Terminen und Preisen. Beliebt sind folgende Ausflüge: Saría, Forókli, Trístomo, Vanánda, Vrkúnda.

Strände:

Zum Baden eignen sich die südlich von Diafáni liegenden Strände Forókli, Kápi, Ag. Minás, die man mit einem Boot erreicht. Zu Fuß erwandern Sie in ca. 30 min die Badebucht Papás Minás und in 15 min die Bucht Fokái. Nördlich von Diafáni können Sie auf eigene Faust in 30 min problemlos den hübschen Strand von Vanánda erreichen.

Wichtige Tipps und Infos:

Reisebüro: Orfános Travel Holidays, Tel. 051 410, Fax: 051 316
Hier gibt es jede Menge touristischer Informationen, die für den Aufenthalt im Norden der Insel und für die Weiterreise notwendig sind: Fährpläne, Hotelreservierungen, Tourenplanung, Postkarten, Bootsausflüge, telefonieren und anderes.

Krankenstation/Arzt: Am Ortsausgang von Diafáni in Richtung Ólympos. Der Arzt kommt zwei mal pro Woche.

Post: Briefkasten in der Nähe des Restaurants Mayflower.

Telefon: Kartentelefon am Hafen.
Einkaufen: Im Dorf gibt es einige kleine Lädchen, die das Nötigste anbieten.

Avlona

Avlona ist der letzte erreichbare Ort im Inselnorden: Eine fruchtbare Hochebene mit paar bunten Häuschen – abgeschiedener geht es kaum. Jeder aus Ólympos und Diafáni besitzt hier Felder oder Gärten. Deshalb sind die „Stavlos" in Avlona typische Gebäude. Sie dienten im Sommer zum Wohnen, zum Dreschen, zum Lagern von Getreide und Feldfrüchten und als Viehunterkunft.

Es gibt heute noch etwa 300 Stavlos, also Ställe in der Ebene. In vergangener Zeit, als man in Ólympos noch nicht von den Schecks der Auswanderer und von den Touristen lebte, war Avlona in den Erntemonaten fast übervölkert. Alle Familien aus Ólympos und Diafáni zogen im Sommer nach Avlona in die Kornkammer. Getreide, Wein und Gemüse sind von den nimmermüden Winden geschützt. Da direkt über der Hochebene oft Wolken hängen, entsteht ein feuchtes Mikroklima, so dass man sich das Bewässern schenken kann: Die Tomaten ziehen sich die nötige Feuchtigkeit aus der Luft. Bis Mitte des letzten Jahrhunderts lebten und arbeiteten hier die Söhne und Töchter, die nicht erstgeboren waren. Denn nach dem Erbrecht von Ólympos bekommen die beiden Erstgeborenen den gesamten Besitz der Eltern. Die jüngeren Kinder konnten – als billige Arbeitskräfte – auf deren Hof und Feldern dienen oder auswandern. Sie hatten ohne eine Mitgift ohnehin keine Chance geheiratet zu werden.

Auf Karpathos heiratet man nach wie vor nach orthodoxer Tradition.

Unterkunft/Restaurants

In Sachen Restaurants und Unterkunft gibt es in Avlona nicht viel Auswahl. Aber dennoch: Wer abseits von jeglichem Tourismus ein paar Tage die Umgebung erwandern möchte, hat zwei Unterkunftsmöglichkeiten, bei denen auch für die Verköstigung gesorgt ist:

Familie Lendaki:
Die Besitzerin des Hotel Ólympos in Ólympos führt eine kleine Dependance in Avlona. Luxus darf man nicht erwarten, denn hier wohnt man wirklich traditionell in einem der kleinen Häuschen im Dorf. Erkundigen Sie sich bei Familie Lendaki in Ólympos, ob eines der 4 Zimmer frei ist (Tel. 051 252/051 009). Preis: siehe Hotel Ólympos

Mike's Coffeshop/Ólympos:
Die zweite Möglichkeit in Avlona zu nächtigen, bietet Mike, der mitten im Dorf ein nagelneues Häuschen im olymbiotischen Stil gezaubert hat, wo Sie in traditionellen Hochbetten schlafen werden (Preise und Buchung unter Tel. 051 304)

Was kann man unternehmen:
Wandern:
Siehe Kaptitel „Aktiv und Sportlich/Wandern", Tour 1–5. S. 204–208.

Mountainbiking:
Siehe Kapitel „Aktiv und Sportlich/Mountainbiking", MB-Tour 1/2, S. 220.

Ólympos

Wie ein Adlerhorst klebt das Bergdorf Ólympos in einem steilen Hang und klammert sich fest. Einhundert bunte Häuschen hängen in mehreren Schichten übereinandergestaffelt in einem grauen Felsen. Noch im vorigen Jahrhundert konnte man das Dorf nicht vom Felsen unterscheiden. Durch die engen Treppengassen kann man sich nur zu Fuß bewegen, Lasten werden mit Eseln befördert und Frauen tragen Trachten.

So lebte man in Griechenland – vor 100 Jahren. So stellen sich Touristen Griechenland vor. Dramatische Landschaft, kleine enge Gässchen, Frauen, die mit einem Esel Holz zum Backofen transportieren und am Nordhang knarrende Windmühlen. Hinter einer Passhöhe erscheint das Dorf wie aus der Kulisse eines Spielfilms aus dem letzten Jahrhundert. Überragt von einer Kirche und umsäumt von Windmühlen.
So wird Griechenland in Reiseprospekten abgebildet, das wahre ursprüngliche Griechenland eben. Das Vorzeigedorf von Karpathos. Und von Griechenland. Denn von hier aus wird die Zeremonie des heiligen Osterfestes in alle Teile des Landes live übertragen. Tagsüber quälen sich Reisebusse die Serpentinenstraße von Diafáni nach Ólympos hoch und spucken 300 bis 500 Tagesgäste aus, die sich von 12.00 Uhr bis 15.30 Uhr durch die steilen Treppengassen schieben.

Frauen in der traditionellen olympischen Sommertracht verkaufen Tischdecken, Seifen und getrocknete Kräuter, oder die

Pantofles, die traditionellen Sommerschuhe der Frauen, die wie Hausschuhe aussehen. „Jassu", also Hallo, tönt es freundlich aus jedem Laden, denn man will die Gäste schnell herein bitten. Die Zeit zwischen 12 Uhr und 15 Uhr ist kurz, da muss das Geschäft gemacht werden. Der Schuster Nikolas Kanakis, geboren 1916, fertigt die Schuhe noch nach Maß: die traditionellen Stivania, die Stiefel, die die Frauen hier tragen, werden auch schon mal von einem Touristen in Auftrag gegeben, aber nicht oft. Und einen Nachfolger hat Nikolas ohnehin nicht. Seine sechs Kinder sind in die Welt gezogen. Eine Tochter hat sogar in Heidelberg studiert und eine Doktorarbeit über das „Naturwissenschaftliche Denken in der Erziehungsphilosophie der Antike", geschrieben. Wenn sich jemand dafür interessiert, zieht der alte Mann eine zerfledderte Kopie des Werkes zwischen den Schuhschablonen hervor. Aber wie gesagt, die Augen machen schon lange nicht mehr richtig mit und an einem Paar Schaftstiefeln sitzt Nikolas vier Tage. Er macht mit seinem Handwerk kein Geschäft mehr. Das machen dafür die kleinen Restaurants mit den traditionellen Makkaroúnes, eine Art fetttriefende Käsespätzle mit Zwiebeln. Der Pastor stellt seine gute Stube mit dem traditionellen Hochbett und der Aussteuer der jüngsten Tochter von 12 Uhr bis 15 Uhr als Museum zur Verfügung. Auch ein netter Nebenverdienst für den Popen, der seinen vier Töchtern zumindest ein Haus als Aussteuer mitgeben muss. Trotzdem, die „Eintagsfliegen" gehen den Leuten auf den Keks. Sie wollen Touristen, die auch mal über Nacht bleiben, denn daran verdienen hauptsächlich die Reiseveranstalter, sagen sie.

Erst abends ist Ólympos wieder ein kleines verlassenes Bergdorf. Eine Hand voll Kinder rennt durch die Gassen, immer auf der Suche nach anderen Kindern, von denen es nicht mehr viele gibt. Die Schülerzahl hat sich von 250 auf etwa 20 reduziert. Ólympos hat einen eigenen Bürgermeister und ein Gymnasium. Auf dieses gehen zur Zeit 10 Schüler, dabei gibt es sechs junge Aushilfslehrer für die verschiedenen Fächer. Die Schule wird stark subventioniert, sonst würden ja gar keine jungen Familien mehr in Ólympos bleiben. Auch die Einwohnerzahl hat sich von 2000 auf 400 reduziert. Früher als alle großen Familien noch zwei Kühe hatten, fuhr man jeden Sommer zur Ernte mit dem Boot nach Saría. Dort haben die Olympioniten ihre fruchtbarsten Felder. Die Strömung ist an der nur 100 Meter breiten Meeresenge zur Insel so stark, dass die Kühe oft ertranken und die Boote sechs Stunden rudern mussten. Die Kühe schwammen neben dem Boot her, denn man blieb eine ganze Weile dort. Anfänglich gingen die Männer nur saisonweise fort, doch irgendwann gingen sie ganz. Nach Baltimore oder New York. Jetzt schicken sie Geld, damit sich daheim nichts verändert. Manche kommen schon zurück, wie Mike Catzipapa, der mit seiner Frau Sofia eine Kafeníon gleich am Ortseingang aufgemacht hat.

Nach dem Essen treffen sich die Männer im Kafeníon, Touristen sind eigentlich gar keine geblieben. Die sind wieder zurück in ihrem Pauschalhotel in Amoopi, Pigadia oder Arkássa. Oben auf dem Kamm des Berges steht eine Reihe alter Windmühlen. Zur Zeit sind schon zwei wieder aktiv, seit man festgestellt hat, dass sich das Dorf mit

Windmühlen – das Wahrzeichen von Ólympos

echten Windmühlen besser vermarkten lässt, wird die Wiederaufnahme der Mühlen vom Staat subventioniert. Außerdem bläst ständig ein scharfer Wind um die Häuser, deshalb müssen die Läden immer fest zugebunden werden.

Papa Yannis, der Pope von Ólympos, mauert noch schnell ein Stück Wand fertig, bevor er zur Kirche rennt um die Abendglocke zu läuten. Um wieviel Uhr das genau ist, spielt keine so große Rolle. Unter der schwarzen Kutte lugen kalkbespritze Turnschlappen hervor. Die dunklen Ränder unter den Fingernägeln sind unübersehbar. Der weißbärtige Mann, freundlich mit seiner viereckigen Brille, hat sich schon immer sehr für die Kirche interessiert und sich all sein Wissen selbst angeeignet. Seit 1967 ist er jetzt im Amt. Natürlich reicht das Geld nicht, deshalb hat er eben auch noch einen bürgerlichen Beruf. Die Kinder brauchen alle eine Aussteuer und die kostet. Seine Hauptkirche ist Mariä Himmelfahrt geweiht und im Inneren mit schönen Wandmalereien aus der Zeit der Türkenherrschaft geschmückt. Rund um Ólympos gibt es noch ungefähr 60 bis 70 Kapellen. Außerdem werden zahlreiche altgriechische Wörter aus dem Mittelalter benutzt und die Sprache der Olymponiten unterscheidet sich deutlich von den anderen Dörfern. Denn das Dorf war so lange vom Rest der Welt abgeschnitten, dass sich Traditionen hier besonders stark erhalten haben. Bis die Straße gebaut wurde, das war wohl auch so. Straße ist auch nicht das richtige Wort für die Schotterpiste, die nur aus Schlaglöchern zu bestehen scheint. Aber immerhin, die gibt es seit 1980. Vorher wurde jede Lieferung mit dem Boot nach Diafáni gebracht und dann auf

einen Esel geladen, der den Berganstieg machte. Oder von Spóa aus, über den Monopati, den Trampelpfad, was auch vier Stunden dauerte.

Kein Wunder, dass man da auf Selbstversorgung eingestellt war. Heute schneiden nur noch wenige Frauen in der traditionellen olympischen Trachten das Brotgetreide auf Terrassenfeldern mit einer Handsichel ab obwohl sie eines der beliebtesten Fotomotive abgeben. In der größten Mittagshitze, wenn das Stroh so richtig trocken ist, wird es mit Hilfe von Eseln gedroschen.

Mit der Straße kam auch der Strom und dann der erste Fernseher: „Einer brachte ihn aus Deutschland mit, es war alles in schwarzweiss aber trotzdem kam das ganze Dorf herbeigelaufen um das Wunder zu betrachten", sagt Michalis.

Die Dorfjugend fährt mit Mofa und Motorrad zwischen Ólympos und Diafáni hin und her. Durchs Dorf kann man nämlich nicht fahren und woanders hin ja auch nicht wirklich. Keine Hoffnung auf eine spannende Jugend. Endstation Sehnsucht ist hier vermutlich ein Motorrad.

Historisches

Als die Bewohner von Vourgounda und Nisyros ihre Städte wegen zunehmender Araberüberfälle zwischen dem 7. und 9. Jhdt. n. Chr. verließen, suchten sie Plätze, die vom Meer entfernt waren, um sich nieder zu lassen. In dieser Zeit müssen auch die ersten Siedler nach Ólympos gekommen sein, denn durch die ursprüngliche Bebauung der Hauptkirche im Dorf und deren Innendekoration kann man die Zeit ihrer Erbauung genau bestimmen. Dort sind die späteren Schichten der Wandmalerei abgetragen worden und es wurden keine Heiligenbilder sondern schlichte christliche Symbole, wie Fische und Kreuze freigelegt. Diese Bilder sind zur Zeit des Ikonenstreits (8. bis 9. Jhdt. n. Chr.) entstanden. Ólympos bot sich deswegen an, weil es vom Meer aus absolut nicht zu sehen war. Allerdings sind auch andere Siedlungen ausprobiert worden, bis sich Ólympos offensichtlich als neue Heimat durchsetzen konnte, denn die heutige Siedlung ist deutlich größer, als der ursprüngliche Kern aus dem 9. und 10. Jhdt. Der Ort war gut gewählt, denn das Dorf ist tatsächlich nie überfallen worden. Viel weiß man aber nicht über das Leben der Vergangenheit. Denn die Araber scheuten wohl die Mühe des weiten Weges, auch Wanderer oder Weltreisende verirrten sich nicht mehr hierher. Bis ins 20. Jahrhundert lebten die Menschen hier vom Säen, Ernten und von der Viehzucht und kümmerten sich nicht um das, was auf dem Rest der Insel geschah. Erstens kam man da nicht hin, und zweitens

Besondere Traditionen

Das heilige Brot

Seit Menschengedenken backen die Frauen von Ólympos Brot für ihre Familien. Das Backen ist jedes Mal ein gesellschaftliches Ereignis und zu diesem Anlass ziehen die Frauen dann auch die teure Tracht aus. Fotografiert möchten sie dann aber nicht werden. Das Bild von Ólympos soll einheitlich bleiben. „Wenn der Schweiß meiner Frau nicht ins Brot getropft ist, kann es kein gutes Brot sein", sagen die Männer. Brot kaufen gilt heute noch als würdelos. Allenfalls den Touristen setzt man mal käuflich erworbenes Brot vor. Früher hatte jede Familie ihren eigenen Backofen und eine eigene Windmühle. Heute sind noch ungefähr 20 bis 30 Backöfen in Betrieb, jedoch wechseln sich die Frauen mit dem Backen ab. Meistens backen vier Familien gemeinsam. Auf einem Holzbrett wird das Brot zum jeweiligen Ofen getragen. Die Öfen, aus Felsstein geschichtet und mit Mörtel verputzt, sind außen an die Gassenmauern gebaut. Sie sind riesig, denn einmal mit Olivenholz angeheizt, entsteht eine höllische Hitze. Damit backt und kocht man den kompletten Samstag. Zuerst wird das Brot in die Mulde zwischen die Glut geschoben und später dann süßes Gebäck, Teigtaschen und eine Art steinharter Zwieback. Am Abend kommt dann der Sonntagsbraten – Schaf oder Ziege – in den Ofen und schmort bei schwacher Hitze die ganze Nacht. Das Olympische Brot hält sich 14 Tage und kann deshalb auch zu den Verwandten nach Baltimore und New York geschickt werden. Die warten aufs Brot und darauf, dass sie mal wieder Zeit und Geld für einen Flug von JFK nach Athen haben. Denn am besten schmeckt das Brot natürlich in Ólympos.

hatten sie genug damit zu tun zu überleben und ihre Kinder durchzubringen. Die Frauen blieben mit den kleinen Kinder oft die ganze Woche über auf den Feldern in Avlona oder Saría. Zusätzlich zur Feldarbeit kam dann noch das Kochen, Backen und Wäsche waschen. Auch die Männer gingen nach der Feldarbeit höchstens am Samstag Abend mal ins Kafeníon. Wer nicht robust genug war, um feste mit anzupacken, hatte wenig Chancen zu überleben. Außerdem waren viele Olympioniten Bauleute, Schmiede oder Schuster. Heute gibt es keinen Schmied mehr und nur noch zwei uralte Schuster, die keine Lehrlinge mehr bekommen.

Trachten

Fast alle älteren Frauen in Ólympos tragen noch Tracht. Die Männer dagegen habe ihre Vrakas und Pumphosen vor 40 Jahren abgelegt, als sie als Saisonarbeiter aufs Festland gingen. Die Frauen, die fast ausschließlich daheim blieben, sind bei der Tradition geblieben. Natürlich würden sie heute auch lieber in Jeans rumlaufen, zumindest die Jungen, aber das ist schlecht fürs Geschäft. So tragen sie lange dunkle Röcke, darunter Pumphosen und maßgeschneiderte Stiefel. Bei Festtagen und Kirchenfesten wird dann eine bunte Tracht angelegt und insbesondere

Der Mythos Ólympos

Das Bergdorf Ólympos hat in Karpathos und auch in ganz Griechenland eine Sonderstellung. Man sagt, es sei so lange von der Welt abgeschnitten gewesen, dass sich dort die Tradition besonders erhalten habe. Das war ursprünglich wahrscheinlich auch so. Aber die Beschäftigung vieler Wissenschaftler mit der Phänomen Ólympos hat dazu geführt, dass die Bewohner aus ihrer Tradition ihr eigenes Museum gemacht haben. Fast alle Musiker der Ortes wurden schon von Musikwissenschaftlern befragt und haben Schallplatten mit ihrer instrumentalen Volksmusik produziert. Da jährlich mehrere Ethnologen, Volkskundler und Musikwissenschaftler dort auftauchen, wissen die Olympioniten sehr genau, welches Image sich am besten vermarkten lässt und fördern diesen Kult. Die Trachten und Trachtenstiefel scheinen die Frauen nicht mehr für sich selbst zu tragen, sondern für die Touristenströme die sich täglich durch Ólympos schieben und Kräuter, Seife und bestickte Tischdecken kaufen. Ólympos ist eine Mischung aus Disneyland und Tradition. So wie für unsere Nachbarländer Deutschland auch Bayern heißt und jeder ab 11 Uhr Maßbier trinkt und Weißwürste isst, ist Ólympos das was Griechenland nach außen transportieren möchte. Im Jahr 1990 erschien im Geo-Magazin ein langer Artikel, der den Ort zum Heiligtum und Museum qualifizierte. Andere Zeitungen und Zeitschriften sprangen auf, wie immer, wenn es etwas zu berichten gibt, was eine Story wert ist. Man bemüht sich Ólympos im Dornröschenschlaf zu halten, denn das wollen die Touristen sehen und das sollen sie dann auch zu sehen bekommen.

Noch heute werden in Ólympos zahlreiche Traditionen wie vor Hunderten von Jahren großgeschrieben.

die unverheirateten Mädchen tragen Gold-
ketten und Münzen vor der Brust. Man zeigt
was man hat, so will es die Tradition. Noch
immer hängt die Chance auf dem Heiratsmarkt von der Mitgift ab.

Das heilige Osterfest

Das heilige Osterfest wird in Ólympos mit
Überlänge zelebriert. Es gilt hier im wilden
Norden als das Fest der Feste. Und nicht einmal der Erzbischof von Apéri, das Oberhaupt der Diözese von Karpathos und
Kassos weiß, wie es zu dem zusätzlichen
Feiertag gekommen ist: Lambri Triti, der
religiöse Osterdienstag wird nur im Bergdorf
Ólympos gefeiert und sonst nirgends in ganz
Griechenland. Vielleicht kam das daher, dass
die Auswanderer und die Ehemänner und
Söhne über Ostern aus dem Exil nach Hause
kamen, und die Reise nach Ólympos ist
bekanntlich beschwerlich. Aber jedes Mal
am Lambri Triti, wenn ganz Griechenland
schon wieder arbeiten geht, wird in Ólympos
das Fest der Lebenden und der Toten
gefeiert. Papa Jannis verkündet auf dem
Friedhof die Auferstehung Christi und es ist
eine der prachtvollsten Zeremonien
Griechenlands.

Wie kommt man hin/zurück

Schiff:

Da die Straßenverbindung nach Olympos/
Diafáni sehr schlecht ist, spielt der Schiffs-
verkehr in Sachen Transport die Hauptrolle.
Das gilt sowohl für Güter als auch für die

Menschen, die den Norden der Insel besu-
chen bzw. bewohnen. Es gibt 2 Möglich-
keiten, per Schiff nach Ólympos zu kom-
men:
1. Sie nehmen die Fähre, die weiter nach
Piräus fährt/bzw. von dort kommt.
Kosten: etwa € 3
Fahrplan: siehe Kapitel „Wissenswertes von
A bis Z, Fähren/innergriechisch", S. 53.
2. Täglich legt ein Ausflugsschiff nach
Diafáni ab/bzw. kommt von dort nach
Pigadia: Kosten: etwa € 4,50
Abfahrt: 8.30 Uhr am Hafen von Pigadia/
Rückfahrt ab Diafáni: 16.30 Uhr/18.00 Uhr
Ankunft in Pigadia

Auto:

Da die Straße von Spóa nach Ólympos (17
km) nur aus einer Schotterpiste besteht,
erlauben die Autovermieter das Befahren
dieser Strecken nur mit einem Jeep. Für
Schäden, die ihr normales Straßenfahrzeug
auf dieser Stecke erleidet, übernehmen die
Verleihfirmen keine Haftung! (siehe auch
Kapitel „Wissenswertes von A bis Z/Miet-
fahrzeuge" S. 66)

Taxi:

Taxiruf: 022 705
Ólympos–Pigadia: € 60
Ólympos–Flughafen: € 62

Bus:

Von Spóa nach Ólympos gibt es keinen
öffentlichen Busverkehr. Lediglich zwischen
Ólympos und Diafáni verkehrt ein unregel-
mäßiger Linienbus.

Unterkunft

Tipp: Sie sollten unbedingt in Ólympos eine Nacht verbringen, denn richtig gemütlich wird es erst abends und am darauffolgenden Morgen, wenn die großen Touristenströme noch nicht da sind, bzw. schon wieder weg sind. Erst dann kehrt Ruhe im Ort ein, die Leute werden gemütlicher und gesprächiger und nehmen sich auch mal Zeit für ein Schwätzchen, das nicht unbedingt etwas mit „verkaufen" zu tun hat.

Hotel Aphrodite:

Tel. 051 307

Das große Plus dieser Unterkunft ist der geniale Ausblick auf die Felsküste von Ólympos. Besonders zum Sonnenuntergang bleibt den Gästen die Luft weg. Die vier zu vermietenden Räume gibt es in unterschiedlichen Ausstattungen: Als Dreibett-Zimmer, 2-Bett-Zimmer, mit und ohne Küche. Alle besitzen ein eigenes Bad und heißes Wasser. Da die Unterkunft zum Restaurant Párthenon direkt bei der Kirche gehört, kann man sich auch dort erkundigen und gegebenenfalls den Schlüssel für die Zimmer bekommen.

Doppel: € 30/Einzel: Auf Anfrage

Hotel Ólympos

Tel. 051 252/051 009

Anna Lendaki spricht englisch und vermietet mitten in Ólympos 6 Zimmer mit privatem Bad, die zum Teil mit traditionellen Hochbetten ausgestattet sind. Die Zimmer sind alle perfekt sauber, jedes hat einen eigenen kleinen Balkon und der Ausblick auf das Tal von Ólympos ist unschlagbar. Außerdem kann man bei ihr auch ein einfaches Haus für 4 Personen buchen. Ebenfall im Zentrum von Ólympos.

Doppel: € 15 (NS)/€ 20 (HS)/Einzel: € 12

Haus für 4 Pers.: € 38

Hotel Poseidon

Tel. 051 333/051 297

Am Ortseingang von Ólympos findet man ein langgezogenes Gebäude, das 8 Übernachtungsmöglichkeiten für Reisende bietet. Die Zimmer sind sehr einfach ausgestattet, das einzig lobenswerte ist der Ausblick.

Doppel: € 15/Einzel: € 8

Mike's Coffeeshop

Tel. 051 304

Mike's englischsprachige Frau Sophia sorgt neben dem Restaurant auch liebevoll für die Übernachtungsgäste. Sie vermietet zwei nette Zimmer des üblichen einfachen Standards. Mike und seine Gattin sind äußerst hilfsbereit und vor allem Mike steht, was Wandertouren angeht, gerne mit Rat und Tat zur Seite. Für Ruhesuchende und Frischverliebte vermietet er zwei hübsche kleine Landhäuschen am Strand von Kapi und in Avlona.

Doppel: € 18/Einzel: € 9

Haus in Avlona/Kapi: auf Anfrage

Private Unterkünfte:

Am hinteren Ende von Ólympos vermietet Evgénia Hatzinicólas zwei Zimmer in einem schmucken Häuschen, das von den Windmühlen aus gut auszumachen ist: Doppelstöckig, blau gestrichen, große Terrasse. Die Zimmer sind einfach eingerichtet, aber sehr sauber. Doppel: € 20/Einzel: € 8

Rigo, die in der Nahe der Kirche gegenüber dem Schuhmacher einen Souvenirladen betreibt und gut englisch spricht, vermietet ein einfaches Haus mit eingerichteter Küche und Bad. Für die Buchung nach Rigo fragen! Preis: € 24 (für max. 3 Personen)

Restaurants

O Milos

Direkt unter dem Wahrzeichen von Ólympos, den Windmühlen, liegt dieses beliebte Restaurant – ein Magnet für die zahlreichen Besucher. Hier um die Mittagszeit einen Tisch zu ergattern, ist ein Glücksfall, denn die Umgebung ist unbestritten charmant: Rechts und links prächtige Windmühlen aus alter Zeit, herrliche Aussicht auf das Dorf und das Tal, gekocht wird live vor den Augen der Gäste im typischen Holzbackofen und im Hintergrund rauscht monoton die althergebrachte Mühle – eine Szenerie wie vor hundert Jahren. Der absolute Renner des Lokals sind die zahlreichen olymbiotischen Köstlichkeiten, die die Chefin täglich frisch im Holzofen zubereitet.

Kafeníon Tsaboúna

Dieses Kafeníon gegenüber der Kirche vermittelt das wahre Griechenland-Feeling: Tavli, Ouzo, Restina, Mezédes und natürlich Musik. Ob die Tsaboúna, das dudelsackähnli-

che Instrument oder die Lyra, es vergeht kaum ein Tag, an dem hier keine Musik gemacht wird. Hier können Sie abends sich in die traditionelle Welt von Ólympos entführen lassen.

Taverne Parthénon

Obwohl es lästig sein kann, direkt auf der Straße „persönlich eingeladen" zu werden – das zentrale Restaurant neben der Kirche hat seinen Reiz: Drinnen versprüht das Mobiliar eine typisch olymbiotische Atmosphäre und ein paar Treppen höher – auf dem Dach – kann man die herrliche Aussicht über den Dächern von Ólympos genießen. Auf der Speisekarte stehen natürlich karpathiotische Spezialitäten auf dem Programm.

O Zéfiros

Ob auf der Terrasse, auf dem Dach oder im Innenraum, das Restaurant ist gemütlich trotz seiner Einfachheit. Auf der Hitliste der Speisekarte finden Sie Makkaroúnes und Loukomádes. Übrigens: Auf der Terrasse stehen zwei Computer mit Internetzugang zu Ihrer Verfügung.

Restaurant Ólympos

Neben den Unterkünften führt Familie Lendaki mitten im Dorf an der „Durchgangsstraße" ein hübsches Lokal mit herrlichem Blick ins Tal. Unser **Tipp:** Es lohnt sich auf die Empfehlungen der freundlichen Chefin zu achten, denn Anna und ihre Töchter stehen selbst am Herd und zaubern olymbiotische Hausmannskost, die Ihren Gaumen ohne Zweifel verwöhnt.

In schmucken Gässchen werden
hübsche handgefertigte Souvenirs
aller Art angeboten.

Mike's Restaurant

Diese Taverne ist leicht zu finden, denn hier kommt jeder Besucher vorbei. Spätestens hier können Sie die erste traditionelle Tracht der olymbiotischen Frauen bewundern. Es ist die schüchterne, aber sehr freundliche Sofia, die direkt am Ortseingang Tag für Tag traditionelle Gerichte serviert, die ihresgleichen in Ólympos suchen. Auch die Einheimischen treffen sich hier gerne zum Schwatz, während sie auf den Bus warten oder …?

Was kann man unternehmen:

Sightseeing/Kultur:
Panagiá Kirche im Zentrum des Dorfes

Wandern:
Siehe Kapitel „Aktiv und Sportlich/Wandern", Tour 1 bis 5, S. 204–208.

Mountainbiking:
Siehe Kapitel „Aktiv und Sportlich/Mountainbike", MB-Tour 1 und 2, S. 220.

Shopping:
Wer qualitativ hochwertige Souvenirs zu angemessen Preisen kaufen möchte, kann in Ólympos die besten Schnäppchen machen. Der Weg durch das Dorf ist eine einzige „Shoppingmeile", auf der die typischen olymbiotischen Produkte angeboten werden. Herrliche Tischtücher aus erstklassigem Leinen, feine Stickereien, traditionelle Leinenhemden, aber auch Kräuter und Honig aus den Bergen rund um Ólympos. Die gleichen Produkte werden im Süden der Insel weit teurer verkauft.

Wichtige Adressen und Infos:

Arztstation:
Hinter dem Restaurant Ólympos/3x pro Woche, Tel. 051 201

Post:
Postamt gibt es keines. Briefe und Postkarten können Sie entweder am Briefkasten an der Kirche einwerfen oder bei Ihrer Unterkunft abgeben.

Telefon:
Am Restaurant Zéfiros/Restaurant Ólympos (innen)/Bushalteplatz am Ortseingang

Einkaufen:
Minimarkt am Parkplatz am Ortseingang

Souvenirs:
Jede Menge überall im Ort

Internet:
In der Taverne Zéfiros

Bushaltestelle:
Beim Mike's Restaurant am Ortseingang

Vourgounda

Vourgounda ist ein magischer Ort. Jeder Quadratmeter Boden ist voll von Scherben, Steinen und Mauerresten aus den vergangenen Jahrtausenden. Man fühlt Geschichte und steht in einer einsamen Landschaft, die über lange Zeit eine große

Stadt gewesen ist. Systematisch flächen-
deckende Ausgrabungen hat es hier noch
nicht gegeben. Immerhin darf auf dem
gesamten Gebiet nichts gebaut werden.

Doch durch eine Reihe archäologischer
Funde weiß man, dass sich im Gebiet von
Ólympos bereits im 15. Jahrhundert v. Chr.
Minoer und Mykener niedergelassen haben.
Seit dem 4. Jahrhundert v. Chr. hat es hier
zwei bedeutenden Städte gegeben: Vrykous
im Gebiet des heutigen Vourgounda und
Nisyros auf der kleinen Insel Saría. An der
Meeresenge von Saría muss der einstige
Tempel Porthmios oder Poseidonos gestanden
haben. Dieser Tempel war dem Poseidon der
Meeresenge gewidmet. Er war in der Antike
und in der hellenischen Zeit der Tempel der
ganzen Insel. Bei der antiken Stadt hat man
außerdem eine marmorne Stele gefunden, die
beweist, dass es die Stadt wirklich gegeben
hat: In ihrer Aufschrift aus dem 3.
Jahrhundert vor Chr. wird der Stadtbewohner
Menókritos geehrt. Er war ein Arzt, der viele
Kranke heilte, ohne Geld dafür zu nehmen.
Das Volk von Vrykos wollte ihn dafür ehren
und errichtete die erhaltene Stele im Tempel
Poseidon Porthmios. Diese Stele steht heute
im British Museum von London wird als das
Dorische Dekret bezeichnet. Von der antiken
Stadt Vrykos stehen noch zahlreiche gemei-
ßelte Gräber, Ruinen von Mauern und Befes-
tigungsanlagen sowie Teile der hellenischen
Stadtmauern. Auch die Überreste dreier früh-
christlicher Basiliken hat man hier gefunden.
Wenn man die felsige Treppe von Avlona her-
absteigt, liegt die erhöhte Landzunge, auf der
die antike Stadt Vrykos gestanden hat, schon
vor einem. Rechter Hand ist ein grandioser
natürlicher Hafen. Die Landschaft ist baum-

los, mit flachen Büschen, Salbei, Thymian
und Disteln übersät. Terrassen weisen darauf
hin, dass hier früher intensiv Landwirtschaft
betrieben wurde. In der Ferne sieht man die
Insel Saría vor sich liegen. Linker Hand passieren sie eine kleine weiße 300 bis 400 Jahre
alte Kapelle der Familie Hartofiakes.
Die Agia Marina hat erst 1953 ihr rundes
Kuppeldach bekommen, denn unter der
Türkenherrschaft waren solche Dächer verboten. Sie finden unzählige Höhlen, die vermutlich Gräber waren. Bis zum Ende des 7. Jhdt.
n. Chr. soll die Stadt bewohnt gewesen sein.
Danach ist sie – vermutlich wegen der zunehmenden Überfälle – verlassen worden und die
Menschen suchten nach versteckteren Stellen
in den Bergen. Unten in der Bucht von
Vourgounda liegt ein kleiner Kieselstrand mit
glasklarem Wasser. In der Mitte der Bucht
wurde ein künstliches Riff angelegt, das
offensichtlich einen Miniatur-Hafen gebastelt
hat. Auf einer kleinen Plattform ist ein
Holzdach mit Tischen und Bänken aufge-
stellt, das Schatten bietet.
Weiter unten am Wasser befindet sich die
Höhlenkapelle Ágios Iannis ó Pródromos. Sie
ist wahrscheinlich über 2500 Jahre alt. Bei
dem einzigen Häuschen das dort steht, führen
fünfzehn Stufen runter in den feuchten
Innenraum. Diese natürliche Höhle wurde
lange vor Christus als Kirche genutzt und erst
Johannes dem Täufer gewidmet. In das kreuz-
förmige Taufbecken, das offensichtlich auch
erst in der nachchristlichen Zeit hinzugefügt
wurde, tropft Wasser von der Decke. Eine
Ikone ist mit Glitzerdeckchen behängt. Am
28. 8. findet hier ein Wallfahrtsfest satt. Die
Menschen kommen aus Diafáni mit Schiffen
oder steigen von Ólympos mit Eseln oder zu
Fuß den Berg herunter.

Unser Favorit – das Restaurant „O Milos"

Trístomo

Trístomo ist der größte natürliche Hafen der Insel. Heute wohnt dort niemand mehr. Ab und zu kommt ein Schäfer vorbei. Landwirtschaft wird kaum noch betrieben. Die Gegend ist so verlassen, dass sich nicht einmal ein Hund aus Avlona hierher verläuft.

Bevor Sie dort hinkommen, durchqueren Sie immer wieder verlassene Terrassenfelder, die bis in die 60er und 70er Jahre noch von den Bewohnern Ólympos bewirtschaftet wurden. Im Westen liegt ein windgeschützter Sandstrand.

Trístomo heißt so etwas wie „drei Öffnungen", denn zwei mächtige Felsen teilen den Hafen in drei Fahrrinnen auf. Gegen die Nordwinde ist die Bucht gut geschützt. Einst war sie der Hafen von Vourgounda, denn hier waren die Schiffe viel besser geschützt. Er ist etwa zwei Kilometer lang, 300 m breit und 15 m tief. Man hat hier Steine und Opfergaben aus dem 6. Jhdt. vor Chr. entdeckt. Heute stehen hier noch ein paar verfallenen Häuschen, Mühlen und zwei Kirchen. Östlich von Trístomo sehen sie die Meeresenge, die Karpathos von Saría trennt. Hier könnte der dorische Poseidon-Tempel gestanden haben. Leider ist die ganze Hafengegend von Vourgounda nicht mehr gut zu rekonstruieren, weil die Menschen aus Ólympos die Steine benutzt haben um ihre Häuser dort zu bauen. Die Einheimischen haben hier über hundert Gräber gefun-

Auf Wanderung nach Trístomo

den, die man an das Ende des 3. und den Anfang des 4. Jhdt. v. Chr. datiert hat. Bis zur römischen Zeit sind diese dann offenbar immer wieder benutzt worden. Die Knochen sind allerdings immer entfernt worden. Die Archäologen vermuten, dass die Siedler von Trístomo und Vourgounda Bauern und Händler waren. Mit ihren Schiffen reisten sie nach Ägypten, Rhodos und Kreta. Trístomo war vermutlich der zweite Ort neben Pigadia, der Poseidon, dem Meeresgott gewidmet war.

Saría – die Insel der Schafe

Vor der Nordspitze von Karpathos befindet sich eine kleine Insel, die in mehrfacher Weise Geschichte schrieb. In der frühen Antike spielte sich auf der heute so öden Insel in einer sagenumwobenen Stadt Bemerkenswertes ab: In Nissyros. Sie war zu jener Zeit eine der vier wichtigsten Städte auf Karpathos. An der Stelle, an der heute die Trümmer der Kirche Agía Sofía zu sehen sind, stand im 5. Jahrhundert eine bedeutende frühchristliche Basilika.

Später, im Mittelalter, übernahmen syrische Piraten die Insel. Sie waren Sklavenhändler, die die Insel als „Zwischenlager" nutzten. Direkt in der Bucht von Ta Palatía ist ein gemauertes Becken zu sehen, in dem die Sklaven vor dem Verkauf zu Massen getauft wurden. Durch den Segen galten sie als Christen und erzielten dadurch höhere Preise. Die Piraten bauten auf antiken Grundmauern so genannte „Bienenkorbhäuser", ähnlich den apulischen „Trulli".

Dieser Baustil mit den typischen Steindächern ist ein Beweis dafür, dass schon damals das Holz knapp war. Außerdem wurde nach diesen Bauten die Ortschaft benannt: „Ta Palatía" – die Paläste.

Vom Strand aus führt ein Zickzack-Weg hinauf zu den Trulli-Gebäuden. Allerdings ist hier Vorsicht geboten! In direkter Nähe gibt es jede Menge Bienenstöcke, die schon dem ein oder anderen Kulturliebhaber nicht gut bekommen sind.

Etwa 50 Jahre ist es her, seit die letzten Bewohner aus Wassermangel ihr bescheidenes Hab und Gut packten und die Insel für immer verließen. Heute ist Saría unbewohnt und wird nur noch als Weideland für 30 bis 40 Ziegen und Schafe genutzt. Für den Viehtransport gibt es – früher wie heute – kein Transportschiff! An der engsten Stelle zwischen Karpathos und Saría, dem „Stenó", wird das Leittier ins Wasser gestoßen, die anderen Tiere folgen und schwimmen, unterstützt von der Strömung, ans andere Ufer. Das Weideland ist sehr karg und Wasser gibt es schon lange nicht mehr.

Früher war die Insel mit Wäldern übersäht und die Landwirtschaft blühte. Dann begingen die Bewohner der Insel einen Fehler, der für den Untergang der Insel sorgte. Nach und nach wurden die Bäume abgeholzt, um Weideflächen für die Tiere zu schaffen. Die Natur hat ihre Konsequenzen gezogen: Es regnete nicht mehr. Das heißt kein Wasser mehr. Weder für Mensch, noch Tier, noch für die Felder.

Heute werden die Tränken der Tiere von den Bauern aus Diafáni und Ólympos einmal pro Woche mit Wasser aufgefüllt, das aus zwei Brunnen stammt, in denen das Regenwasser

vom Winter aufgefangen wird.
Wer auf Saría dennoch pulsierendes Leben miterleben möchte, sollte sich einen von drei Terminen merken. Dann werden nämlich auf der ehemaligen Pirateninsel die berühmten Kirchenfeste gefeiert. Mit Musik und Tanz und jeder Menge Leckereien.

22. Juli: Ag. Panteleímomas an der Westküste. Nicht einfach zu erreichen mit dem Boot.

5. September: Ag. Zacharías (siehe Wanderung)

17. September: Ag. Sofia (direkt in der Bucht von Ta Palatía)

Wanderung:

Von den früher von den Schäfern genutzten Pfaden profitieren heute die Wanderer. Es gibt einige Touren über die Insel, die orientierungsmäßig allerdings nicht immer einfach sind. Eine leichte Variante, die Insel zu Fuß kennen zu lernen, möchten wir hier beschreiben:
Schwierigkeit: leicht bis mittel
Dauer: etwa 2 Stunden
Anmerkung: genügend Wasser mitnehmen!
Blaue Markierungen beachten.

Der Wanderweg beginnt direkt am Strand. Vorbei an der Ag. Sofía geht es zunächst steil den blau markierten Weg entlang durch eine imposante Schlucht hinauf. Wenn man sich nach ca. 10 Minuten umdreht, kann man am Hang gegenüber sehr gut auf die Trulli-

Bauten hinabsehen.
Es geht weiter auf demselben Pfad und man passiert zahlreiche Höhlen, die früher von den Bewohnern als Unterschlupf genutzt wurden. Die schwarze Farbe an den Wänden stammt vom Ruß der Feuer.
Nach etwa einer Stunde erreicht man das verlassene Dorf Argo. Zu Hochzeiten war die Siedlung weit größer als man heute noch sieht. Landwirtschaft wurde damals großgeschrieben, denn das Wasser war noch nicht knapp und die zahlreichen Terrassenfelder, von denen die bescheidenen Überreste noch zu sehen sind, wurden alljährlich bewirtschaftet. Die letzten Bewohner verließen den Ort vor etwa 50 Jahren. Lassen Sie sich Zeit und streifen Sie durch das Dorf. In einigen Ruinen findet man noch Reste des karpathiotischen Lebens, z.B. die typischen Hochbetten.
Nachdem man das Dorf durchwandert hat, geht es den Weg hinter dem Ort weiter bis zur Ag. Zacharias. Von dort hat man einen wunderbaren Ausblick hinunter auf die Trulli-Bauten und das antike Nissyros mit dem Strand.

Wie kommt man hin/zurück:

Von Pigadia:
Tipp: Empfehlenswert ist der geführte Ausflug nach Saría von TUI Hellas. Auf dem Programm steht eine zweistündige Wanderung zu den historischen Stätten der Insel begleitet von kompetenten Führern und ein anschließendes Picknick mit Bademöglichkeiten. Buchbar im Büro in Pigadia (siehe Stadtplan).

Von Diafáni:
Infos bei Orfános Travel Holidays. Tel. 05
14 10/Fax: 05 13 16
Die Bootsfahrt dauert ungefähr 1,5 Stunden
und kann zwischen Karpathos und Saría
kurzzeitig etwas stürmischer werden.

Anhaltspunkt zu verstehen und können je
nach Fitnessstand auch variieren. Was die
Ausrüstung angeht, empfehlen wir bei allen
Touren festes Schuhwerk und genügend
Wasservorräte, denn mancher Weg kann im
nachhinein schwerer und länger sein, als
man im Vorfeld denkt.

Aktiv und Sportlich

Wandern

Für die Wanderleidenschaft der Touristen
haben die meisten Griechen nur ein mitleidi-
ges Lächeln übrig. Der Grieche geht nicht
gern zu Fuß – verständlich – steigen die
Mittagstemperaturen doch oft bis über 35°
Celsius. Aus diesem Grund liegen die
Monate, in denen das Wandern lohnenswert
ist, in der Vor- und Nachsaison.
Die Bergwelt von Karpathos hält einige
wunderbaren Wanderrouten für Sie bereit.
16 mehr oder weniger anstrengende Touren
haben wir für Sie zusammengestellt, unter
anderem auch eine 1-wöchige Inseldurchquerung für die besonders fitten und leiden-
schaftlichen Wandervögel. Alle Wege sind
mit blauen, gelben oder roten Markierungen
versehen und helfen Ihnen bei der Orientierung. Die Angabe der Schwierigkeitsstufe,
Länge und Dauer der Touren sind als grober

Informationen zur Handhabung der Tourenbeschreibungen:

Zum Teil sind die einzelnen Touren unter-
teilt in Tour A und Tour B. Die erste beschreibt die schwierigere bzw. längere Variante. Wem die Distanz oder die Schwierigkeit zu viel ist, der kann auf die leichtere
„B-Version" ausweichen.

**Von Voláda nach Spoa – der
schönste Wanderweg der Insel**

Rund um Ólympos:

Wandertour 1:

Ólympos–Avlona–Vanánda–Diafáni
Schwierigkeit: sehr schwer, nur für erfahrene Wanderer
Dauer: 4–4,5 Std.
Anmerkungen:
1. Im letzten Drittel ist der Fußpfad über ca. eine halbe Stunde sehr schwer zu finden und ziemlich beschwerlich, deshalb bekommt die Wanderung die Schwierigkeitsstufe „sehr schwer" verpasst. Als Ausrüstungen empfehlen wir unbedingt lange Hosen und Wanderschuhe. Der Rest der Strecke ist mittelschwer und bietet fantastische Ausblicke über die Landschaft von Vanánda. Wer das halbstündige „Problemstück" nicht auf sich nehmen möchte, findet in Wandertour 2 eine leichtere Variante nach Diafáni.
2. Zur groben Zeitorientierung geben wir bei dieser Tour Zeitpunkte Z an.

Startpunkt: Mike's Coffeeshop am Ortseingang von Ólympos (Zeit 0)
Hier geht es zunächst die Treppe hinunter bis ins Tal. Von dort folgen Sie der Piste nach links am Fuße von Ólympos. Die von dort

Alle Touren auf einen Blick:

Wandertour 1:	Ólympos–Avlona–Vananda–Diafáni
Wandertour 2:	Ólympos–Avlona–Diafáni
Wandertour 3:	Ólympos–Forókli–Ólympos
Wandertour 4a:	Ólympos–Avlona–Trístomo–Avlona–Ólympos
Wandertour 5 (5a):	Avlona–Vourgounda–Avlona
Wandertour 6:	Arkássa–Kato Yiri–Menetés
Wandertour 7:	Menetés–Pigadia
Wandertour 8:	Arkássa–Menetés–Pigadia
Wandertour 9:	Pigadia–Kloster Ag. Géorgios Vassón–Apéri
Wandertour 10:	Pigadia–Ag. Kiriakí–Pigadia
Wandertour 11a:	Apéri–Profiti Ilias–Apéri
Wandertour 11b:	Apéri–Profiti Ilias–Acháta–Apéri
Wandertour 12:	Lastos–Kalí Limní
Wandertour 13:	Voláda–Lastos–Spóa
Wandertour 13a:	Lastos–Spóa
Wandertour 14:	1-wöchige Inseldurchquerung von Pigadia nach Apéri, Voláda, Lastos, Spóa, Ólympos zurück nach Pigadia

abgehende geteerte Straße ignorieren! Nach ca. 20 Minuten nach Start (Zeit 20) erreichen Sie eine Gabelung, an der es nach rechts in Richtung Avlona hoch geht. Vor Ihnen ist schon der Fußweg und an einer Steinmauer ein rotes Zeichen zu sehen, das Ihnen von nun an bis nach Avlona den Weg zeigt. Im Grunde können Sie bis zur Kapelle, die oben auf dem Berg laufend sichtbar ist, nichts mehr falsch machen. Nach ca. 1 Stunde (Z 60) kommen Sie kurz vor der Kapelle auf die geteerte Hauptstraße.

Von dort geht es ca. 10 Minuten die Teerstraße entlang (nicht zum Sender hinauf) bis zu einem Steinbruch auf der linken Straßenseite (Z 1 Std. 10). Direkt gegenüber beginnt der Fußweg nach Avlona. Wieder nach ca. 10 Minuten geht es durch ein Holzgatter (Z 1 Std. 20) und danach immer weiter hinunter in das fruchtbare Tal von Avlona. Dort treffen Sie auf die Straßenpiste nach Avlona (Z 1 Std. 30), der Sie nach rechts folgen. Jedoch nur ca. 50 Meter, denn dort geht es gleich wieder rechts ab (also nicht weiter in Richtung Dorf). Auf dieser gut begehbaren breiten Piste kommen Sie zunächst an der Kapelle Ag. Geórgios vorbei (Z 1 Std. 45), die Sie sich anschauen sollten. Weiter geht es bis die Piste an einem verrosteten Baufahrzeug endet (Z 2.00) in einen Fußweg übergeht.

Von jetzt können Sie über eine halbe Stunde einen wunderbaren Wanderweg mit genialem Ausblick genießen. Schon allein wegen diesem Weg lohnt sich die Tour. Danach beginnt der schwierigste Teil, was die Orientierung angeht. Der Weg wird nach und nach unübersichtlicher und schmaler. Ab hier könnte man sich unter Umständen Sorgen machen, ob man wirklich richtig ist.

Keine Angst: Sie sind richtig, aber auf unwegsames Gelände muss man sich jetzt einstellen (Z 2 Std. 30). Bleiben Sie immer weiter auf diesem jetzt sehr, sehr schmalen Pfad, auch wenn langsam Vanánda unten am Meer vorbeizieht. Sie treffen nun auf einen Pinienwald, wo Sie entlang eines Zaunes steil bergab steigen. Der Pfad ist nun nur noch sehr schwer zu erkennen. Sie treffen aber unweigerlich auf eine Steinmauer, an der es scheinbar nicht weiter geht. Keine Sorge, es geht weiter! Es wird nur eine kleine Klettereinlage von Ihnen verlangt. Es geht nämlich jetzt über den Maschendrahtzaun nach links immer weiter der Steinmauer entlang. Ab hier müsste die breite Piste, die nach Vanánda führt, sichtbar sein. Das Schlimmste haben Sie jetzt überstanden (Z 3 Std. 00) und es geht auf einer bequemen Piste nach Vanánda, wo Sie ein hübscher, kleiner Strand zum Baden einlädt (Z 3 Std. 30).

Auch die letzte Etappe bleibt leicht. Die Piste führt Sie eindeutig nach Richtung Diafáni und Sie haben noch einmal Gelegenheit den eindrucksvollen Ausblick auf die schroffe Felsküste zu genießen, bevor sie Diafáni erreichen (Z 4 Std. 00).

Wandertour 2:

Ólympos–Avlona–Diafáni

Schwierigkeit: mittel
Dauer: ca. 2,5 Stunden/ca. 7 km.
Anmerkung: Diese Tour ist sowohl für Bikefreunde als auch Wanderer geeignet. Im Vergleich zu Wandertour 1 bietet sie eine leichtere Variante um per pedes von Ólym-

pos nach Diafáni zu kommen. Die Strecken-beschreibung entspricht Mountainbike-Tour 1/Etappe 3 und 4 (siehe Kapitel „Aktiv und Sportlich/Mountainbike" S. 219).

Wandertour 3:

Ólympos–Forókli–Ólympos
Schwierigkeit: mittel
Dauer: 4 Stunden

Start: Mike's Coffeeshop am Ortseingang von Ólympos (Z 0)
Zunächst geht es die Teerstraße in Richtung Diafáni. Nach ca. 1 km zweigen Sie rechts ab und nehmen die Schotterpiste in Richtung Spóa bis Sie ein Schild mit der Aufschrift Forókli finden. Dort geht es links ab. Bleiben Sie dann immer auf dieser Piste, nehmen Sie nicht die erste Abzweigung nach links, sondern passieren Sie den Brunnen, den Sie gleich einige Meter nach dieser Abzweigung finden. Dann geht es eigentlich immer dem bequemen Hauptweg entlang, bis sie nach ca. 7 km (Z 2.00) auf den Strand bei Forókli stoßen.
Den Rückweg durch das Gelände haben wir zwar erkundet, wir wollen Ihnen jedoch diese Strecke ersparen, das sie wesentlich schwieriger ist als der Hinweg, sowohl in Bezug auf die Orientierung als auch auf die Schwierigkeit. Deshalb empfehlen wir zurück den selben Weg, den Sie gekommen sind.

Abstecher nach Kapi/mit Über-nachtungsmöglichkeit:

Wer in Forókli Lust auf mehr hat, kann von hier aus einen Abstecher an die hübsche Nachbarbucht Kapi machen. Dort gibt es sogar eine Übernachtungsmöglichkeit im „Wochenendhäuschen" von Mike (buchbar bei Mike's Coffeeshop in Ólympos, Tel. 51 304)

Wandertour 4a:

Ólympos–Avlona–Trístomo/Kilios–Avlona–Ólympos
Schwierigkeit: sehr schwer/nur für erfahrene Wanderer, die Lust auf Natur pur haben.
Dauer: 2-Tagestour/ca. 25 km

Anmerkung: Da Trístomo schon lange nicht mehr bewohnt ist und deswegen auch keine Übernachtungsmöglichkeit besteht, sollte man für die Nacht mit Zelt oder zumindest mit Schlafsack ausgerüstet sein. Zusätzlich sind natürlich ausreichend Wasser- und Lebensmittelvorräte für 2 Tage mitzubringen.

1. Etappe: Von Ólympos aus haben Sie zunächst 2 Möglichkeiten nach Avlona zu kommen:

1. Sie nehmen die Teerstraße in Richtung Diafáni. Auf der „Passhöhe" treffen Sie auf ein Schild, das Ihnen den Weg nach Avlona zeigt. Nach ca. 1 km nach der Abzweigung erreichen Sie das hübsche kleine Dorf. Hier besteht zum

letzten Mal die Möglichkeit sich mit Wasser oder sonstigen Vorräten für die 2-tägige Tour zu versorgen (1. Etappe).

2. Sie wandern entsprechend der Wandertour 1 bis Punkt Z 1Std.30.

2. Etappe: Nun durchquert man das Dorf Avlona weiter auf der Schotterpiste und trifft nach Verlassen des Dorfes nach ca. 700 m auf ein Holzgatter, das man hinter sich lässt. In Serpentinen geht es relativ steil nach oben (auf gelbe Markierungen achten!). Sie bleiben auf dieser Piste bis Sie auf eine Art Hochebene mit angelegten Feldern stoßen. Jetzt folgt ein leichter Teil der Wanderung. In flachem Gelände umgehen Sie diese bebauten Felder und treffen auf einige

Bienenstöcke zu Ihrer linken Seite. Bald darauf geht es wieder bergauf (ca. 800 m) bis Sie erneut auf angelegte bebaute Gebiete treffen. Sie wandern nun über einen Kamm, auf dem Sie, oben angekommen, bereits auf einen Teil des riesigen Naturhafens von Trístomo blicken können. Die Piste, auf der Sie die ganze Zeit gewandert sind, endet wenig später und geht an einem Wassertank in einen Fußpfad über. Hier müssen Sie genau auf die Markierungen achten um den richtigen Einstieg zu finden!

3. Etappe: Hier sieht es zwar aus, als sei man seinem Ziel schon sehr nahe, aber das täuscht mächtig. Zunächst geht es ca. 5 min, bis man auf ein Grundstück mit einer kleinen

Das einzige Kloster von Karpathos – Ag. Geórgios Vásson

Hütte trifft. Dieses Grundstück umgeht man unterhalb der Mauer und folgt von nun an 1.5 Stunden den Markierungen entlang des Geröllpfades, der bergab führt bis ins Tal. Unten angekommen treffen Sie auf den Ort Kilios.

Hier müssen wir ein Geständnis ablegen: Unsere Wanderung endete hier weil wir einfach nicht mehr konnten. Andere Literatur beschreibt, man solle von hier den blauen Markierungen folgen und komme nach ungefähr einer Stunde in Trístomo an.

(Wir würden uns sehr über Zuschriften von Wanderern freuen, die diesen letzten Abschnitt geschafft haben).

Wandertour 5:

Avlona–Vrkúnda–Avlona
Schwierigkeit: mittel
Dauer: etwa 2 Stunden
Anmerkung: Orientierung leicht

Gleich nach dem Ortsausgang treffen Sie auf der linken Seite auf einen riesigen Feigenbaum, wo zwischen niedrigen Steinmauern ein kleiner, aber gut sichtbarer Pfad nach rechts abgeht. Ein Schild weist in griechischer Schrift nach Vrkúnda. Ab hier folgen Sie einfach nur dem breiten Pfad, der zunächst zwischen Feldern entlang führt und dann sanft zum Meer hinunter abfällt. Nach ca. 20 Minuten sehen Sie Vourgounda schon vor sich und halten sich weiter auf diesem Pfad, bis Sie nach einer guten Stunde zunächst eine kleine, weiße Kapelle der Familie Hartofilakes und dann die Höhlenkapelle von Vourgounda finden.

Wandertour 5a:

Ólympos–Avlona–Vourgounda–Avlona –Ólympos
Wer die Tour nach Vourgounda von Ólympos aus begehen möchte, hängt einfach die 1. Etappe der Wanderroute 1 davor.

Rund um Arkássa/Menetés/Pigadia:

Wandertour 6:

Arkássa–Kato Yiri–Menetés
Schwierigkeit: mittel
Dauer: 2,5–3 Stunden
Anmerkung: Gelbe Markierungen zur Orientierung

1. Etappe: Die Tour beginnt im Dorfkern von Arkássa gegenüber den Delfini Studios. Zunächst geht es per Treppe hinauf ins Dorf. Kurz danach müssen Sie nach links abbiegen, drei kleine Abzweigungen ignorieren und der Dorfstraße, vorbei an Johnny's Hotel, folgen.

Von nun an geht es immer der Straße nach den Berg hinauf. Man kann den Weg nach Kato Yiri im Grunde nicht verfehlen.

2. Etappe: Erst ca. 500 m nach Kato Yiri verlässt man die Piste und folgt einem Pfad, der nach links abzweigt und steil nach oben führt. Oben angekommen trifft man auf ein

Gebäude, wo auch der breite Weg endet. Nun geht es nach links weiter auf einem schmalen Pfad (gelbe Markierungen helfen bei der Orientierung). Nach ca.15 min trifft man auf die Teerstraße, der man nach links in Richtung Menetés folgt. Von hier sind es nur noch ca. 800 m bis eine kleine Bar zu einer kühlen Erfrischung einlädt.

3. Etappe: Gleich hinter der Bar zweigt eine geteerte Straße nach recht ab und führt geradewegs hoch zu Ag. Spiridónas. Ein Schild an der Hauptstraße verweist ebenfalls auf diese Kirche. Von hier oben hat man nun einen herrlichen Blick über die Dächer von Menetés.

4. Etappe: Lassen Sie die Kirche hinter sich und folgen dem verzweigten Fußweg ins Dorf hinein. Durch die Gassen von Menetés eine genaue Beschreibung zu liefern, ist nicht einfach, deshalb unser **Tipp:** Halten Sie sich grob in Richtung Kirche, dann kommen Sie irgendwo unten auf der Hauptstraße an einer Telefonzelle heraus.

Von hier aus können Sie entweder den Bus bzw. ein Taxi an den Ausgangspunkt der Wanderung nehmen oder – wer noch Ausdauer besitzt – kann von hier aus Wanderung 7 bis nach Pigadia anschließen.

Wandertour 7:

Menetés–Pigadia
Schwierigkeit: mittel
Dauer: 2 Stunden

Anmerkung: Gelbe Markierungen als Orientierungshilfe

1. Etappe: Am Ortseingang von Menetés geht es zunächst ca. 200 m die Hauptstraße entlang in Richtung Pigadia. Um die Serpentinen abzukürzen, bietet sich ein kleiner Zick-Zack-Pfad an, der ca. 200 m nach dem Ortseingang nach links steil abwärts führt. Kurz darauf erreicht man wieder die Teerstraße. Sie nehmen nicht gleich die erste Abzweigung (Richtung Fußballplatz), um die im Tal sichtbare Piste zu erreichen, sondern erst die zweite (gelbe Markierung beachten!). Diese Piste führt Sie in langgezogenen Kurven weiter ins Tal hinunter.

2. Etappe: Nach ca. 45 min endet die Piste und Sie treffen auf ein zerfallenes Haus. Ab hier wird die Orientierung über ein kurzes Stück etwas schwieriger. Nehmen Sie den schmalen Pfad, der durch die Olivenfelder führt und kurz darauf wieder zu einer breiteren Piste wird. Eine Planierraupe hat dort einen neuen Weg geebnet, der steil in die Ebene führt. Unten angekommen treffen Sie auf eine größere Kapelle. An der nächsten Gabelung halten Sie sich rechts und an der darauffolgenden gleich wieder links (gelbe Markierung beachten!). Nach ca. 5 min trifft man auf eine sehr breite Piste, der Sie nach links folgen.

3. Etappe: Ca.15 min später biegt die Piste zwar nach links ab, sie folgen jedoch der ebenfalls breiten Straße weiter geradeaus (gelbe Markierung beachten!). Nach ca. 2 Stunden treffen Sie rechts auf das Hotel Panorama in Pigadia. Der Hauptstraße nach rechts folgend, erreichen Sie nach ca. 1 km das Stadtzentrum.

Wandertour 8:

Arkássa–Menetés–Pigadia

Schwierigkeit: schwer
Dauer: ca. 4,5–5 Stunden
Anmerkung: Da sich diese Wanderung aus Tour 6 und 7 zusammensetzt, wird sie entsprechend lang. Daraus ergibt sich der erhöhte Schwierigkeitsgrad!

Wandertour 9:

Pigadia–Kloster Ag. Geórgios Vassón–Apéri

Schwierigkeit: mittel
Dauer: ca: 2,5 Stunden/ca. 8 km

1. Etappe: Die Tour startet in Pigadia an der Strandstraße, die nach Apéri führt. Nehmen Sie die nach links abzweigende Straße kurz nach dem Europcar-Büro, an der ein Schild auf die Florida Studios hinweist. Beim Alex Hotel wird die geteerte Straße zur Schotterpiste, die Sie von nun an verfolgen. Sie treffen nach ca. 300 m auf einen Gatterzaun, der rechts ein Feld eingrenzt. Sie ignorieren hier die Abzweigung nach links und wandern weiter geradeaus. Nach ungefähr 1 km passieren Sie zunächst rechter Hand, und nicht viel später linker Hand, zwei kleine Kapellen. Wiederum einen Kilometer später folgen Sie den roten Markierungen bergab. Die Abzweigung links ist für Sie uninteressant. Man durchquert nun ein Waldbrandgebiet und in der Ferne erkennt man die Kapelle Profiti Ilias von Apéri hoch oben auf dem Berg. Nach ca. 4 km Wegstrecke passieren Sie eine Abzweigung nach rechts, folgen jedoch der Piste weiter geradeaus entsprechend den roten Markierungen. Der Weg führt nun bald steil in Serpentinen bergauf und einige Zeit später treffen Sie unweigerlich auf eine Weggabelung, an der Ihnen ein Schild mit der Aufschrift Ag. Geógios Vassón den Weg zum Kloster zeigt.

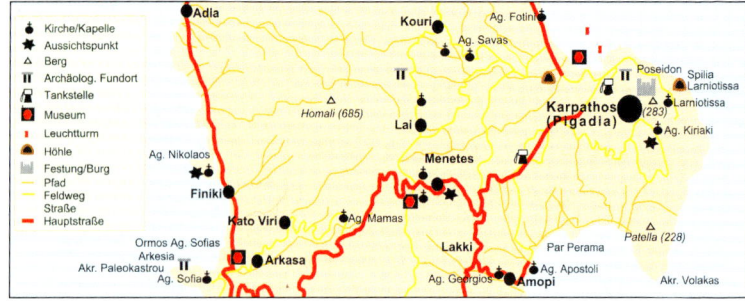

Wandertour 6–8

Ein gewohntes Bild

Das Kloster Agios Géorgios Vassón, erlebte seine Blütezeit während der Türkischen Fremdherrschaft. Hier wurde heimlich die griechische Sprache gelehrt und die Kultur weiter gegeben. Heute beeindruckt das Kloster durch seinen wunderschön gepflegten Garten der jederzeit betreten werden darf. Das Kloster selbst ist wegen Nachwuchsschwierigkeiten nicht mehr ständig bewohnt. Es wird von den Priestern aus Apéri betreut.

2. Etappe: Nach der Besichtigung des Klosters gehen Sie die ca. 50 m wieder zurück zur Gabelung und halten sich dann dort links (Achtung: Nicht wie der rote Pfeil anzeigt nach rechts!). Es geht bergab und nach ca. 100 m passieren Sie links ein hübsches Landhaus. Von nun an folgen Sie ohne Steigungen der Piste, bis Sie nach 8 km auf die ersten Häuser von Apéri stoßen und nicht viel später auf die Hauptstraße gelangen.

3. Etappe: Für den Rückweg bieten sich drei Möglichkeiten an:
1. Sie lassen sich von einem vorbestellten Taxi an einer der Tavernen im Zentrum von Apéri abholen.
2. Sie halten ein Auto an, das auf dem Weg nach Pigadia ist (Anhalter werden auf Karpathos gerne mitgenommen).
3. Falls Sie terminlich gut organisiert sind, nehmen Sie den öffentlichen Bus, der um ca. 14 Uhr nach Pigadia fährt (Stand: Sommer 2001)

Wandertour 10:

Pigadia–Ag. Kiriakí–Pigadia

Schwierigkeit: mittel
Dauer. ca. 9 km
Anmerkung: Gelbe Markierungen weisen Ihnen zunächst den Weg, gegen Ende der Tour ab dem Fußpfad sollten Sie auf rote Markierungen achten!

1. Etappe: Die Tour startet am Ortsausgang von Pigadia in Richtung Amoopi. Direkt rechts neben einem Supermarkt auf der linken Straßenseite biegt eine schmale Piste nach links ab und führt steil den Berg hinauf (schräg gegenüber befindet sich eine kleine Kapelle). Der Einstieg der Tour ist an einer niedrigen Mauer, die das Sträßchen begrenzt, mit einer gelben Markierung gekennzeichnet. Entlang der Teerstraße geht es zunächst den Berg hoch. Die Teerstraße verwandelt sich bald darauf in ein Erdsträßchen, das steil den Berg hinaufführt. Nach ca. 700 m gelangt man auf eine quer verlaufende andere Schotterpiste. Kaum 20 m weiter trifft man, nach links abbiegend, auf eine betonierte Straße, die von nun an bequem in langgezogenen Kurven hinauf auf das Bergplateau führt.

Nachdem man einen Wohnwagen in einem eingezäunten Gelände passiert hat, entdeckt man einen kleinen Altar zur Linken. Nicht viel später, nach einer Kurve, trifft man an eine beschilderte Weggabelung. Nach rechts geht es nach Amoopi (auf diese Stelle treffen Sie auf dem Rückweg nach Pigadia wieder), Sie wandern jedoch geradeaus weiter auf der gleichen Piste bis Ag. Kiriakí nach ca. 1 km exponiert auf einem Hügel auftaucht.

2. Etappe: Weiter geht es hinter der Kapelle. An dieser Stelle führt die Piste in einigen Kurven sehr steil bergab. Wieder fast auf Meereshöhe findet man in einer engen Haarnadelkurve eine weitere Kapelle, Ag. Panagiá Larniotissa. Dort geht man nicht in der Kurve geradeaus, sondern nimmt die enge Rechtskuve. 50 m weiter ist die nächste Gabelung erreicht. Sie wählen hier die linke Piste, die Sie nach nur kurzer Wegstrecke zwischen zwei große Felsen führt.

3. Etappe: Gleich danach geht es nicht auf diesem Weg weiter, sondern man hält sich rechts und wandert eine abzweigende Schotterstraße steil in Serpentinen den Berg hinauf. Abzweigende Wege ignorieren Sie und bleiben immer auf dieser gut begehbaren Straße. Rechts hat man nun einen schönen Ausblick auf die zuvor besuchte Kirche Ag. Kiriakí und nicht viel später taucht links unten an der Küste auch Amoopi auf. Wie gehabt bleiben Sie weiter auf diesem Weg, denn hier werden Sie auf direktem Weg wieder auf die Abzweigung geführt, die Sie zuvor nach Ag. Kiriakí gewiesen hat.

4. Etappe: An dieser Stelle wenden Sie sich erneut nach rechts und wandern über ca. 400 m den gleichen Weg, den Sie vor ca. 1 Stunde schon einmal gegangen sind. Jedoch nur diese kurze Strecke, denn sobald Sie die Kurve erreicht haben, ist es Zeit, sich nach links auf eine abzweigende Piste zu wenden (von nun an den roten Markierungen folgen!). Diesem folgt man jedoch nur ein paar Meter, denn nicht viel später taucht ein kleiner rot markierter Pfad auf, der Sie im Schatten des Waldes auf direktem Wege zurück nach Pigadia führt.

Rund um Apéri:

Wandertour 11a:
Apéri–Profiti Ilias–Apéri

Schwierigkeit: mittel
Dauer: ca. 2,5 Stunden/ca. 9 km
Anmerkung: Herrliche Aussicht auf dem Gipfel

Busverbindung Pigadia–Apéri: 11.00/13.00 Uhr (Stand: Sommer 2001)

1. Etappe: Die Tour beginnt an der Kirche von Apéri. Dort zweigt rechts eine schmale betonierte Straße ab. Sie führt nach ca. 300 m zunächst vorbei am Sportplatz von Apéri. Die kurz darauf folgenden Abzweigung hinunter nach Acháta ignorieren Sie genauso wie die kleine Kapelle am Straßenrand, die bald darauf zu sehen ist.

2. Etappe: Ca. 200 Meter später nehmen Sie die links nach oben abgehende Schotterpiste (auf gelbe Markierungen achten!) und folgen ihr, bis Sie auf einer Ebene auf eingezäunte Felder stoßen. Auch ein kleines Landhaus werden Sie bemerken.

3. Etappe: Exakt an der Stelle, an der der Maschendrahtzaun endet, beginnt der Fußpfad, der Sie hinauf zur Kapelle des Profiti Ilias führt. Der Weg ist perfekt zu gehen und sehr leicht zu finden, so dass ab hier nichts mehr schief gehen kann. Ca. 30 min geht es nun auf dem langsam ansteigenden Pfad hinauf bis der bislang relativ gerade verlaufende Pfad in einen Serpentinenweg übergeht. Nach weiteren 30 min taucht

vor Ihnen die kleine weiße Kapelle auf. Ein überragender Ausblick belohnt Sie nun für diese etwas anstrengendere Etappe der Wanderung.

4. Etappe: Auf dem gleichen Weg geht es zunächst zurück bis zum Landhaus und danach nach Apéri.

Wandertour 11b:

Apéri–Profiti Ilias–Acháta–Apéri
Schwierigkeit: schwer
Dauer: 4,5–5 Stunden

Wem die Wanderung 11a nicht genügt, der kann seinen Trip ausdehnen, indem er am Ende der 4. Etappe (am kleinen Landhaus bei den Feldern) nicht direkt nach Apéri zurück wandert, sondern die hier nach rechts abzweigende Piste vorbei am Landhaus nimmt (gelber Pfeil nach links am blauen Eingangstor zum Landhaus).

5. Etappe: Dort geht es auf der Schotterstraße weiter und nach ca. 1 km trifft man auf die Piste, auf der auch PKW's hinunter zum Strand von Acháta fahren. Keine Sorge, der wirklich mäßige Verkehr wird Sie nicht stören. Im Gegenteil, falls Sie ihre Kräfte überschätzt haben, besteht immer noch die Möglichkeit, einen Wagen anzuhalten und sich bis zum Strand chauffieren zu lassen. Zur Erholung und Stärkung gibt es am Strand eine kleine hübsche Taverne, Liegestühle und Sonnenschirme.

6. Etappe: Für den Rückweg nach Apéri nehmen Sie wieder die leicht begehbare Autopiste.

Rund um Lastos:
Wandertour 12:

Lastos–Kalí Limní
Schwierigkeit: mittel – schwer
Dauer: 2,5 Stunden/ca. 6 km
Anmerkung: Gehen Sie möglichst an einem klaren Tag, denn tiefliegende Wolken können Ihnen die Orientierung unter Umständen in Gipfelnähe schwer machen.

In die wohl meistbegangene Route starten Sie, wenn Sie das „Basislager Thanassis" passiert haben, denn nicht viel später beginnt der Aufstieges zum Gipfel. Nach etwa 300 Metern treffen Sie auf eine Gabelung und halten sich dort links. Wenig später endet die Piste. Dort steigen Sie in die mit einem „K" gekennzeichncte Route ein und wandern von nun entlang der roten Kennzeichen steil bergauf. Nach etwa einer Stunde erreichen Sie den Gipfel des Kalí Limní auf 1215 Meter Höhe. Der Abstieg folgt auf dem gleichen Weg, wie Sie gekommen sind.

Wandertour 13:

Voláda–Lastos–Spóa
Schwierigkeit: schwer
Dauer: ca. 20 km/5,5–6 Stunden

Anmerkung: Achtung: Unsere Lieblings-
tour! Und: Was die Orientierung anbetrifft,
ist dies eine leichte Tour. Wer den Pfad am
Einstieg gefunden hat, der kann im Grunde
nichts mehr falsch machen! Die Distanz
macht bei dieser Tour die Schwierigkeit aus.
Achtung: Blaue und rote Zeichen wechseln
sich auf dieser Wanderung ab.

1. Etappe: Los geht die Tour in Voláda, von
wo aus man zunächst auf der Teerstraße in
Richtung Óthos läuft. Nach ca. 500 m nach
dem letzten Wohnhaus trifft man in einer
engen Kurve auf eine nach rechts abzweigende kleinere zum Teil sehr imposante
Straße, die durch die Ortschaft Pini hinauf
auf die Lastosebene führt. Nach ungefähr 5,5
km zweigt eine Piste nach links ab, dann

nämlich wenn ein Schild den Weg zum Kalí
Limní anzeigt. Die Teerstraße verwandelt
sich dort in eine Schotterpiste und es geht
vorbei an einzeln stehenden Landhäusern
und bebauten Ländereien.

2. Etappe: Bei Thanássis (siehe Restau-
rants/Unterkunft Lastos S. 152), einer urigen
Kneipe, kann man sich das letzte Mal stär-
ken bevor es los geht über die Berge nach
Spóa in den nördlichen Teil der Insel. Lassen
Sie danach Thanássis Taverne links hinter
sich und wandern zunächst ca. 300 m weiter
die Piste entlang. Sobald Sie auf eine
Gabelung treffen, sollten Sie sich links halten. Nicht viel später endet die Piste und es
gibt nun zwei Möglichkeiten weiter zu wandern. Sie nehmen nicht die mit einem „K"

*Wanderungen, die mit genialen
Ausblicken bezaubern*

gekennzeichnete Route, denn diese führt auf den Kalí Limní (siehe Tour 12), sondern Sie halten Ausschau nach einer großen roten Aufschrift „Spóa". Dies ist die wichtigste Markierung, denn sie zeigt den Pfad, der ab hier ohne weitere Abzweigungen über ca. 4 Stunden nach Spóa führt.

Ein Ziegenpfad führt zunächst in einem leichten Anstieg bergauf und gibt den Blick frei auf die Terrassenfelder der Lastosebene. Thymianbüsche säumen den Wegrand und verströmen ihren herrlichen Duft in alle Richtungen.

Nach einem weiteren steilen Aufstieg erreicht man eine Hochebene, die flächig mit Tausenden von Disteln bewachsen und von einer Steinmauer umgeben ist. Verlässt man das Feld, hält man sich leicht links, umrundet den Fels und folgt dann wieder dem gut sichtbaren Pfad.

Nach ca. einer Stunde Wegstrecke seit Thanássis Kneipe beginnt man ein wunderbares baumbewachsenes Gebiet zu durchqueren. Es geht entlang des Berghanges durch Pinienwälder leicht bergab und bergauf im Wechsel.

Zwischendurch ist in dieser Gegend der Pfad nicht ganz einfach zu finden, aber wenn man nach den Markierungen Ausschau hält, dürfte es kein Problem sein, den Weg zu finden. Sie sind immer noch auf dem richtigen Weg, wenn Sie kurz nacheinander zwei ausgetrocknete Bachbetten überqueren, nicht viel später bergauf wandern und zwei entwurzelte Bäume hinter sich lassen. Vor Ihnen liegen nun nicht mehr bestellte, vernachlässigte Felder und der Weg führt entlang von Terrassenfeldern immer weiter nach Norden in Richtung Spóa.

Kurz vor einem verfallen Steinhaus halten Sie sich schräg links und folgen demselben Weg wie bisher.

Nach ca. 2 Stunden Wanderung (seit Thanássis Taverne) geht es durch ein Felsenmeer, dem Zuhause von einigen Ziegen, die sich zufrieden in der Landschaft tümmeln. Von hier dauert es nicht mehr lange bis Sie den ersten Blick auf Spóa werfen können und in Serpentinen bergab gehen. In dieser Gegend hat nicht nur der Waldbrand gewütet, auch Gerölllawinen sind dafür verantwortlich, dass das Gehen auf den Pfad im Moment erschwert wird. Seien Sie also auf der Hut, es ist Vorsicht geboten, dass man nicht abrutscht.

Spóa rückt nun immer näher, rechts unten sieht man bald die Piste, die von Mertonas nach Spóa führt. Sie wandern in dieser Gegend eigentlich immer der Wasserleitung entlang, die den Pfad bis nach Spóa begleitet.

Ein halbe Stunde vor Erreichen des Zieles beginnt der Abstieg und man trifft auf die Teerstraße, die an der Ostküste von Mesochóri herauf führt. Der letzte Stück wandern Sie auf der Teerstraße in das Dorf hinein.

Wandertour 13a:

Lastos–Spóa

Schwierigkeit: mittel bis schwer
Dauer: ca. 4,5 Stunden

Dies ist die leichtere Variante zu Tour 13 startet nicht in Voláda, sondern im erst „Basislager" bei Thanássis. Dadurch erspart

man sich ungefähr 1,5 Stunden anstrengen-
den Aufstiegs. Danach wandern Sie entsprechend der 2. Etappe.

Wandertour 14:

1-wöchige Inseldurchquerung:

Bevor es los geht, sollten Sie unbedingt Ihre
Wanderausrüstung kontrollieren. Sie benötigen feste Wanderschuhe, auf jeder Etappe
genügend Wasser und für Unterkünfte ist es
ratsam im Voraus zu buchen. Besonders wenn
Sie mit einer größeren Gruppe unterwegs sind.
Die Kontaktadressen finden Sie unter den
jeweiligen Dörfern im Kapitel Unterkunft.
Übrigens: Falls 1 Woche wandern zuviel des
Guten ist, kann man selbstverständlich auch
kürzere Auszüge aus dem Wochenprogramm
„abwandern".

1. Tag: Pigadia–Apéri–Voláda

Entsprechend der Wandertour 9 starten Sie
in Pigadia, besuchen unterwegs das einzige
Kloster der Insel, Ag. Geogios Vasson und
wandern dann weiter bis nach Apéri. Auf der
Hauptstraße durchwandern Sie Apéri und
Voláda, zwei typisch karpathiotische Dörfer.
Dabei sollten Sie es sich nicht entgehen las-
sen in einem der traditionellen Kafenia Rast
zu machen, denn dort ist der karpathiotische
Alltag noch voll im Gange. Am Ortsausgang
von Voláda, in der Nähe des Fußballfeldes
treffen Sie auf Ihre Unterkunft.
Übernachtung: Apartments Konstantina,
Tel. 031 300/71 094, mobil: 097/3426 266,
Fax: 031 099

2. Tag: Voláda–Lastos–Kalí Limní–Lastos

Am zweiten Tag erklimmen Sie den höchstem Berg der Insel, den 1218 m hohen Kalí
Limní. Wandern Sie entsprechend der Tour
12 auf den Kalí Limní und zurück nach
Lastos, wo Sie von Thanássis in seiner einfachen, aber urigen Taverne bekocht und für
die Nacht versorgt werden.
Übernachtung: Taverna Thanássis Tel. 031 304

3. Tag: Lastos–Spóa

Diese unserer Meinung nach schönste
Wanderung führt Sie auf einen herrlichen
historischen Pfad ohne Umweg nach Spóa in
den Norden der Insel entsprechend der
Wandertour 13 (ab Etappe 2).
Übernachtung: Taverna/Kafeníon Athula,
Spóa Tel. 071 341

4. Tag: Spóa–Ólympos

Am vierten Tag liegt die längste Strecke vor
Ihnen. Ca. 18 km zieht sich die gut begehba-
re und leicht zu findende Schotterpiste ent-
lang der Berghänge nach Ólympos, dem tra-
ditionellsten Dorf der Insel. Zwar wird die
Piste auch von Autos befahren, aber keine
Sorge, das Verkehrsaufkommen hält sich in
Grenzen. Da die Piste ohne Probleme zu fin-
den ist, haben wir auf eine detaillierte
Beschreibung verzichtet.
Übernachtung: Siehe „Ólympos/Unterkunft"
S. 193.

5. Tag: Ólympos (Pause)

Wer nicht den ganzen Tag im Dorf rumhän-
gen will, kann sich am fünften Tag auf eine
Strandtour begeben (siehe Wanderung 3)

und auch die zweite Nacht in Ólympos verbringen. Eine hübsche Übernachtungsvariante: Sie bleiben in Kapi in einem privaten Landhaus, geniessen die herrliche Einsamkeit am Strand und kehren erst am nächsten Tag nach Ólympos zurück.
Übernachtung: siehe „Ólympos/Unterkunft" S. 193.

6. Tag: Ólympos–Avlona–Vourgounda–Avlona

Am sechsten Wandertag besuchen Sie, entsprechend der Wandertour 5, die Überreste einer der vier bedeutendsten Städte von Karpathos zu vorchristlichen Zeiten, Vour-

gounda (siehe auch Ólympos S. 184)
Übernachtung: Kontakt in Ólympos: Mike's Coffeeshop, Tel. 051 304

7. Tag: Avlona–Diafáni–Pigadia

Am letzten Tag Ihrer Inseldurchquerung gibt es nur eine kleinere Etappe zu bewältigen.
Wandern Sie entsprechend der in der Mountainbiketour 1 angegebenen Strecke (siehe S. 220), allerdings erst ab Etappe 4. So kommen Sie ohne Probleme zunächst nach Diafáni und danach mit dem Schiff zurück nach Pigadia. Abfahrt: 16.30 Uhr ab Hafen Diafáni.

Alle Mountainbiketouren auf einen Blick:

MB-Tour 1: Pigadia–Diafáni (Schiff)–Ólympos–Avlona–Diafáni–Pigadia (Schiff)

MB-Tour 2: Pigadia–(Schiff)–Diafáni–Ólympos–Spóa–Apella–Mertonas–Kyra Panagiá–(Schiff)–Pigadia

MB-Tour 3: Afiartis–Windmühlen–Menetés–Afiartis

MB-Tour 4: Afiartis–Windmühlen–Arkássa–Ag. Theodoros–Luv Spot (Windsurfspot)–Afiartis

MB-Tour 5: Pigadia–Apéri–Voláda–Óthos–Kloster Ag. Geógios Vassón–Pigadia

MB-Tour 6: Kyra Panagiá–(Schiff)–Apella–Mertonas–Kyra Panagiá

MB-Tour 7: Kyra Panagiá–(Schiff)–Pigadia–Apéri–Kyra Panagiá

MB-Tour 8: Kyra Panagiá–(Schiff)–Acháta–Apéri–Pigadia–(Schiff)–Kyra Panagiá

Mountainbike-Touren

Eines ist klar: Karpathos ist nicht Holland! Wer auf dieser Insel mit dem Mountainbike unterwegs ist, muss sich auf bergige und zum Teil schlechte Pisten einstellen. Leichte Touren gibt es auf Karpathos nicht. Deshalb:

Ungeübte Radler sollten sich besser auf „Schusters Rappen" begeben und sich alternativ mit dem Wanderprogramm beschäftigen.

Achtung: Der Fahrradtransport auf den Ausflugsschiffen ist problemlos und kostenlos!

MB-Tour 1/2

219

MB-Tour 1:

Pigadia–Diafáni (per Schiff)–Ólympos–Avlona–Diafáni–Pigadia (per Schiff)

Schwierigkeit: mittel
Dauer: ca.17 km
Anmerkung: kurzes Tragestück kurz nach Avlona
1. Etappe: 8.30 Uhr Abfahrt des Ausflugschiffes im Hafen von Pigadia (Kosten ca. 14 €/hin und zurück). Ankunft in Diafáni ca. 1,5 Stunden später.

2. Etappe: Von hier geht es ca. 30 min in einigen Kehren bergauf bis zur Abzweigung Avlona (Achtung: Diese Abzweigung müssen Sie nehmen, wenn es – auf dem Rückweg von Ólympos kommend – weiter in Richtung Avlona geht). Sie bleiben weitere 3 km auf dieser Straße, bis Sie auf Ólympos treffen.

3. Etappe: Von Ólympos fahren Sie die Teerstraße wieder zurück bis zur bekannten Abzweigung nach Avlona, danach hinunter bis kurz vor Avlona.

4. Etappe: Jedoch sollten Sie nicht direkt ins Dorf hineinfahren, sondern kurz davor an einem eingezäunten Weinfeld die Abzweigung nach rechts nehmen (gelbe Markierung!). Der gut befahrbaren breiten Piste folgen Sie ca. 1 km, bis Sie am Wegrand auf ein weiteres gelbes Zeichen stoßen. Nehmen Sie nun den Pfad, der Sie rechts hinunter in das kleine Tal führt. Dort müssen Sie das Rad über einen Zaun heben, um weiter zu kommen. Links oben ist schon der gepflasterte Pfad erkennbar, der auf den Grad des Berges

führt. Bis dahin müssen Sie Ihr Bike schieben bzw. tragen, es sei denn, Sie sind ein wirklicher Profi. Nach ca. 500 m Tragestrecke treffen Sie auf die Schotterstraße, die Sie nach links hinunter nach Diafáni führt. Kurz vor der Ortschaft erreicht man eine Gabelung, der man nach rechts folgt. Nach ca. 15 min Abfahrt ist das Ziel Diafáni erreicht.

MB-Tour 2:

Pigadia–(Schiff)–Diafáni–Ólympos –Spóa–Apella–Mertonas–Kyra Panagiá–(Schiff)–Pigadia

Schwierigkeit: sehr schwer (nur für sportliche Fahrer)
Dauer: 2-Tagestour/1. Tag: 6 km/2. Tag: 30 km
Anmerkung: Der hohe Schwierigkeitsgrad der Tour ergibt sich aufgrund der 2. Tagesetappe, die zum Einen sehr umfangreich, zum Anderen mit einigen steilen Anstiegen (zwischen Spóa und Kyra Panagiá) gespickt ist. Die Schotterpiste zwischen Ólympos und Spóa verläuft entlang des Berges und weist nur leichte Anstiege auf, allerdings oft über längere Strecken.

Achtung: Planen Sie so, dass Sie das Schiff um ca. 17 Uhr in Kyra Panagiá nach Pigadia erwischen! (genaue Abfahrt in Kyra Panagiá bestätigen lassen).

1. Tag/1. Etappe:
8.30 Uhr Abfahrt das Ausflugschiffes im Hafen von Pigadia (Kosten: 8 €/einfache Fahrt). Der

Fahrradtransport ist problemlos und kostenlos. Ankunft in Diafáni nach ca. 1,5 Stunden. In dieser 1. Etappe beginnt die Biketour ziemlich moderat: Der Teerstraße folgend erreichen Sie nach ca. 50 min das malerische und traditionsreiche Dörfchen Ólympos. Es lohnt sich hier die Nacht zu verbringen, denn erst wenn sich die Touristenströme am Nachmittag wieder auf den Heimweg machen, bekommt man den wirklichen Charme von Ólympos zu spüren. Übernachtungstipps: siehe „Ólympos/Unterkunft" S. 193.

2. Tag/2. Etappe:
Für diese Strecke sollten Sie gut ausgeschlafen sein, denn diese Etappe ist weit anstrengender als die erste. Ca. 400 m nach Ortsausgang zweigt die Schotterpiste rechts nach Spóa ab. Auf den folgenden 18 km schlängelt sich die Piste entlang des Berges und führt immer wieder über kürzere oder längere Strecken leicht bergauf und bergab. Auf diesem Streckenabschnitt werden Sie mit atemberaubenden Ausblicken auf die Küste belohnt.

3. Etappe: 1 km nach dem Ortsausgang von Spóa zweigen Sie links ab und folgen dieser Piste, die in den nächsten Kilometern keine leichte Passage werden wird. Ständig bergauf und wieder bergab fahrend erblicken Sie nach ungefähr 4,5 km die Bucht Apella links unten an der Küste. Wer Lust auf eine Pause und ein Bad hat, zweigt dort links ab hinunter nach Apella.

4. Etappe: Von Apella bleibt die Piste schwer zu befahren (über ca. 4,5 km). Kurz vor Mertonas zweigen Sie links ab, hinunter nach Kyra Panagiá. Geschafft! Um ca. 17

Uhr legt hier das Ausflugschiff an, das ihre morgendlichen Mitreisenden zuvor schon in Diafáni abgeholt hat und bringt Sie zurück nach Pigadia.

MB-Tour 3:
Afiartis–Windmühlen–Menetés–Afiartis

Schwierigkeit: mittel bis schwer
Dauer: ca. 3 Stunden/ca. 25 km
Anmerkung: Bis Menetés lange Steigungen, oft mit viel Gegenwind.

1. Etappe: Die Tour beginnt am Hotel Long Beach in der Nähe des Flughafens. Hier geht es ca. 4 km auf einer Schotterpiste leicht bergauf zu den Windmühlen, die schon vom Startplatz aus zu sehen sind. Schwierig kann dieser Teil der Strecke werden, wenn es windig ist, denn dann muss man gegen die Windrichtung den Berg hoch strampeln.
2. Etappe: Nach den Windmühlen bleiben Sie auf der Piste, bis Sie auf die Teerstraße treffen, die von Menetés nach Arkássa führt.
3. Etappe: Hier geht es rechts weiter in Richtung Menetés (ca. 5 km). Zwischendurch durchquert man eine Ebene, aber im Allgemeinen führt die Teerstraße eigentlich stetig bergauf. Im Dorf angelangt hat man dann das Gröbste geschafft.

4. Etappe: Von Menetés aus geht es auf Teer nur bergab. Nach 3 km gelangt man auf die Hauptstraße, die von Pigadia nach Afiartis führt und nach 10 km erreicht man den Ausgangspunkt der Tour.

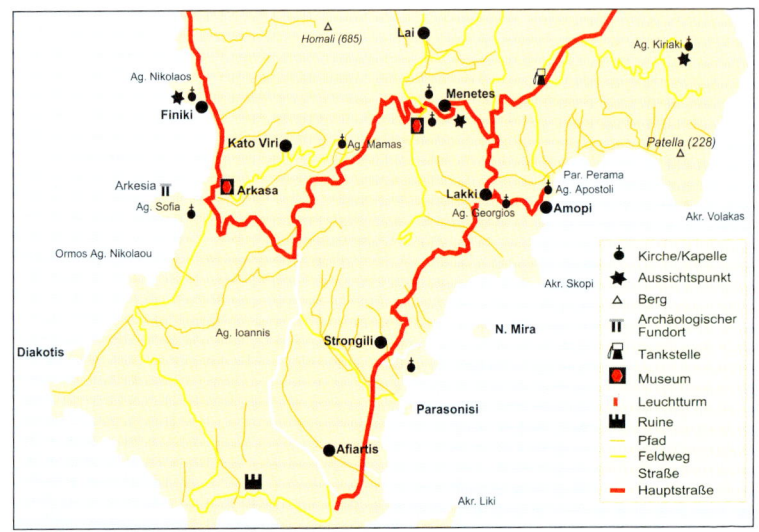

Legend:
- ● Kirche/Kapelle
- ★ Aussichtspunkt
- △ Berg
- Ⅱ Archäologischer Fundort
- ⛽ Tankstelle
- 🔴 Museum
- ❚ Leuchtturm
- 🏰 Ruine
- — Pfad
- — Feldweg
- — Straße
- — Hauptstraße

Map labels: Homali (685), Lai, Ag. Kiriaki, Ag. Nikolaos, Finiki, Menetes, Kato Viri, Ag. Mamas, Patella (228), Arkesia, Arkasa, Par. Perama, Ag. Apostoli, Ag. Sofia, Lakki, Ag. Georgios, Amopi, Akr. Volakas, Ormos Ag. Nikolaou, Akr. Skopi, Diakotis, Ag. Ioannis, Strongili, N. Mira, Parasonisi, Afiartis, Akr. Liki

Anspruchsvolle Mountainbike-Touren gibt es auf Karpathos in Hülle und Fülle.

222

MB-Tour 4:

Afiartis–Windmühlen–Arkássa–Ag. Theodoros–Luv Spot (Windsurfspot)–Afiartis

Schwierigkeit: mittel bis schwer
Dauer: ca. 3 Stunden/ca. 24 km
Anmerkung: Schwierigkeitsstufe erhöht an Tagen mit viel Wind. Die 4. Etappe stellt höhere Ansprüche an die Orientierung.

1./2. Etappe: Diese Route ist bis einschließlich der 2. Etappe identisch mit MB-Tour 1. 3. Etappe: Trifft man auf die Teerstraße geht es hier nicht wie bei Tour 1 rechts hoch, sondern links den Berg hinunter nach Arkássa.

4. Etappe: Direkt am Ortseingang gegenüber dem Hotel Dimitri nimmt man die Abzweigung nach links und trifft nach ca. 500 m auf eine rechts abzweigende Straße hinunter zum schönen Strand Ag. Nikoláos. Sie soll-

MB-Tour 6–8

ten die Gelegenheit wahrnehmen, ein kühles Bad und ein erfrischendes Getränk zu nehmen, denn der weitere Verlauf der Tour wird „trocken"!

Sind Sie wieder auf der Straße, auf der Sie vor der Rast gekommen sind, geht es weiter in Richtung des sehr einsamen Strandes Ag. Theodóros (siehe auch Kapitel Strände). Wer Ruhe liebt, sollte sich als Zwischenstation besser diesen Strand aussuchen. Zunächst lässt man jedoch zwei weitere etwas unscheinbarere Strände rechts liegen und radelt so lange weiter, bis man rechts an einem neu erbauten Haus vorbei kommt (weitere Häuser in der Umgebung). Dort nimmt man bei der Gabelung die rechte Möglichkeit. Die Piste wird hier schmaler und wer sich nun für die einsame Strandvariante entschieden hat, sollte sich nicht viel später bei der folgenden Abzweigung rechts halten, hinunter zum Strand von Ag. Theodóros.

Weiter geht es mit einem kurzen steilen und unwegsamen Streckenabschnitt (ca. 200 m), an dessen höchstem Punkt ein großes Eisengestell sichtbar ist. Nach weiteren 300 m trifft man auf einen breiteren und um einiges besser ausgebauten Schotterweg, auf den man nun nach rechts abbiegt. **Achtung:** Auf den nächsten 500 m die Augen offen halten, denn nun müssen Sie eine **rot markierte Abzweigung nach links** erwischen, die nicht unbedingt leicht zu finden ist. Fahren Sie also nicht unachtsam die Piste geradeaus, sondern halten Sie Ausschau nach einer relativ unbedeutsamen Abzweigung nach links. Kurz vorher fahren Sie auf sehr unwegsamem, steinigem und abfallendem Gelände bergab. Wenn Sie richtig abgebogen sind, müssten Sie nun in weiter Entfernung die Windmühlen vor sich sehen!

Von hier ab ist der Weg wieder einfacher zu finden. Folgen Sie immer weiter dieser Piste. Sie passieren nach kurzer Fahrzeit einen höheren Steinturm am Wegrand, die Abzweigungen nach rechts ignorieren Sie. Nach ca. 18 km treffen Sie auf den Windsurfspot. Falls Sie Ihr Bike nicht kurz an den Wegrand stellen wollen, um eine Runde mit dem Surfbrett zu drehen, geht es immer diese Piste entlang, bis Sie vor sich den Flughafen sehen. Nach ca. 24 km treffen Sie wieder auf die Hauptstraße am Long Beach Hotel.

MB-Tour 5:

Pigadia–Apéri–Voláda–Óthos–Kloster Ag. Geógios Vassón–Pigadia

Dauer: 3 Stunden/ca. 25 km
Schwierigkeit: schwer
Anmerkung: Die erste Etappe bis nach Óthos ist aufgrund der stetigen starken Steigungen der schwierigste Teil der Tour, trotz der Teerstraße.

1. Etappe: Auf der Teerstraße geht es zunächst ca. 14 km stetig den Berg hoch durch die Bergdörfer Apéri und Voláda bis nach Óthos.

2. Etappe: An der Dorfkirche zweigen Sie von der Hauptstraße nach rechts ab und folgen der Straße, bis Sie an die erste Gabelung

kommen. Dort halten Sie sich links bergab.
Nach wenigen Metern endet die betonierte
Straße und wird zur Piste. An der folgenden
zweiten Gabelung nehmen Sie nun die linke
Piste bergab, ebenso bei der 3. Gabelung
links halten. Nach ca. 4 km downhill kommt
links unten das Kloster in Sicht, das an der
blauen griechischen Flagge erkennbar ist.

3. Etappe: An der nächsten Gabelung sehen
Sie rechts ein Schild mit der griechischen
Aufschrift Ag. Geórgios Vásson. Dort bie-
gen Sie zunächst nach rechts (auf roten Pfeil
achten!) und nach weiteren 800 m an der fol-
genden Kreuzung nach links ab.
Von nun an ignorieren Sie alle weiteren
Abzweigungen und fahren immer geradeaus,
bis die Piste links an einer hohen Stein-
mauer, die die Straße begrenzt, entlang läuft.
Hier nehmen Sie die Abzweigung nach
rechts oben, vorbei an einem verrosteten
Traktor und einem kleinen Landhäuschen
(Achtung: Nicht nach links wie der Pfeil
anzeigt!).
Nach weiteren ca. 7 km trifft man auf die
Teerstraße, auf der Sie schon auf dem
Hinweg gekommen sind. Sie biegen nach
rechts ab, folgen der Straße, vorbei an den
Tankstellen und auch das Elektrizitätswerk
lassen Sie links liegen. Von nun an gibt es
keine Orientierungsschwierigkeiten mehr.
Entlang des Strandes erreichen Sie nach ca.
3,5 km Ihren Ausgangspunkt Pigadia.

MB-Tour 6:

**Kyra Panagiá–(Schiff)–Apella–Merto-
nas–Kyra Panagiá**

Schwierigkeit: mittel-schwer
Länge: ca. 10 km
Bemerkung: starke Steigungen
Abfahrt: Um ca. 9 Uhr geht es los mit dem
Schiff nach Apella. Von dort fahren Sie auf
einer schwer zu befahrenden Piste (über ca.
4,5 km) bis kurz vor Mertonas. Dort zweigt
eine Piste ab, hinunter nach Kyra Panagiá.

MB-Tour 7:

**Kyra Panagiá–(Schiff)–Pigadia–Apé-
ri–Kyra Panagiá**

Schwierigkeit: schwer
Länge: ca. 18 km
Bemerkung: starke Steigungen hinauf nach
Apéri.
Abfahrt: Um ca. 9 Uhr nehmen Sie das
Ausflugsschiff nach Pigadia (nach vorheri-
ger Absprache). In Pigadia geht es zunächst
am Strand entlang in Richtung Apéri. Nach
ca. 3 km flacher Strecke geht der schwierige
Teil der Tour los. Steil bergauf führt die
geteerte Straße in vielen Kurven hinauf nach
Apéri (ca. 5 km).
Sie durchqueren den Ort und fahren weiter
in Richtung Voláda. Ca. 1 km nach Apéri
treffen Sie auf die Abzweigung nach Kyra
Panagiá. Auf einer Schotterpiste fahren Sie
weiter und erreichen nach ca. 8 km, einer
steilen Abfahrt, das Ziel der Tour, Kyra
Panagiá.

Karpathos' Fangemeinde

MB-Tour 8:

Kyra Panagiá–(Schiff)–Acháta–Apéri–Pigadia–(Schiff)–Kyra Panagiá

Schwierigkeit: mittel/Orientierung leicht
Länge: ca. 12 km
Bemerkung: Genaue Abfahrtstermine des Schiffes nach Acháta und von Pigadia zurück nach Kyra Panagiá vor Ort abklären.
Abfahrt: Um ca. 9 Uhr geht es in Kyra Panagiá los mit dem Schiff nach Acháta. Wer Lust auf eine „Badeauszeit" hat, macht eine Pause am Strand. Wenn nicht, fahren Sie auf einer Schotterstraße zunächst hinauf nach Apéri (ca.4 km) und von dort auf einer gut ausgebauten Teerstraße hinunter nach Pigadia. Hier steigen Sie wieder auf das Schiff, das Sie zurück an Ihren Ausgangsort bringt.

Windsurfen

Karpathos – Die Verheißung für Starkwindfans! Wind ohne Ende verspricht der Süden von Karpathos, einer der zugigsten Ecken Griechenlands. Aber nicht nur das. Die Windstatistik von Afiartis liegt selbst auf der Weltrangliste ganz weit oben. Sozusagen das Hookipa Europas. Vor allem im Sommer zwischen Juni und September bläst der Meltemi ohne Unterlass, so dass Windsurffreaks ihr Großsegel getrost zu Hause lassen können. Windsicherheit ist demnach der erste große Vorteil dieses Reviers, aber es gibt andere: Karpathos ist leicht erreichbar, zur Auswahl stehen drei verschiedene

Spots mit unterschiedlichen Bedingungen und – Afiartis sucht noch immer einen Prinzen zum Wachküssen, denn nach wie vor gilt das Revier als Geheimspot in Europa. Das heißt: Kein Gedränge auf dem Wasser, kein Beschimpfen beim Einstieg und keiner der einem die Welle klaut. Auf der anderen Seite: Für Anfänger ist dieses Revier nichts. Zumindest nicht von Juni bis August, denn in dieser Zeit hat der Wind mit dem Einsteiger keine Gnade.

Die Reviere im Überblick:
Devils Bay und Gun Bay:

Beide Buchten entführen Sie in die wunderbare Welt des Flachwassersurfens. Hier heizt der Meltemi konstant aus nordwestlicher Richtung ablandig über die Hügel, wird zusätzlich verstärkt durch die Thermik und bläst dann im Sommer mit durchschnittlich 5–7 Beaufort schräg über die Strände. Im Hochsommer kann es auch leicht mal mit 8 Beaufort kacheln. Schluss mit Gleitproblemen, heißt hier die Devise, denn in Ufernähe kann man auf absolutem Flachwasser halsen bis der Arzt kommt. Und kurze, ruppige und steile Windwellen und kleine Rampen laden etwa 100 Meter weiter draußen zum Springen ein.
Surfschulen (siehe auch unten):
Devils Bay: F2 Pro Center Chris Schill
Gun Bay: Club Mistral

Lagune

Die Lagune gilt als Spielecke für Ein- und Aufsteiger. Am flachen, feinsandigen Strand bietet das etwa 100 Meter breite Stehrevier Sicherheit und ideale Bedingungen für Wasserstart- und Halsentraining. Die Windstatistik verzeichnet in der „Speedlagoon", wie die Bucht auch genannt wird, ein bis zwei Beaufort weniger als bei seinen stürmischen Nachbarn. Also, eine Alternative bei extremen Windbedingungen und eine Zuflucht für Leichtgewichte. Sollte ein Surfer aus dem Stehbereich raussurfen und Hilfe benötigen, kommen die Rettungsboote der Surfschulen ebenso zum Einsatz wie bei den Hauptrevieren. Das türkisblaue Paradies hat nur zwei kleine Nachteile: Zum Einen kitzelt der nahe Untergrund beim shredden gerne mal die Finne und zum Anderen ist die Bucht oft überbevölkert. Wer also die Wahl hat, sollte seine Kurven besser an den weitläufigen Revieren um die Ecke carven. Surfschulen: Alle Surfstationen sind hier mit einem Ableger vertreten.

Luv Spot:

Jenseits des Flughafens lockt der – wenn auch bescheidene – „Wavespot" von Afiartis mit moderateren Bedingungen. Hier bläst der auflandige Wind meist mit zwei Beaufort weniger, was bei „Hack-Bedingungen" an der ablandigen Seite oft erfreulich sein kann. Dann nämlich machen sich vor allem Welleneinsteiger und Leichtgewichte, die in der Devils Bay mit dem 2.9er Segel „wegfliegen", auf den Weg über die 3 km lange Schotterpiste. An einem hübschen kleinen Sandstand geht es nach wie vor gemütlich zu, obwohl sich inzwischen das ein oder andere Surfermobil für den Sommer eingerichtet hat und man einigen Genossen auf

dem Wasser begegnet. Aus dem Flachwasserbereich kann man sich ohne Angst an die moderaten, selten brechenden Wellen herantasten. Cracks toben sich weiter draußen außerhalb des Riffes aus. Allerdings lebt der Spot von der Dünung. Das heißt: Erst wenn es ein paar Tage ohne Ende kachelt, funktioniert das Revier.

Surfschulen: Die F2 Station von Chris Schill unterhält einen kleinen Ableger am Luv Spot. Unterkunft gibt es keine, aber die Legende Manolis sorgt mit seinem kultigen Imbiss für die Verpflegung seine Schützlinge (siehe auch Kapitel „Menetés/Restaurants", S. 117).

Die Surfschulen:

Club Mistral:

Tel./0030/245/091 061
E-Mail: club-mistral-Karpathos@yahoo.de
In bester Lage an der Gun Bay und nur wenige Meter von der Lagune entfernt finden Sie in einem ansprechenden neuen Gebäude den topausgestatteten Club Mistral. Surfschulchefin Alexandra Haugg, nebenbei auch noch Orthopädin (kann unter Umständen nützlich sein!), betreibt ihre Schule aus vollem Herzen und dementsprechend gibt es viele Wiederholungstäter, die die Stimmung im Club und in der stationseigenen Taverne Anemos (siehe auch Kapitel „Afiartis/Restaurants", S. 106) nicht missen wollen. Wer nicht surft kann auf der hübschen Terrasse Sonne tanken oder in der kleinen Mistral Boutique die neuesten Trends der Surfmode erstehen.
Das ultimative Programm des Club Mistral ist nicht nur auf das Surfen begrenzt. An-

geboten werden zudem auch Boots-Jeep-Motorrad- und Biketouren, ganz zu schweigen von den legendären Abendprogrammen in der Taverne.

Das Materialangebot beinhaltet brandneustes Windsurfequipment der Marke Mistral (55 Boards) und North (115 Riggs). Neben Materialverleih kann man natürlich unter fachkundiger Anleitung und nach VDWS-Richtlinien (Verband Deutscher Windsurfer) zahlreiche Kurse belegen. Im Theoriebereich gibt es „Clinics" (z.B.: Brettreparatur) und Videoschulungen.

Internet: www.windsurfen-Karpathos.com
Chris Schills alteingesessene Station in der Devils Bay ist mit 130 Brettern und 220 Riggs hervorragend ausgestattet. Alle Riggs sind komplett aufgebaut. Für Anfänger steht auch Material in der Chicken Bay zur Verfügung. Für Nichtsurfer gibt es eine hübsche Bar, Liegestühle und windgeschützten Schatten. Wer das Flachwasser satt hat, kann an den regelmäßigen Ausflügen zum auflandigen Luvspot teilnehmen, wo die Schule eine zweite Dependance besitzt. Bei einer „Kombibuchung" steht das gebuchte Material an beiden Stationen zur Verfügung. Dafür benötigt man allerdings dann einen Mietwagen oder ein Mofa.

Club Mistral „Spezial":

– Gabelbäume sind mit variablen Trapeztampen

– Riggs komplett, d.h. auch mit Gabelbaum aufgeriggt

– Festbrett plus Pool: Wer ein Festbrett bucht, dem steht zusätzlich je nach Bedingungen ein weiterer Surfpool zur Verfügung.

Buchungen: siehe unten/Veranstalter

Pro Center Chris Schill:

Tel./Fax/Office: 0030-245-091062,
Stationstelefon: 0030-245-091063, E-Mail: Chris.Schill@windsurfen-Karpathos.com

Pro Center Specials:
Babysitter-Surfpool: Mit einem 50-prozentigen Aufpreis können sich Paare einen Surfpool teilen, wobei die Bretter je nach Fahrer ausgewechselt werden können. Kinderbetreuung kann auch arangiert werden.
Surf-Sevice-Paket: Wer sein Privatmaterial mitnehmen möchte, kann dieses Paket buchen. Es beinhaltet den Transfer vom/zum Flughafen, Lagerung, Sicherheitsaufsicht am Strand und kostenlose Abschleppen, falls nötig.
Kosten: 1 Woche € 65/2 Wochen/€ 90/3 Wochen € 110
Preisbeispiele:
Festbrettmiete/F2 Boards inkl. Riggpool Arrows
1 Woche: € 175/2 Wochen: € 285/3 Wochen: € 350
Achtung: In der Zeit vom 1.5. bis 16.6. und 16.9. bis 25.10. gibt es Sonderpreise.

„Ta Palatía" auf Saría, der Insel der Ziegen

Die Veranstalter:

Deutschland:

Club Mistral Travel GmbH

Christoph Selhamerst.
282362 Weilheim
Tel. 0881/9096001
Fax: 0881/7909601-9
E-Mail: travel@club-mistral.com
Internet.www.club-mistral.com oder
www.club-mistral.de

Surf & Action Company

Kolpingring 4
D-82041 Oberhaching
Tel. 089-628167-0
Fax: 089-628167-10
E-Mail: info@surf-action.com
Internet: www.surfurlaub.de

Kokosnuss Reisen

Heckstr. 10
45239 Essen
Tel. 0201/49 980
Fax: 0201/849 60 12,
E-Mail: kokosnuss.reisen@t-online.de
Internet: www.kokosnuss.com

Manolis-Tours

Schlesienstr. 7
D-82278 Althegnenberg
Tel. 08202-90 33 33
Fax: 08202-90 33 34,
E-Mail: manolitour@aol.com

Jump'n Jibe Surfreisen

D-21775 Steinau
Tel. 04756-85 10 31
Fax: 04756-85 10 33
E-Mail: jj@jumpnjjbe.de

Österreich:

Grafreisen

Neubaugasse 60
A-1070 Wien, Tel 0043 2743 77124
Fax 0043 2743 8999,
E-Mail: gruber@grafreisen.com

Weitere Auskunft:

Alle Internetadressen der Veranstalter und Surfschulen. Dort gibt es Infos zum folgenden Themen: Surfen, Material, Preise für Surfausrüstung, Unterkünfte im Surfgebiet Afiartis, Buchung von Surfreisen, Windstatistiken

Schweiz:

RDR Travel

Asylstraße 24
CH-8034 Zürich
Tel. 0041-1-389 92 89
Fax: 0041-1-383 92 90
E-Mail: info@rdrtravel.ch

Revierinfo auf Video:

Video Maketing Götze
Rheinweg 29
53 113 Bonn
Tel. 02228/23 49 44, Fax: 02228/23 37 25
E-Mail: goetze.bonn@t-online.de
Preis: € 15 inkl. Versand

Alles Mögliche

Kleiner Sprachführer Griechisch

Die Griechen lieben ihre Sprache, sprechen aber auch gerne englisch oder deutsch. Da es viele Emigranten gibt und fast jede Familie Verwandtschaft in den Vereinigten Staaten, Kanada oder Australien besitzt, ist die englische Sprache für die meisten kein Problem. Und im August sowieso nicht. Da hört man in Ortschaften wie Voláda oder Apéri an jeder Ecke original amerikanischen Slang. Aber auch wenn englisch meist verstanden wird und auch der ein oder andere frühere deutsche Gastarbeiter Sie mit Ihrer Heimatsprache deutsch anspricht, freut sich jeder Grieche, wenn Sie trotzdem ein paar Brocken griechisch im petto haben. Mit eine kleinen Konversation auf griechisch haben Sie bei jedem Griechen sozusagen „gewonnen".

Die neugriechische Sprache hat zwei Formen: Die Volkssprache und die Schriftsprache. Für Sie als Besucher ist jedoch nur die Volkssprache interessant. Allerdings kann die Schrift zum Stolperstein werden, obwohl die Beschilderungen, sei es auf der Straße als auch bei Restaurants, Banken, Hotels usw. inzwischen in der Regel in lateinischer Schrift ausgezeichnet sind. Trotzdem hier ein kleiner Einblick in die griechische Schrift:

Druckschrift		Aussprache
A	α	a wie Anna
B	β	w wie Witwe
Γ	γ	g wir Garten
Δ	δ	wie „th" im englischen
E	ε	e wie lesen
H	η	i wie Liste
Θ	ϑ	wie „th" im englischen
I	ι	i wie bis
K	κ	k wie kochen
Λ	λ	l wie lustig
N	ν	n wie nichts
M	μ	m wie Mittag
Ξ	ξ	x wie Nixe
Π	π	p wie Post

Die Autorinnen

P	ρ	wie ein gerolltes „r"
Σ	σ, ζ	s wie reißen (stimmlos)
T	τ	t wie Tinte
Y	υ	j wie Junge
Φ	φ	f wie fischen
X	χ	c wie ich oder noch
Ψ	ψ	ps wie „pst" oder Kapsel
Ω	ϖ	o wie oft (kurz gesprochen)

Damit Sie auch in Gegenden, in denen kein englisch oder deutsch gesprochen wird, „überleben" können, hier einige wichtige Ausdrücke, die Ihnen helfen werden.
Achtung: Alle betonten Silben bekommen als Hilfe für die Aussprache einen Akzent, z.B. kalá. Hier wird das a am Schluss betont.

Wer sich für tiefergehende Informationen interessiert, kann sich folgende reisetauglichen Mini-Nachschlagewerke besorgen:

Karin Spitzing: Kauderwelsch Band 4: Griechisch Wort für Wort, Reise Know How Verlag, Bielefeld 2001

Zahlen:

Eins	éna
Zwei	dío
Drei	tría
Vier	téssera
Fünf	pénde
Sechs	éksi
Sieben	eftá
Acht	ochtó
Neun	enjá
Zehn	déka
Elf	éndeka
Zwölf	dódeka

Dreizehn	dekatría
Zwanzig	íkosi
21	íkosiena
30	triánda
40	saránda
50	pe, nínda
60	eksínda
70	efdomínda
80	októnda
90	enenínda
100	ekató
1000	chília

Begrüßung

Hallo?	Yia sou
Wie geht es Ihnen?	Ti kanéte?
Gut, danke und Ihnen?	Kalá, efcharistó, essís?
Herzlich willkommen!	Kalós antámossi!

Häufige Ausdrücke:

ja	né
nein	óchi
bitte	paralaló
danke	efcharistó
Verzeihung	Ssisgnómi
Es tut mir leid!	Lipáme polí
In Ordnung	endáksi
Guten Morgen (bis Mittag)	Kaliméra
Guten Tag (bis abends)	Kalispéra
Gute Nacht	Kaliníchta
Auf Wiedersehen/Tschüss	Antío!

hallo	Jiá sou
heute	ssímera
morgen	àvrio
gestern	chtes
Ich weiss nicht	Then xéro
Ich möchte gerne	Thélo …
Wieviel?	Póssos, póssi, pósso
Wann?	Póte?
Warum?	Jiáti?
Groß/klein	megálo/mikró
Gut/schlecht	kalá/kakós,-iá,-ó
Langsam	ssigá
Schnell	grígoros,-i,-o
Viel	polís,-á,-í

Wochentage

Montag	deftéra
Dienstag	tríti
Mittwoch	tetárti
Donnerstag	pémpti
Freitag	paraskeví
Samstag	ssávato
Sonntag	kiriakí

Unterwegs

Wo ist …?	pou íne …?
Flughafen	aerodrómio
Bank	trapéza
Apotheke	farmakío
Kirche	ekklissía
Museum	moussío
Doktor	iatrós
Polizei	astinomía

Post	tachidromío
Bushaltestelle	stássi
Tankstelle	venzináthiko
Restaurant	estiatório
Flugzeug	aeropláno
Reisebüro	grafío taxidión
Toilette	toualétta
Schiff	karávi
Bus	leoforío
Ankunft	afíxis
Abflug	anachoríssis
rechts	deksía
links	aristerá

Karpathiotische Wohntraditionen

Wichtige Fragen

Wie spät ist es?	Tí óra íne
Wie geht es Ihnen?	Ti kántete?
Wie geht es dir?	Ti kánis?
Wo ist die Toilette?	Pou íne toulétta?
Wieviel kostet…?	Psso káni …

Hotel

Zimmer	domátio
Hotel	xenodochío
Tag	méra
Woche	evdomáda
Nacht	níchta
Bad	bánjo
Bett	kreváti
Telefon	tiléfono
voll (besetzt)	piasméno
frei	eléftheros,-í,-o
buchen, reservieren	reserváro

Einkaufen

Geschäft/Laden	magasí
Bäcker	psomás
teuer	óakrivós,-í,-ó
billig	ftinós,-í
Briefmarke	gramatóssimo

Restaurant

Die Rechnung, bitte!	To logarismó, paragaló!
Guten Appetit!	Kalí órexi!
Glas	potíri
Tisch	trapési

Flasche	boukáli
Teller	piáto
Löffel	koutáli
Messer	machéri
Gabel	priúni

Nahrungsmittel

Griechischer Kaffee	kafedáki
Bier	bíra
Wein	krassí
Brot	psomí
Käse	tirí
Fisch	psári
Frühstück	prolinó

Thema Anmache

Wohin gehst du?	Puo pas?
Möchtest du Kaffee?	Thélis Kafé?
Gehen wir spazieren?	Páme volta?
Wo wohnst du?	Pou ménis?

Tipp: Wer nicht an einer Bekanntschaft interessiert ist, sollte auf diese Fragen einfach nicht eingehen. Beim Weggehen, die fünf gespreizten Finger zeigen, ohne sich umzudrehen. So wimmelt man unerwünschte Begleitung ab.

Kunstvolle Trachten zum Osterfest

Literatur

Bildbände:
„Ólympos – Baltimore"
von Liliane de Toledo, Edition Stemmle

Kochbücher:
„Die echte griechische Küche"
100 Originalrezepte von Theodore Kyriakou, Champion Verlag

Naturführer:
„Griechenland. Tiere, Pflanzen, Landschaften"
Erich Kretzschmar, Landbuch Verlag

Sprachführer:
„Griechisch für Unterwegs" (Buch mit Audio-Cd) von Elke Sagenschneider, Langenscheidt, ISBN 3-468-21356-5, € 9,99
Ein Crashkurs für alle die im Urlaub schnell ein paar Sätze sagen wollen.
Die Cd zum Nachsprechen macht das fremde Griechisch schnell zum vertrauten Geplauder. Der Preis stimmt auch.

„Griechisch. Reiseset mit Cassette", Langenscheidt

„Griechisch für den Urlaub", Katerina Berger, Humboldt in Zusammenarbeit mit Langenscheidt, München: 1993, Taschenbuch, ISBN 3-581-66699-5
Ein gelungener Sprachführer, der auf knapp 200 Seiten alles bietet, was ein durchschnittlicher Urlauber an Griechischkenntnissen braucht, möchte er intensiveren Kontakt zu den Griechen pflegen. Auch die Grammatik kommt nicht zu kurz, beschränkt sich aber dennoch auf das Wesentliche.

Wanderführer:

„**Goldstadt-Wanderführer: Karpathos**", Ulrich Enzel, Goldstadt Verlag, 1999, ISBN 3-89550-463-7, Preis: 19,80 Mark

Register

Fischer in Finíki

Notizen

In Ólympos werden die traditionellen Stiefel vom Schuster in gekonnter Manier gefertigt

Die ultimativen Strände von Karpathos

	Wo	Familien-plus	Besonderheiten	Versorgung
Ag. Nikólaos	Árkassa	♥♥♥	– Süßwasserduschen, Sandstrand – Sonnenschirme (sonst kein Schatten)	Prima Service im Restaurant Glaros (9–22 Uhr) Unterkunft möglich
Acháta	3 km von Apéri	♥♥♥	Liegestühle Kieselstrand Öffentliche Toiletten Süßwasserduschen	Hübsche Bar im Schatten (9–18 Uhr), außergewöhnliche Speisekarte
Kyra Panagiá	direkt	♥♥♥	Liegestühle, Sandstrand Öffentliche Toiletten Süßwasserduschen Sonnenschirme (sonst kein Schatten) Ausflugsboote wenig Wellengang	Mehrere kleine Restaurants direkt am Strand
Kató Lakó	20 Gehminuten von Kyra Panagiá	♥	sehr ruhig und idyllisch Kies-Sandstrand zum Teil stärkere Strömungen Ausflugsboote von Kyra Panagiá	Keine
Apella	Zwischen Spóa und Kyra Panagiá	♥♥	Liegestühle, Kieselstrand geschützte Bucht wenig Wellengang	Restaurant mit Terrasse in unmittelbarer Nähe (9–17 Uhr)

Ort	Lage	Bewertung	Strand	Infrastruktur
Lefkos	Am Ortseingang		**Potáli:** sehr ruhig, wenig Wellen Sandstrand	Unterkunft möglich kleiner Supermarkt Restaurants in der Nähe
	Direkt		**Limáni:** Liegestühle, Sandstrand zum Teil schattig Sonnenschirme, Ausflugsboote wenig Wellengang	Mehrere Restaurants direkt am Strand Unterkunft möglich
	Direkt		**Frangolimiónas:** Feiner Sandstrand Höhere Wellen	Mehrere kleine Restaurants direkt am Strand Unterkunft möglich
	Hinter Frangolimiónas		**Potámi:** Strand textilfrei, sehr ruhig	Unterkunft möglich Keine
Diakoftis	Hinter Flughafen	♥♥♥	absolut einsam feinster Sand	Keine
Ag. Minás	Zwischen Spóa und Ólympos	♥	Super einsam Sandstrand	Keine
Vanánda	2 km von Diafáni	♥♥	Sandstrand sehr ruhig, wenig Wellen	Kleines Restaurant Unterkunft möglich

Mit offenen Augen durch die Welt.

www.reisefuehrer.com